suhrkamp taschenbuch 2027

Ymard   1991

Mit diesen Materialien zu Horváths »Jugend ohne Gott« wird erstmals dem verstärkten Interesse am Prosa-Werk des Dramatikers Ödön von Horváth (1901–1938) Rechnung getragen.

Die Beiträge von Ernst Loewy (Frankfurt) und von Alexander Stephan (Los Angeles) behandeln zunächst die Thematik Exil und Exilverlage. Wolf Kaiser (Berlin) setzt sich mit der Bedeutung des Romans als Zeugnis deutscher Exilliteratur auseinander und umreißt die Rezeption des Romans zu Horváths Lebzeiten. Weitere Beiträge untersuchen sprachliche Strukturen (Burckhard Garbe, Göttingen), Motivparallelen (Ulf Birbaumer, Wien), Sozialkritik und Transparenz faschistischer Ideologeme (Franz Kadrnoska, Wien) sowie den historischen Hintergrund des Romans (Alexander Fuhrmann, München). Adolf Holl (Wien) und Wolfgang Müller-Funk (München) stellen die Vielschichtigkeit des Horváthschen Gottesbegriffes dar; Holger Rudloff (Köln) leistet einen Überblick über die Behandlung des Themas Schule und Faschismus in der deutschen Literatur. Juliane Eckhardt (Oldenburg) gibt didaktische Hinweise für den Einsatz des Romans und dieses Materialienbandes im Unterricht.

Dokumente über die Bücherverbrennung 1933, Gesetze und Verordnungen des Jahres 1933, Berichte über den Schulalltag im »Dritten Reich« und der vollständige Abdruck des bisher unveröffentlichten Schriftwechsels über Jugend ohne Gott zwischen Gestapo und Reichsschrifttumskammer ergänzen die analytischen Beiträge. Eine Auswahlbibliographie unter besonderer Berücksichtigung von Jugend ohne Gott beschließt den Band.

Horváths
»Jugend ohne Gott«

Herausgegeben
von Traugott Krischke

suhrkamp taschenbuch
materialien

Suhrkamp

Umschlagfoto: Otto Weber
(Aus: *Tausend ganz normale Jahre*,
Nördlingen: Greno 1987)

suhrkamp taschenbuch 2027
Erste Auflage 1984
© dieser Zusammenstellung Suhrkamp Verlag
Frankfurt am Main 1984
Suhrkamp Taschenbuch Verlag
Alle Rechte vorbehalten, insbesondere
das des öffentlichen Vortrags, der Übertragung
durch Rundfunk und Fernsehen
sowie der Übersetzung, auch einzelner Teile.
Satz: Riebold, Offenburg
Druck: Nomos Verlagsgesellschaft, Baden-Baden
Umschlag nach Entwürfen von
Willy Fleckhaus und Rolf Staudt
Printed in Germany

3 4 5 6 7 – 92 91 90 89

Inhalt

Editorischer Hinweis

Jugend ohne Gott wird zitiert nach Ödön von Horváth, *Gesammelte Werke. Kommentierte Werkausgabe in 15 Bänden*, hg. Traugott Krischke unter Mitarbeit von Susanna Foral-Krischke, Band 13, Frankfurt/Main 1983 (suhrkamp taschenbuch 1063).

Innerhalb der *Anmerkungen* verwendete Abkürzungen:

WA Ödön von Horváth, *Gesammelte Werke. Werkausgabe der edition suhrkamp* [in 8 Bänden], hg. Traugott Krischke und Dieter Hildebrandt, Frankfurt/Main ²1978.

Mat.ÖvH *Materialien zu Ödön von Horváth*, hg. Traugott Krischke, Frankfurt/Main (Suhrkamp) 1970 (edition suhrkamp 436).

Über ÖvH *Über Ödön von Horváth*, hg. Dieter Hildebrandt und Traugott Krischke, Frankfurt/Main (Suhrkamp) 1972 (edition suhrkamp 584).

stm ÖvH *Ödön von Horváth*, hg. Traugott Krischke, Frankfurt/Main (Suhrkamp) 1981 (suhrkamp taschenbuch materialien 2005).

Mat.GWW *Materialien zu Ödön von Horváths »Geschichten aus dem Wiener Wald«*, hg. Traugott Krischke, Frankfurt/Main (Suhrkamp) 1972 (edition suhrkamp 533).

stm GWW *Horváths »Geschichten aus dem Wiener Wald«*, hg. Traugott Krischke, Frankfurt/Main (Suhrkamp) 1983 (suhrkamp taschenbuch materialien 2019).

Ernst Loewy
Exil

1. Selbstmord einer Republik

In seiner Autobiographie *Ein Zeitalter wird besichtigt* (1947) schreibt Heinrich Mann: »Erstaunlich ist nicht das Ende der deutschen Republik. Vorzeitig kann es nicht genannt werden, wahrhaftig hatte die Republik beizeiten mit ihrem Ende den Anfang gemacht: ihr Beginn ist gleichsam der Schluß.«[1] Und weiter: »Sie ist dem Kaiserreich nachgehinkt, dem Nationalsozialismus hat sie im Maß ihrer Kräfte vorgegriffen.«[2] »Warum«, fragt Heinrich Mann, »hat sie heimlich aufgerüstet, – bevor Hitler es offen tat? Ein Land, vom Wohlwollen der Welt getragen, vom zarten Gewissen der Sieger in Pflege genommen, rüstet störrisch seine Rache für die Niederlage, die alle vergessen möchten – mitsamt dem unterschriebenen Schuldgeständnis. Deutschland allein, Deutschland in Gestalt einer demokratischen Republik, hat das Andenken des Krieges verschleppt, ihn selbst verlängert . . .«[3] Der Abschnitt, in dem diese bitteren Worte stehen, ist überschrieben »Die Republik gegen sich selbst« – er gibt ein wesentlich anderes Bild von den Schwächen und der schließlichen Agonie des Weimarer Staates als das im Nachkriegsdeutschland so häufig beschworene. Denn nicht eine intakte Demokratie war es, die durch die Radikalen von rechts und von links gleichermaßen bedroht war, sondern ein Staatswesen, das sich eher zögernd und, soweit wie möglich, unter Beibehaltung der alten obrigkeitsstaatlichen Strukturen auf die Republik eingelassen hatte, das seit den ersten Krisenzeichen Stück für Stück vor den restaurativen Kräften zurückgewichen war und ihnen am Ende freies Spiel gewährte.

Die Analyse Heinrich Manns ist eine Antwort auf die bohrende und die meisten Exilschriftsteller bewegende Frage nach den Ursachen der Katastrophe von 1933: Wie konnte es dazu kommen? Wie konnte all das geschehen?

Es konnte nicht ausbleiben, daß zur Beantwortung dieser Frage diverse Interpretationsmodelle bemüht wurden; sie verwiesen auf Faktoren der deutschen Geschichte wie auch auf die unmittelbare gesellschaftliche Gegenwart bzw. jüngste Vergangenheit. Das historische Erbe wurde herangezogen, die »Verpreußung« Deutschlands wurde untersucht, die Schwäche der bürgerlich-demokratischen Traditionen in Deutschland beklagt. Aber auch Kategorien wie der »deutsche Volkscharakter« oder der »deutsche Geist«, wiewohl selbst fragwürdige Begriffe, wurden in Anspruch genommen – wobei freilich die spezifisch *deutsche* Form des Faschismus, die der Nationalsozialismus darstellte, zur Erprobung auch solcher Kategorien reichlich Anlaß gab. Vom *Irrweg einer Nation* sprach Alexander Abusch in seinem gleichnamigen Buch (1945)[4], Helmuth Plessner von der *Verspäteten Nation*.[5] Schließlich wurde auf den Ersten Weltkrieg und seine unmittelbaren wie mittelbaren Folgen hingewiesen, am eindrucksvollsten in dem monumentalen Romanwerk des Grischa-Zyklus von Arnold Zweig, das bereits in den zwanziger Jahren begonnen und im Exil fortgesetzt wurde.[6] Ein ebenso monumentales Werk schließt sich zeitlich daran an, die Romantetralogie *November 1918* von Alfred Döblin (1939-1950).[7]

Selbstverständlich bildeten die Weimarer Zeit und ihre Gesellschaft einen wesentlichen Gegenstand der Exilliteratur. Thomas Manns Künstlerroman *Doktor Faustus* (1947), dessen Handlung allerdings vom kaiserlichen Deutschland bis gegen Ende des Zweiten Weltkrieges reicht, wäre hier zu nennen, aber auch ein Kleinbürgerroman wie Oskar Maria Grafs *Anton Sittinger* (1937).[8]

Überhaupt galt dem deutschen Kleinbürgertum als der Massenbasis des Nationalsozialismus das besondere Interesse. Durch den Zusammenbruch des kaiserlichen Deutschland politisch desorientiert, durch die Inflation pauperisiert und seiner Wirtschaftsbasis verlustig gegangen, zeigte es sich für jedwede nationalistische Demagogie anfällig – ein Prozeß, den die Weltwirtschaftskrise nur weiter verschärfen konnte. Durch diese wurden schließlich nicht nur das Kleinbürgertum, sondern auch Teile der Arbeiterschaft vollends aus ihrer Bahn gerissen und zum willfährigen Objekt der Demagogen und ihrer illusionären Versprechungen gemacht. Die mit der Entstehung der Weimarer Republik bereits festgeschriebenen Widersprüche einer »Demokratie ohne Demokraten« sind ein hiermit eng verbundenes Thema der Exilliteratur. Thematisiert wurde zwangsläufig auch die quälende Frage nach dem Versagen der Demokraten selbst, nicht zuletzt dem der zwar zahlenmäßig starken, jedoch in sich gespaltenen Linken, z. B. in der Schrift von Rudolf Olden *Warum versagten die Marxisten?* (1934)[9] oder dem

Roman von Oskar Maria Graf *Der Abgrund* (1937).[10] Die nicht zustande gekommene Einheitsfront, die allein den Machtantritt des Faschismus hätte verhindern können, begleitete nun statt dessen als Gedanke, als Vermächtnis viele der geflüchteten Schriftsteller ins Exil.

2. Die Errichtung des totalen Staates

Der Vorgang der »Machtergreifung«, in Wahrheit eine von langer Hand vorbereitete Machterschleichung, hatte auf Regierungsebene zunächst als eine in durchaus verfassungsmäßig legalen Formen verlaufende Machtübergabe sich vollzogen: Am 30. Januar 1933 wurde Hitler von Hindenburg, dem greisen Reichspräsidenten, zum Reichskanzler ernannt. Bereits einen Tag später, am 31. Januar, löste Hindenburg auf Drängen Hitlers den Reichstag (zum dritten Mal innerhalb eines Jahres) auf. Dem Reichstagsbrand vom 27. Februar folgte eine Verhaftungswelle, der allein in Berlin etwa 1500 kommunistische Funktionäre, dazu weitere 10000 im Reich sowie zahlreiche Sozialdemokraten und andere Linke zum Opfer fielen. Die noch vor dem Reichstagsbrand erlassene »Verordnung gegen Verrat am deutschen Volk und hochverräterische Umtriebe« sowie die am 28. Februar hinzugekommene »Verordnung zum Schutz von Volk und Staat« setzten die Grundrechte außer Kraft und leiteten das Ende des Verfassungsstaates ein. Trotz massiven Wahlterrors, der sich gegen die gesamte Linke richtete, brachten die Reichstagswahlen vom 5. März den Nationalsozialisten nicht die erhoffte Mehrheit; sie erhielten nur knapp 44 % der Stimmen. Als der Reichstag am 24. März zusammentrat und (gegen die Stimmen der SPD, jedoch *mit* denen des Zentrums) das »Ermächtigungsgesetz«, das der Exekutive für zunächst vier Jahre freie Hand gab, verabschiedete, war von den 81 gewählten kommunistischen Abgeordneten keiner anwesend; die leitenden Funktionäre der Partei waren verhaftet, untergetaucht oder geflohen, die KPD-Mandate annulliert. Am 22. Juni wurde die SPD verboten. Alsbald folgte die »Selbstauflösung« der bürgerlichen Parteien. Am 12. November schließlich stellte Hitler sich mit einer Einheitsliste zur Wahl und errang, freilich unter Terrorbedingungen, 92 % der Stimmen.

Bereits am 6. Juli 1933 hatte Hitler das »Ende der nationalsozialistischen Revolution« proklamiert. Trotzdem dauerte es noch fast ein Jahr, bis er seine Position gefestigt und das nationalsozialistische Regime sich endgültig etabliert hatte. Der 30. Juni 1934, die Niederschlagung der angeblichen Röhm-Revolte, markiert diesen Einschnitt.

»Deutsche Bartholomäusnacht« nannte Leopold Schwarzschild im »Neuen Tage-Buch«[11] das Blutbad, das Einheiten der SS in Bad Wiessee und anderen Orten des Deutschen Reiches auf Befehl Hitlers und unter der Leitung Görings und Himmlers veranstaltet hatten. Diesem waren höchste Führer der SA und der NSDAP (u. a. Ernst Röhm, Stabschef der SA, Edmund Heines, SA-Gruppenführer von Schlesien, Karl Ernst, SA-Gruppenführer von Berlin, Gregor Strasser, ehemaliger zweiter Mann nach Hitler), bürgerliche Politiker und Generale (u. a. Gustav Ritter von Kahr, der ehemalige Reichskanzler General Kurt von Schleicher) sowie auch Antifaschisten zum Opfer gefallen. Was lag diesen Geschehnissen zugrunde? Ein kurzer Rückblick auf die Sozialgeschichte der nationalsozialistischen Partei könnte hier die Antwort geben.

Der Mittelstand war von Anbeginn der eigentliche Adressat und bald auch der massenhafte Träger der nationalsozialistischen Politik. Dieser Tatsache war es zuzuschreiben, daß sich im Programm der NSDAP zwei unterschiedliche Tendenzen miteinander verbunden hatten, eine, die sich primär durch eine antikapitalistische, und eine andere, die sich vor allem durch eine nationalsozialistische Akzentsetzung zu erkennen gab. Die politische Praxis jedoch hatte die NSDAP bald vor die Alternative gestellt, entweder die Interessen des Mittelstandes im Bündnis mit der Arbeiterschaft gegen das Großkapital durchzusetzen oder mit dem Großkapital gegen die Arbeiterbewegung vorzugehen. Hitler und sein Anhang innerhalb der NSDAP verfolgten bereits Mitte der zwanziger Jahre eine Politik des Zusammengehens mit den sozialen Oberschichten. Diese drängte die antikapitalistischen Aspekte des Programms immer mehr zurück, wiewohl sie einen Restbestand von demagogischem Antikapitalismus aus taktischen Gründen beibehalten mußte. Der »linke« Flügel, dem die Brüder Otto und Gregor Strasser angehörten, vertrat dagegen einen kleinbürgerlichen »Sozialismus«, der sich gegen das Großkapital wandte und – trotz des Willens, die privatkapitalistische Ordnung im ganzen zu bewahren – auf bestimmten sozialen Forderungen wie Beteiligung der Arbeitnehmer an Gewinn, Besitz und Leitung der Großunternehmen beharrte. Er lehnte die von Hitler betriebene Reduktion des Antikapitalismus auf Antisemitismus (freilich ohne diesen damit aufzugeben) ab und sah in der Arbeiterschaft einen Bundesgenossen der bürgerlichen Mittelschicht. Die Weltwirtschaftskrise von 1929 brachte mit dem Aufstieg der NSDAP zur Massenpartei auch den Sieg der Hitlerfraktion in ihrem Inneren. Ende Juni 1930 führte eine gezielte interne Diffamierungs- und Ausschlußkampagne zur Abspaltung der Otto-Strasser-Gruppe; vage antikapitalistische Strömungen lebten aber in der SA weiter, sie waren der Herd mancher Unruhe. Als nach der Machtergreifung die Maßnahmen gegen das Großkapital und zugunsten der Kleinbürger ausblieben (als Ersatz wurden ihnen im Zuge der »Arisierung« jüdischen Besitzes Teile davon als billiges Lockmittel hingeworfen), steigerte sich diese Unruhe. Sie nicht ausufern, sie nicht in eine »zweite Revolution« einmünden zu lassen, war das Motiv, das hinter den »Normalisierungs«-Wünschen der Konservativen (im In- und Ausland) stand, das in Wirklichkeit freilich nur die Konsolidierung des totalen Terrorstaates förderte.

In einem von Wunschdenken allerdings nicht unbeeinflußten *Weißbuch über die Erschießungen des 30. Juni 1934* gaben Willi Münzenberg und seine Mitarbeiter eine gewiß reichlich euphorische Einschätzung der Situation vor dem 30. Juni:

Die tiefe Mißstimmung, ja Erregung in der SA fand ihren Ausdruck im Schrei nach der ›zweiten Revolution‹. Ursprünglich war dieses Schlagwort von Goebbels in die SA-Massen geworfen mit dem Zweck, die wirkliche politische Marschrichtung des Nationalsozialismus zu verschleiern. Aber je länger der Nationalsozialismus an der Macht war, um so weniger sprachen seine Führer von der ›zweiten Revolution‹, das Wort schwand aus der offiziellen Terminologie der nationalsozialistischen Führung. Um so mehr sprach allerdings die SA, sprachen die Massen der Anhänger davon.

(. . .) Die Generale sahen in Röhm und seinen Unterführern ihre Konkurrenten, die Unternehmer sahen in der bewaffneten SA, die zum Herd der Unzufriedenheit und der Gärung, zum Träger des Gedankens einer ›zweiten Revolution‹ geworden war, eine schnell wachsende Gefahr. Die Forderungen der Industrieherren und der Generale konzentrierten sich auf die Beseitigung dieser Gefahr. Von unten schallte der Schrei nach der ›Revolution‹ Befehl an Hitler, sie zu ersticken. Das war die Lage in Hitler-Deutschland im Juni 1934.[12]

Auf alle Fälle waren es die etablierten Mächte, die den Sieg davongetragen hatten. Reichswehrminister Generalfeldmarschall von

Blomberg konnte Hitler den »Dank der Reichswehr für die erfolgreiche Aktion gegen die SA-Führung«[13] übermitteln. Am 2. August 1934 ließ er die Reichswehr auf Hitler vereidigen. Bald auf den Namen »Wehrmacht« umgetauft, wurde sie zu einer starken Offensivwaffe ausgebaut. Die SA hatte ihre Bedeutung eingebüßt. Die SS, ehemalige Privatarmee Hitlers, wurde zum hauptsächlichen Terrorinstrument, durch welches das Regime seine Herrschaft im Inneren und bald auch im okkupierten Ausland absichern sollte.

Der Reichstagsbrand hatte ein internationales Komitee auf den Plan gerufen, das die beiden *Braunbücher* (1933-1934)[14] herausgab. Wenig später erschien das *Weißbuch* über den 30. Juni 1934. Bald wurden (durch Konrad Heiden und Rudolf Olden)[15] die großen Darstellungen vom Aufstieg Hitlers und der NSDAP veröffentlicht. Mit Lion Feuchtwangers *Die Geschwister Oppenheim*[16] lag bereits Ende 1933 der erste Roman über das faschistische Deutschland vor. Ihm sollte eine Vielzahl weiterer Werke (in allen Gattungen) folgen.[17]

3. Das »tausendjährige Reich«

Von Anfang an hatten die Nationalsozialisten die »nationale Solidarität«, das »Gemeinwohl« aller »Volksgenossen« beschworen, einen dritten Weg zwischen Kapitalismus und Sozialismus als naturgewollte »organische« Ordnung vorgestellt und den Klassenkampf »abgelehnt«. Das Parteiprogramm der NSDAP vom 25. 2. 1920 forderte »die Schaffung eines gesunden Mittelstandes und seine Erhaltung, sofortige Kommunalisierung der Groß-Warenhäuser und ihre Vermietung zu billigen Preisen an kleine Gewerbetreibende, schärfste Berücksichtigung aller kleinen Gewerbetreibenden bei Lieferungen an den Staat, die Länder oder die Gemeinden«. Ebenso wurde verlangt: eine »Bodenreform, Schaffung eines Gesetzes zur unentgeltlichen Enteignung von Boden für gemeinnützige Zwecke. Abschaffung des Bodenzinses und Verhinderung der Bodenspekulation«, ferner die »Abschaffung des arbeits- und mühelosen Einkommens. Brechung der Zinsknechtschaft«.[18]

Eine derartige Spitze gegen das Großkapital entsprach zunächst der Interessenlage des alten Mittelstandes, der kleinen Händler, Kleinunternehmer, Handwerker. Gleichzeitig aber versprach die NSDAP auch den anderen Teilen des Mittelstandes (Beamten, kleineren und mittleren Angestellten) sowie den Bauern massive Verbesserungen. Schlossen sich schon viele der Mittelstandsforderungen, die die Nationalsozialisten alle zu erfüllen versprachen, gegenseitig aus, so standen sie erst recht im Widerspruch zu dem seit etwa 1925 immer konsequenter verfolgten Kurs, der – auf ein Bündnis mit den bestehenden Mächten, der politischen Rechten, der etablierten Verwaltung, den amtierenden Militärs abzielend – es schließlich ermöglichte, die Interessen des Großkapitals gegen die Arbeiter und Kleinbürger durchzusetzen. Zu der oben aus dem Parteiprogramm zitierten Forderung nach Enteignungen gab es seit dem 13. April 1928 eine parteiamtliche »Erklärung«, die besagte, daß »die N.S.D.A.P. auf dem Boden des Privateigentums steht«, Enteignungen sich »demgemäß in erster Linie gegen die jüdischen Grundspekulationsgesellschaften« zu richten hätten.[19]

Unter dem Deckmantel der »Volksgemeinschaft« (die sich übrigens mit der archaischen »Gefolgschaftstreue« gegenüber dem »Führer« und einem auch sonst streng hierarchischen Gesellschaftsbild bestens vertrug) bestand also die alte Gesellschaftsordnung weiter wie bisher, wobei sich allerdings, vor allem durch die Ausschaltung der Juden in der Wirtschaft, im Dienstleistungssektor und der Kultur, eine Umschichtung ergab, die sich jedoch in durchaus systemimmanenten, wenn auch unverhohlen räuberischen Formen vollzog. Was auf der Strecke blieb, waren die Verkehrsformen des bürgerlich-liberalen Staates.

Die bürgerlich-liberale Kritik des Faschismus betrachtete diesen gern als einen Rückfall in die Barbarei. Wertungen dieser Art bringen freilich eher das Entsetzen derer, die sich plötzlich einer unfaßbaren Terrorwelle ausgesetzt sahen, zum Ausdruck, als daß sie das faschistische Herrschaftssystem aus dem gegenwärtigen Zustand der Gesellschaft heraus zu deuten versucht hätten bzw. imstande gewesen wären.

Daß der Faschismus nur in Kenntnis der modernen bürgerlich-kapitalistischen Gesellschaft interpretierbar ist, wurde zum mindesten von seiten der Linken kaum angezweifelt. Freilich fand dieses Wissen zunächst vielfach seinen Ausdruck in der zu kurzschlüssigen Theorie der Parteimarxisten, derzufolge der Faschismus eine bloße »Agentur« des aggressiven Finanzkapitals und als solche leicht zu isolieren und zu bekämpfen sei. In einigen frühen Widerstandsromanen fand diese Theorie ihre literarische Entsprechung. Sie bestand in dem ebenso kurzschlüssigen Optimismus, der dem NS-Regime nur eine kurze Dauer einräumte, indem er dieses an seinen eigenen Widersprüchen wie auch an dem sich – notwendigerweise – daran entzündenden Widerstand zugrunde gehen sah. Es war die Fata Morgana von einem vermeintlich in seinen letzten Zuckungen liegenden Kapitalismus. Ob »Feuerzauber« oder bloßer Betriebsunfall der Geschichte: an der Realität gingen derlei Erklärungsversuche vorbei. Was wirklich stattfand, war eine Faschisierung auf breiter Ebene, die Herstellung der Fungibilität des Ganzen, in dem das (nach dem Prinzip der Verhältnismäßigkeit mal besser und mal schlechter honorierte) Mitläufertum eine entscheidende Rolle spielt.

Es dauerte seine Zeit, bis die Exilschriftsteller imstande waren, diese Sachlage zu durchschauen und sich ihr zu stellen. Für die Exilliteratur beginnt damit gleichsam eine zweite Phase der kritischen Auseinandersetzung mit dem Dritten Reich. Im Mittelpunkt der Betrachtung steht jetzt ein vielfach gefächertes Mitläufertum und das, was man im Gegensatz zu den Haupt- und Staatsaktionen etwa der Zeit der »Machtergreifung« als den gewöhnlichen, den alltäglichen Faschismus bezeichnen kann. Gleichzeitig wurden auch subtilere Formen der Gegnerschaft zum Dritten Reich wahrgenommen als die noch deutlich in den traditionellen Vorstellungen befangenen der ersten Jahre. Typisch für diese Richtung ist z. B. der *Mephisto, Roman einer Karriere* von Klaus Mann (1936)[20] oder Arnold Zweigs 1938 bis 1943 geschriebener, jedoch erst nach dem Krieg erschienener Roman *Das Beil von Wandsbeck* (1947/48)[21], ein sehr differenziertes und alle Schichten der damaligen Gesellschaft andeutendes Zeitgemälde. Auch Irmgard Keuns, wiewohl dem Genre des gehobenen Unterhaltungsromans zuzurechnendes, Buch *Nach Mitternacht* (1937)[22] ist hier zu nennen. Auf dem Gebiet der dramatischen Literatur sind es vor allem die vierundzwanzig Szenen (Einakter) *Furcht und Elend des Dritten Reiches* von Bertolt Brecht (1938 u. d. T. *99%* in Paris uraufgeführt, 1945 zuerst vollständig erschienen)[23], in denen die tagtäglichen Ängste, Bedrängnisse und Zwänge, die der Faschismus für den je Einzelnen bereithielt, eine nahezu »systematische« Darstellung erfahren haben.

4. Öfter als die Schuhe die Länder wechselnd

Mit dem Machtantritt der Nationalsozialisten begann der Exodus der deutschen Schriftsteller und damit die Geschichte der Exilliteratur. Bedroht waren an erster Stelle die kommunistischen Schriftsteller sowie eine Anzahl unabhängiger Linker und engagierter Demokraten, die bereits frühzeitig vor der heraufziehenden Gefahr gewarnt hatten.

Manche Autoren flohen, um der drohenden Verhaftung zu entgehen; andere, wie Balder Olden oder Oskar Maria Graf, gingen freiwillig. Kurt Tucholsky befand sich schon seit Jahren im Ausland, Thomas Mann – durch Zufall auf einer Vortragstournee – seit mehreren Wochen. Er sollte für 15 Jahre deutschen Boden nicht wiedersehen. Robert Neumann hatte Deutschland bereits am 30. Januar verlassen, Heinrich Mann, nachdem er im Februar zum Austritt aus der Preußischen Dichterakademie gezwungen worden war. Mit dem Reichstagsbrand setzte eine Verfolgungswelle ein, die Autoren wie Becher, Brecht, Döblin, Kerr u. a. zur Flucht bewegte. Willy Bredel, Ludwig Renn, Kurt Hiller, Erich Mühsam und Carl von Ossietzky wurden verhaftet und in Lager gebracht; Mühsam und Ossietzky haben die Freiheit nie wiedergesehen. Mit der Bücherverbrennung am 10. Mai 1933 wurde ein weiteres Zeichen gesetzt; es machte deutlich, daß für eine freie Literatur in Deutschland kein Raum mehr war. Ohnehin befanden sich ihre Urheber zu diesem Zeitpunkt bereits mehrheitlich im Ausland.

»Öfter als die Schuhe die Länder wechselnd« (Bertolt Brecht: *An die Nachgeborenen*[24]): Paß-, Visa- und Aufenthaltsprobleme auf der juristischen Seite, Existenzfragen (Arbeits- und Verlagsprobleme) auf der wirtschaftlichen machten schon frühzeitig das Exil zur Odyssee. Hinzu kam, daß das freie Europa sich in wachsendem Maße den reichsdeutschen Forderungen, die auf eine Beschränkung der politischen Betätigung der Emigranten ausgerichtet waren, beugte – Zeichen der die internationalen Beziehungen der dreißiger Jahre bestimmenden Appeasement-Politik, ohne welche Hitlers Vordringen in Europa nicht möglich gewesen wäre. Bereits mit der stückweisen Einverleibung europäischer Gebiete (der Saar, Österreichs, der Sudeten, des tschechischen Rumpfstaates) hatte sich der Lebens- und Wirkungskreis der Emigranten zunehmend verengt. Mit dem Ausbruch des Krieges schließlich war Europa für sie nur noch eine zuschnappende Falle. Die Flucht aus

Frankreich und anderen westeuropäischen Ländern nach Übersee brachte denjenigen, denen sie gelang, die Rettung. Einige fielen zum zweiten Mal in die Hand der faschistischen Schergen. Viele durchlitten die Hölle der französischen Internierung. Manche kamen in den Lagern um, andere endeten durch eigene Hand.

Der deutsch-sowjetische Pakt hatte auch für die Emigranten in der Sowjetunion böse Folgen. Unsicherheit und Angst waren allgemein verbreitet. Sie wurden durch die Atmosphäre gegenseitiger Verdächtigungen gefördert, die die große Säuberungswelle der unmittelbar vorhergehenden Jahre hinterlassen hatte. Mißliebige waren bereits in Haft; einige Emigranten (Margarete Buber-Neumann u. a.) wurden im Austauschverfahren an die Gestapo ausgeliefert und tauschten das sowjetische Lager gegen ein deutsches ein.[25] Soweit die Weitsichtigeren (oder Ängstlicheren) unter den Emigranten sich nicht bereits durch die Appeasement-Politik der Westmächte, den Terror in der Sowjetunion und die Stabilisierung des NS-Staates (die allesamt den optimistischen Prognosen der ersten Jahre starke Dämpfer aufsetzten) veranlaßt gesehen hatten, nach Übersee weiterzuwandern, begann jetzt für sie die zweite Emigration. Mit ihr aber hatten sich die Voraussetzungen der Exilliteratur in jeder Hinsicht gewandelt. Viele Autoren waren nicht mehr am Leben. Das einst (für Exilverhältnisse) »blühende« Verlagswesen war zusammengeschrumpft, desgleichen die Exilpresse. Geographisch hatte sich das Exil weitgehend nach Übersee verlagert. Von den bereits bestehenden Exilländern spielten für sie nur noch England und die USA einerseits, die Sowjetunion andererseits eine wesentliche Rolle; dazu kam neuerdings noch Mexiko, das unter der liberalen Regierung des Präsidenten Cárdenas auch solche Schriftsteller aufgenommen hatte, denen ihrer Zugehörigkeit zur Kommunistischen Partei wegen die Vereinigten Staaten die Aufnahme verweigert hatten. Länder wie Schweden und die Schweiz waren als Asylländer für deutsche Schriftsteller von nicht vergleichbarer Bedeutung.

Das gleiche gilt auch für Palästina (trotz oder eben wegen seines Charakters als Einwanderungsland). Man mag diese Feststellung als allzu apodiktisch betrachten; sie entspricht jedoch ganz dem zionistischen Selbstverständnis, das die Verfolgung der Juden in Europa eher als eine Station des sich auf dem Wege zum Staate befindlichen jüdischen Volkes betrachten wollte denn als ein Kapitel deutscher (Exil-)Geschichte. Da aber eine Emigrationsbewegung, von den sie verursachenden Gründen abgesehen, ihren Bezugsrahmen wohl letztlich in dem von ihr akzeptierten Ziel- und Aufnahmeland sieht, wird man insbesondere die Palästina/Israel-Emigration – unbeschadet ihres Umfangs – in unserem Zusammenhang, d. h. als Lebensbasis für eine sich entfaltende Exilliteratur, eher als Randphänomen verbuchen müssen.

Bemerkenswert ist, daß (von den kleinen Genres, insbesondere der Lyrik, etwa J.R. Bechers oder Klara Blums, abgesehen) die Sowjetunion als Gegenstand der Exilliteratur sich weitgehend ausgespart findet. Erst in der autobiographischen Literatur der Nachkriegszeit wird sie ihrer Bedeutung entsprechend gewürdigt.[26]

5. Unsere Waffe ist die Feder

Es war kein Zufall, daß im Schaffen der Exilschriftsteller die Selbstreflexion einen unverhältnismäßigen breiten Raum beanspruchte. Wiewohl der Anteil der Schriftsteller an der Gesamtemigration zahlenmäßig bescheiden war, fielen sie dennoch besonders ins Gewicht und sahen sich mit Recht veranlaßt, ihr eigenes Tun zu thematisieren, sei es in der Auseinandersetzung mit dem Gegner oder im kritischen Disput mit den Kampfgefährten oder auch nur zum Zwecke der Selbstverständigung. Bereits gegen Ende des zweiten Exiljahres (Dezember 1934, Januar 1935) fand im »Neuen Tage-Buch« eine Debatte über die deutsche Emigrantenliteratur statt; sie wurde von dem holländischen Essayisten und Romanautor Menno ter Braak eröffnet und u. a. von Ludwig Marcuse und Hans Sahl weitergeführt.[27] Ein Jahr zuvor hatte das Zögern einiger Autoren des S. Fischer Verlages (u. a. Thomas Mann und Alfred Döblin), sich offen gegen das faschistische Regime zu erklären, eine in mehreren Zeitschriften geführte Kontroverse ausgelöst; wenig später, Anfang 1936, trat Thomas Mann, veranlaßt durch einen Artikel des damaligen Feuilletonredakteurs der »Neuen Zürcher Zeitung«, Eduard Korrodi, und gedrängt von seinen Kindern[28], aus seiner Reserve heraus und bekannte öffentlich, was zu bekennen war.[29] Die Ablehnung des Nationalsozialismus hatte Thomas Mann übrigens insgeheim seinen Tagebüchern längst anvertraut.[30]

Der Vorgang hatte nicht nur seine Ausbürgerung zur Folge, sondern auch die Aberkennung seiner Ehrendoktorwürde durch den

Dekan der Bonner Universität; er fand in dem berühmten offenen Brief Thomas Manns seinen vorläufigen Abschluß.[31]

Mit einer Reihe von Beiträgen unterschiedlicher Richtung über den »Fall Humanismus« hatte sich 1936 die Zeitschrift »Das Wort« vorgestellt[32]; sie blieb ein Forum für mancherlei Kontroversen. Viel diskutiert wurde das Genre des historischen Romans sowohl im »Wort« als auch in anderen Zeitschriften des Exils. Die umfangreichste und engagierteste literaturpolitische Diskussion, zumeist als *Expressionismusdebatte* bezeichnet, drehte sich um die Frage nach der »richtigen« (d. h. zweckentsprechenden) Art des Schreibens, eine Frage, die die nach der angemessenen Art der Pflege des Kulturlebens mit einschloß. Auch diese Debatte wurde vor allem im »Wort« geführt.

In der gleichen Zeitschrift konnte 1937 nicht nur bereits ein Rückblick auf vier Jahre Emigrantenliteratur, zu dem verschiedene Autoren wie Arnold Zweig, Rudolf Olden, Wieland Herzfelde u. a. beigetragen haben, sondern auch die erste Bio-Bibliographie ihrer namhaftesten Autoren vorgelegt werden.[33] Mit diesem Heft hat die Geschichtsschreibung der deutschen Exilliteratur ihren Anfang genommen. Wenig später erschien mit der Schrift von Alfred Döblin *Die deutsche Literatur – im Ausland seit 1933* (1938) die erste zusammenfassende Darstellung aus einer Hand.[34]

Das Schriftstellerdasein im Exil hatte vieles in Frage gestellt, was dem Berufsstand bis dahin selbstverständlich schien. Mit dem geschrumpften und weiter schrumpfenden Markt mag (wohl notwendigerweise) das viel geschmähte Faktum eines formalen Konservatismus zusammenhängen, dessen Stempel vieles, aber gewiß nicht alles, was im Exil produziert wurde, trägt. Den meisten Autoren galt es, etwas zu erhalten: die Heimat gegen das Exil, die eigene Sprache sowohl gegen die fremde als auch gegen den Sprachzerfall im Dritten Reich, die Kultur gegen die »Barbarei«, den Geist gegen den Ungeist und nicht zuletzt auch die noch vorhandenen Leser, denen es das Bewahrte und Bewährte, das noch Erhaltene oder zu Erhaltende zu vermitteln galt. Dabei wurde die Ohnmacht des Wortes ebenso beklagt wie seine Macht beschworen. Sein tatsächliches Vermögen (oder Unvermögen) konkret zu analysieren, hatte Brecht in seinen *Fünf Schwierigkeiten beim Schreiben der Wahrheit* unternommen.[35] Der Kampf galt aber nicht nur dem Gegner. In den eigenen Reihen wurden Opportunismus und Laschheit ebenso kritisiert wie Egozentrik und Eskapismus: *Der Zwang zur Politik* (Thomas Mann[36]) ist zugleich die Absage an den »Elfenbeinturm«. Die Einsicht schließlich in die Notwendigkeit des Zusammenhalts, als Garant für den Erfolg dieses Kampfes betrachtet; wo sollte sie einsetzen, wenn nicht bei den Schriftstellern selbst, und in der Tat war auf dieser, mehr von Individuen als von Organisationen getragenen Ebene das »große Bündnis«[37] eher zu bewerkstelligen als auf der Ebene der von den Residuen der Vergangenheit und Schocks der Gegenwart gleichermaßen belasteten Parteipolitik. Auch konnten nach mancherlei Zerreißproben, die auch auf dieser Ebene nicht ausbleiben konnten, und nach ebenso vielen nicht mehr reparablen Rissen, wenigstens Reste davon auch über das Scheitern der Volksfront hinaus bewahrt werden und in den freideutschen Bewegungen wieder auferstehen. Was den Tenor dieses Bündnisses betrifft, so hat ihn Walter A. Berendsohn mit seinem Begriff einer »Humanistischen Front« treffend charakterisiert[38]; er bezeichnet jenes ehrenwerte, jedoch verspätete und deshalb letztlich hilflose Gebilde, in dem sich bürgerlicher und proletarischer Humanismus vereinigen sollten, um einer Entwicklung entgegenzuwirken, die längst nicht mehr aufzuhalten war: auch dies eine Fortschreibung »deutscher Ideologie«.[39]

6. In memoriam

Aus dem Exil heraus wurden verhaftet, verschleppt, in Lager verbracht, ermordet, vergast: Otto Heller, Georg Herrmann, Fritz Heymann, Bertold Jacob, Erich Kuttner, Walter Landauer, Theodor Lessing, Johannes Wüsten u. a.

Ihrem Leben setzten ein Ende: Walter Benjamin, Franz Blei, Carl Einstein, Egon Friedell (beim Einmarsch der Deutschen in Wien), Walter Hasenclever, Ernst Toller, Kurt Tucholsky, Ernst Weiss, Alfred Wolfenstein, Stefan Zweig u. a.

Opfer des Stalinismus wurden: Hans Günther, Ernst Ottwalt, Karl Schmückle, Herwarth Walden u. a.

Unter ungeklärten Umständen kam Willi Münzenberg in Frankreich ums Leben. Rudolf Olden ertrank bei der Versenkung des Schiffes, auf dem er seine Überfahrt nach Amerika angetreten hatte.

Im Exil verstarben außerdem: Raoul Auernheimer, Richard

Beer-Hofmann, Georg Bernhard, Rudolf Borchardt, Bruno Frank, Sigmund Freud, Eduard Fuchs, Rudolf Fuchs, Stefan George, Hellmut von Gerlach, Alfons Goldschmidt, Alexander Granach, Werner Hegemann, Wolfgang Hellmert, Max Herrmann-Neisse, Franz Hessel, Arthur Holitscher, Arnold Höllriegel, Ödön von Horváth, Monty Jacobs, Georg Kaiser, Josef Kastein, Harry Graf Kessler, Anton Kuh, Else Lasker-Schüler, Valeriu Marcu, Julius Meier-Gräfe, Alfred Mombert, Robert Musil, Arno Nadel, Max Osborn, Alexander Roda Roda, Walter Rode, Arthur Rosenberg, Joseph Roth, Else Rüthel, Felix Salten, René Schickele, Paul Stefan, Margarete Steffin, Carl Sternheim, Karl Tschuppik, Veit Valentin, Jakob Wassermann, Hermann Wendel, Franz Werfel, Ludwig Winder, Alfred Wolfenstein, Paul Zech.

Die Liste ist unvollständig.

1979

Anmerkungen

Ernst Loewys Beitrag ist dem von ihm unter Mitarbeit von Brigitte Grimm, Helga Nagl und Felix Schneider herausgegebenen Werk *Exil. Literarische und politische Texte aus dem deutschen Exil 1933-1945*, Stuttgart (J.B. Metzlersche Verlagsbuchhandlung und Carl Ernst Poeschel Verlag GmbH) 1979 entnommen. Der Abdruck folgt der dreibändigen überarbeiteten Ausgabe des Fischer Taschenbuch Verlages, Frankfurt/Main 1981 und 1982 (Band 1: *Mit dem Gesicht nach Deutschland*, 6481; Band 2: *Erbärmlichkeit und Größe*, 6482; Band 3: *Perspektiven*, 6483); dort die Abschnitte auf den Seiten 41-43 (1), 94-97 (2), 157-159 (3), 473-475 (4), 673-675 (5) und 785 (6).

Die Anmerkungen wurden vom Hg. für diesen auszugsweisen Abdruck, basierend auf den Anmerkungen der Taschenbuchausgabe, neu durchgesehen und erweitert, wobei den Angaben der jeweiligen Erstausgabe auch Hinweise auf greifbare Taschenbuchausgaben (= TB) hinzugefügt wurden. Auf Texte bzw. Teilabdrucke innerhalb der Dokumentation von Ernst Loewy wird durch die Abkürzung *Exil* mit nachfolgender Seitenzahl verwiesen.

1   Heinrich Mann, *Ein Zeitalter wird besichtigt*, Stockholm 1947, S. 352. TB: rororo 1986.
2   Ebd., S. 355.

3 Ebd., S. 357.

4 Alexander Abusch, *Der Irrweg einer Nation*, Mexiko 1945.

5 Helmuth Plessner, *Das Schicksal des deutschen Geistes im Ausgang seiner bürgerlichen Epoche*, Zürich 1935. 2. Aufl. u. d. T. *Die verspätete Nation*, Stuttgart 1959. TB: stw 66.

6 Arnold Zweig, *Der Streit um den Sergeanten Grischa*, Potsdam/Berlin 1927. TB: Fischer 1275.
   Ders., *Junge Frau von 1914*, Berlin 1931. TB: Fischer 1335.
   Ders., *Erziehung vor Verdun*, Amsterdam 1935. TB: Fischer 1523. (*Exil*, S. 997-1009.)
   Ders., *Einsetzung eines Königs*, Amsterdam 1937.
   Ders., *Die Zeit ist reif*, Berlin 1957.

7 Alfred Döblin, *November 1918. Eine deutsche Revolution*, München 1978 (TB: dtv 1389). (*Exil*, S. 1010-1018.)

8 Oskar Maria Graf, *Anton Sittinger*, London 1937. TB: dtv 1758. (*Exil*, S. 55-65.)

9 Rudolf Olden, *Warum versagten die Marxisten?*, Paris 1934. (*Exil*, S. 66-85.)

10 Oskar Maria Graf, *Der Abgrund. Ein Zeitroman*, London 1936. Überarbeitete Neuausgabe u. d. T. *Die gezählten Jahre*, München 1976. TB: dtv 1545. (*Exil*, S. 86-93.)

11 Leopold Schwarzschild, *Deutsche Bartholomäusnacht*, in: Das Neue Tage-Buch 2 (1934), 27, S. 633-637.

12 *Weißbuch über die Erschießungen des 30. Juni 1934*, Paris 1934, S. 48, 50.

13 Zit. nach: Paul Merker, *Deutschland. Sein oder Nichtsein*, Bd. 1, Mexiko 1944, S. 388.

14 *Braunbuch über Reichstagsbrand und Hitlerterror*, Bd. 1, Basel 1933. Zu den Autoren des anonym erschienenen Buches gehörten neben Willi Münzenberg u. a. Alfred Kantorowicz, Gustav Regler und vor allem Otto Katz (Pseud. André Simon), der als einer der Angeklagten im Prager Slansky-Prozeß von 1952 hingerichtet wurde (*Exil*, S. 118-131.)

15 Konrad Heiden, *Die Geburt des Dritten Reiches*, Zürich 1934.
   Ders., *Adolf Hitler. Eine Biographie*, Bd. 1: *Das Zeitalter der Verantwortungslosigkeit*; Bd. 2: *Ein Mann gegen Europa*, Zürich 1936-1937.
   Rudolf Olden, *Hitler der Eroberer*, Prag 1933. TB: Fischer 5185.
   Ders., *Hitler*, Amsterdam 1936.

16 Lion Feuchtwanger, *Die Geschwister Oppenheim*, Amsterdam 1933; später u. d. T. *Die Geschwister Oppermann*, Rudolfstadt 1948. TB: Fischer 2291 (*Exil*, S. 293-298.)

17 Dazu in *Exil*, S. 38-39: »Mit Feuchtwangers *Die Geschwister Oppenheim*[17a] lag bereits 1933 ein Roman vor, der das Geschehen zu deuten

versuchte. Ihm folgten in schneller Folge die KZ-Romane von Willi Bredel *Die Prüfung* (1934)[17b] und Walter Schönstedt *Auf der Flucht erschossen* (1934)[17c], Heinz Liepmanns Roman *. . . wird mit dem Tode bestraft* (1935)[17d] und viele andere. Die frühen Romane zeichneten sich in der Mehrheit durch einen Optimismus aus, der auf der Hoffnung auf einen baldigen Zusammenbruch des Regimes gegründet, freilich durch die Tatsachen kaum zu rechtfertigen war. Zu unglaublich (und ohne Vorbild in der bisherigen Geschichte) schien das Geschehene, als daß man es wahrhaben konnte. Es bedurfte einiger Jahre (während deren man sich vielfach anderen Stoffen wie der Exilthematik oder der Geschichte zuwandte), um die neue Situation zu verarbeiten, d. h. den NS-Staat nicht mehr nur als »vorübergehenden Spuk«, als einem gesunden Volk (und einer intakten Arbeiterbewegung) nur aufgezwungenen Terrorapparat zu begreifen, sondern als gesamtgesellschaftliches Phänomen, zu dem alle Teile der Gesellschaft, sei es durch Interesse, Verblendung oder Schwäche, beitrugen. Die allzu holzschnittartige Schwarz-Weiß-Darstellung der Anfänge wich realitätsgerechteren Darstellungen, wie sie bereits in Klaus Manns *Mephisto* (1936)[17e] oder auch Irmgard Keuns *Nach Mitternacht* (1937)[17f] angestrebt wurden, jedoch ihren gültigen Ausdruck erst in Anna Seghers' *Das Siebte Kreuz* (1939/1942)[17g] und Arnold Zweigs *Das Beil von Wandsbeck* (1947/48, jedoch früher geschrieben)[17h] erhielten. Einige spätere Romane, etwa Alfred Neumanns *Es waren ihrer sechs* (1944)[17i] oder Hermann Kestens *Die Zwillinge von Nürnberg* (1947) [17j], konnten diese Gipfelpunkte nicht mehr erreichen; sie tragen eher den Stempel einer eigentümlichen Realitätsfremdheit. Auch hatte sich inzwischen vielen Autoren eine andere Thematik aufgedrängt; der Krieg nebst seinen unmittelbaren und mittelbaren Folgen. In Büchern wie Theodor Plieviers *Stalingrad* (1945)[17k] oder Anna Seghers' *Transit* (1948; span. und engl. Ausgaben jedoch bereits 1944)[17l] hat der Blick auf Deutschland sich notgedrungen zum Blick auf ein Europa ausgeweitet, das der sogenannten deutschen »Neuordnung« anheimgefallen war und sich gegen diese verzweifelt zur Wehr setzte. Nur summarisch genannt seien hier die wichtigsten Werke der dramatischen Literatur des Exils, soweit sie das Geschehen im NS-Staat zum Inhalt haben: *Professor Mamlock* von Friedrich Wolf (1935) [17m], *Die Rassen* von Ferdinand Bruckner (1933-1934)[17n], *Furcht und Elend des Dritten Reiches* von Bertolt Brecht (1941-1945; einzelne Szenen schon 1938 uraufgeführt)[17o], *Pastor Hall* von Ernst Toller (1939/1946)[17p] sowie *Des Teufels General* von Carl Zuckmayer (1946)[17q].«

17a Siehe 16.
17b Willi Bredel, *Die Prüfung*, Prag/London 1934.
17c Walter Schönstedt, *Auf der Flucht erschossen. Ein SA-Roman*, Basel

1934 (*Exil*, S. 232-233.)

17d Heinz Liepmann, . . . *wird mit dem Tode bestraft*, Zürich 1935.

17e Siehe 20.

17f Siehe 22.

17g Anna Seghers, *Das siebte Kreuz*, Mexiko 1942. TB: Sammlung Luchterhand 108. (*Exil*, S. 1061-1064.)

17h Siehe 21.

17i Alfred Neumann, *Es waren ihrer sechs*, Stockholm 1944.

17j Hermann Kesten, *Die Zwillinge von Nürnberg*, Amsterdam 1947.

17k Theodor Plievier, *Stalingrad*, Moskau 1945.

17l Anna Seghers, *Transit*, Konstanz 1948. TB: Sammlung Luchterhand 263. (*Exil*, S. 551-556.)

17m Friedrich Wolf, *Professor Mamlock*, Schauspiel. TB: Reclam 9964; auch in Rühle (Hg.), *Zeit und Theater 6,* Ullstein 35033.

17n Ferdinand Bruckner, *Die Rassen*, Schauspiel, Paris 1933. TB: in Rühle, Ullstein 35033.

17o Siehe 23.

17p Ernst Toller, *Pastor Hall*, Drama, London 1939 (dt. Berlin 1946).

17q Carl Zuckmayer, *Des Teufels General*, Schauspiel, Stockholm 1946. TB: Fischer 7019.

18 Zit. nach: Reinhard Kühnl, *Der deutsche Faschismus in Quellen und Dokumenten*, Köln 1975, S. 105 ff.

19 Ebd., S. 105.

20 Klaus Mann, *Mephisto. Roman einer Karriere,* Amsterdam 1936. TB: rororo 4821.

21 Arnold Zweig, *Das Beil von Wandsbeck*, Stockholm 1947/48. TB: Fischer 2069.

22 Irmgard Keun, *Nach Mitternacht*, Amsterdam 1937. TB: Bastei Lübbe 12129. (*Exil*, S. 182-193.)

23 Bertolt Brecht, *Furcht und Elend des Dritten Reiches. 24 Szenen,* New York 1945. TB: es 392.
Uraufführung von 8 Szenen u. d. T. *99%. Bilder aus dem Dritten Reich* am 21. 5. 1938 im Salle d'Iéna in Paris. Regie: S(latan) Theodor Dudow; Bühnenbild: Heinz Lohmar; mit Helene Weigel, Ernst Busch u. a.

24 Bertolt Brecht, *An die Nachgeborenen*, in: B.B., *Gesammelte Werke*, Bd. 9, *Gedichte 2*, Frankfurt/Main 1967, S. 722-723. (*Exil*, S. 1220-1222.)

25 Vgl. David Pike, *Deutsche Schriftsteller im sowjetischen Exil 1933-1945*, Frankfurt/Main 1981, S. 417 ff.

26 Vgl. u. a. Margarete Buber-Neumann, *Als Gefangene bei Stalin und Hitler*, Zürich/München 1949.
Susanne Leonhard, *Gestohlenes Leben. Schicksal einer politischen Emigration in der Sowjetunion,* Frankfurt/Main 1956. Wolfgang

Leonhard, *Die Revolution entläßt ihre Kinder*, Köln 1955. TB: Heyne 01/7090.

Hildegard Plievier, *Mein Hund und ich*, Frankfurt/Main 1957.

Dies., *Flucht nach Taschkent*, Frankfurt/Main 1960. (Beide Werke u. d. T. *Ein Leben gelebt und verloren*, Gütersloh 1964.)

Ernst Fischer, *Erinnerungen und Reflexionen*, Reinbek 1969.

Ruth von Mayenburg, *Blaues Blut und rote Fahnen*, Wien usw. 1969.

Dies., *Hotel Lux*, München 1978. TB: Ullstein 34058.

27   Der Wiederabdruck der vollständigen Debatte liegt vor in Heinz Ludwig Arnold (Hg.), *Deutsche Literatur im Exil 1933-1945*, Bd.I: *Dokumente*, Frankfurt/Main 1974, S. 59-70.

28   Klaus Mann, [*Telegramm*] an Thomas Mann (26. 1. 1936), in: K.M., *Briefe und Antworten*, Bd. I, München 1975, S. 243.

29   Auch die seinerzeit in diesem Zusammenhang erschienenen Texte sind zur Gänze wieder abgedruckt; s. Heinz Ludwig Arnold, S. 93-124.

30   Thomas Mann, *Tagebücher 1933-1934*, Frankfurt/Main 1977; vgl. auch die bereits 1946 erstmals erschienene »gereinigte« und überarbeitete Teilausgabe *Leiden an Deutschland, Tagebuchblätter aus den Jahren 1933 und 1934*, in: T.M., *Gesammelte Werke*, Bd. 12, S. 684-766.

31   Thomas Mann, *Ein Briefwechsel*, Zürich 1936 (u. d. T. *Briefwechsel mit Bonn* in: T.M., *Gesammelte Werke*, Bd. 12, S.785-792). Die vollständige Geschichte der Bonner Ehrendoktorschaft Thomas Manns, ihre Zuerkennung, ihre Aberkennung und ihre Wiederzuerkennung nach dem Zweiten Weltkrieg wurde in einem voluminösen Band dokumentiert (Paul E. Hübinger, *Thomas Mann, die Universität und die Zeitgeschichte*, München/Wien 1974).

32   Zum Beisp. Ludwig Marcuse, *Der Fall Humanismus*, in: Das Wort 1 (1936), 1, S. 62-67. (*Exil*, S. 1196-1201.)

33   Das Wort 2 (1937), S. 4-5.

34   Wiederabdruck in Heinz Ludwig Arnold, S. 200-218.

35   Bertolt Brecht, *Fünf Schwierigkeiten beim Schreiben der Wahrheit*, in: B.B., *Gesammelte Werke*, Bd. 18, Frankfurt/Main 1967, S. 222-239. (*Exil*, S. 769-781.)

36   Thomas Mann, *Zwang zur Politik*, in: Das Neue Tage-Buch 7 (1938), 30, S. 710-712; u. d. T. *Kultur und Politik*, in: T.M., *Gesammelte Werke*, Bd. 12.

37   Johannes R. Becher, *Das große Bündnis*, in: *Zur Tradition der sozialistischen Literatur in Deutschland. Eine Auswahl von Dokumenten*, Berlin/Weimar 1967, S. 591 ff.

38   Walter A. Berendson, *Die humanistische Front*, Teil 1, Zürich 1946; Teil 2, Worms 1976.

39   Vgl. Günther Heeg, *Die Wendung zur Geschichte. Konstitutionsprobleme antifaschistischer Literatur im Exil*, Stuttgart 1977.

Alexander Stephan
Exil-Verlage

Die Bedeutung einer jeden Exilliteratur steht und fällt mit der Aktivität ihrer Exilverlage. Sie retten die vertriebenen Autoren vor dem Vergessenwerden, helfen ihnen, die Öffentlichkeit wiederherzustellen, dienen als Sammelpunkte für die Versprengten und gewähren eine gewisse finanzielle Stütze. Das gilt auch für das deutschsprachige Exil. Hätten sich nach 1933 in Amsterdam, Zürich, Prag und Paris keine Verleger gefunden, die die Manuskripte der Exilanten druckten, hätte das Exil weitgehend an Bedeutung und Resonanz verloren. Die Polemiken gegen den Nationalsozialismus wären auf Zeitschriften und gelegentliche Übersetzungen in die Sprachen der zahllosen Gastländer beschränkt geblieben – Medien, die Bücher in der Originalsprache, selbst wenn sie nur in kleinen Auflagen erschienen, an Kurzlebigkeit bei weitem übertrafen.

So nimmt es nicht wunder, daß in fast allen Exilzentren schon in den ersten Wochen und Monaten nach der Flucht verbotene Verlage wiedereröffnet und neue Verlage gegründet wurden. »Wer wird uns verlegen? Das war die brennende Frage, mit der die deutschen Schriftsteller im Exil ihre Arbeit wieder aufnahmen. Sie erhielten überraschend schnell Antwort«[1], schreibt Wieland Herzfelde, selbst Autor und Verleger, in seinem Überblick *Vier Jahre deutsche Emigrationsverlage*: ein Optimismus, der 1937 berechtigt gewesen sein mag. Zieht man jedoch Bilanz für das gesamte Exil, so entsteht – trotz aller Initiativen, Risiken und persönlichen Opfer von Verlegern, Lektoren, Druckern und Autoren – ein düstereres Bild. Weder hat es während der 12 Jahre (oder danach) einen zentralen Exilverlag gegeben, der einen großen Teil der Vertriebenen hätte aufnehmen können, noch blieb von den über 600 Verlagen, in denen nach einer Aufstellung von Horst Halfmann[2] Werke der Exilanten erschienen, auch nur ein geringer Teil auf die Dauer erfolgreich. Die Hunderte von zugewanderten und einheimischen Klein- und Kleinstverlagen bemühten sich – oft vergeblich –, wenigstens ein einziges deutschsprachiges Buch eines vertriebenen Schriftstellers zu drucken.

Gerade jungen und unbekannten Autoren blieb daher häufig kein anderer Weg, als nach noch abgelegeneren Lösungen zu fahnden. Walter A. Sternheim und Erich Stern, aber auch Paul Zech, Else Lasker-Schüler und Hans Marchwitza verlegten ihre Werke selbst. Von Brechts *Gedichten im Exil* zirkulierten in den USA eine Reihe von Photokopien eines Typoskripts.[3] Der einstmals bekannte Expressionist Kurt Hiller ließ einen Band Gedichte in Peking drukken. Oskar Maria Graf verkaufte seine selbstverlegten Bücher in den Vereinigten Staaten eigenhändig nach Vortragsabenden und auf Reisen[4], nachdem er schon einmal 1938 bei der Flucht aus der Tschechoslowakei 100 Restexemplare des *Sprungs ins Helle* für fünf Kronen als Altpapier verkauft hatte.[5] Und selbst ein Großmäzen der Exilliteratur wie der Zürcher Verleger Emil Oprecht erwartete von dem Lyriker Hans Reinowski, daß er für seine Sammlung *Lied am Grenzpfahl* (1940) erst einmal eine kostendeckende Zahl Subskribenten auftreibe.[6]

Die Gründe für die prekäre Situation der Exilverlage liegen auf der Hand. Sie sind trotz der unterschiedlichen Bedingungen in den Aufnahmeländern und den verschiedenartigen Verlagsprogrammen für die meisten exilierten Verlage dieselben. An der Spitze stehen sicherlich die finanziellen Probleme. Vorgesorgt wie Herzfelde, der Gelder des Malik Verlags im Ausland deponiert hatte[7] und deshalb schon im April 1933 in Prag sein Verlagsprogramm mit Rudolf Oldens *Hitler der Eroberer* fortsetzen konnte, hatten die wenigsten Verleger. So wuchsen mit der leeren Kasse die einfachsten Probleme zu unüberwindlichen Hindernissen. Da nahm, wie bei Bermann-Fischer, der trotz seiner finanziell reibungslosen Loslösung vom Dritten Reich in Wien plötzlich mit einem knappen halben Dutzend Mitarbeitern auskommen mußte[8], die Beschaffung von Verlagsräumen, Werbung, Versand und Buchhaltung oft mehr Zeit und Kraft in Anspruch als früher das Lektorieren. Oder es stellte sich heraus, daß Satz und Druck der deutschsprachigen Texte die einheimischen Fachkräfte hoffnungslos überforderte. Berichte, wie der von Bodo Uhse über den Druck der Zeitschrift »Freies Deutschland« in Mexico, D. F., verstehen sich durchaus nicht als Kuriosa:

Da unsere Maschinensetzer Mexikaner waren, konnten sie wohl den Text vom Manuskript absetzen, aber wie in aller Welt sollten sie wissen, wo diese seltsamen mit Konsonanten so überreich beladenen Worte zu trennen waren? Man mußte es ihnen mit leichten Bleistiftstrichen andeuten. Die

Manuskripte bekamen dadurch ein seltsames Aussehen [. . .] Die kleinen Druckereien, bei denen wir aus Geldmangel arbeiten ließen, hatten keine Setzmaschinen. Aber sie standen in Verbindung mit Maschinensetzern, meist älteren Leuten, die nach langen Arbeitsjahren eine eigene Setzmaschine erworben hatten, zumeist ein klappriges, längst ausrangiertes Ding, ebenso alt und abgearbeitet wie sein Besitzer [. . .] Dorthin also zogen wir mit unseren Manuskripten. Von dort schleppten wir den Satz – eine schwere Last – zum Drucker, um die Fahnenabzüge zu machen. Mit den fertigen Korrekturbogen eilten wir wieder zum Setzer, warteten auf die Korrekturen und jagten dann durch die ganze Stadt zum Drucker zurück.[9]

Verschärft wurde die schwierige wirtschaftliche Situation der Exilverlage durch die ständig schrumpfende Zahl der Buchkäufer. Die Besetzung der deutschsprachigen Gebiete durch die Faschisten und der Ausbruch des Krieges ließen nicht nur die wichtigsten Absatzgebiete für Exilliteratur ausfallen, sie trieben neben den Verlegern und ihren Autoren auch die exilierte Leserschaft auf eine unstete Wanderung von Land zu Land. Gleichzeitig verlor die jüdische Massenemigration, die durchweg der Schicht des lesenden Bürgertums entstammte, im Zuge der Akkulturation immer mehr das Interesse an deutschem Schrifttum. Daß dieser Prozeß nicht überall so friedlich wie in den USA, dem wichtigsten Asylland für deutsche Juden, vonstatten ging, beweist die Geschichte des Orient Verlags in Haifa. Als Arnold Zweig und Wolfgang Yourgrau hier in deutscher Sprache einen links gefärbten Antifaschismus zu propagieren begannen, kam es neben den üblichen Verbalinjurien[10] gar zu einem Bombenattentat auf das Verlagshaus.[11] Und schließlich bewirkten bis in die ersten Kriegsjahre hinein die politischen Erfolge der Nationalsozialisten einen Leserschwund. Wo sich, wie etwa in Mexiko, die Söhne der deutschen Altemigranten freiwillig zum Wehrdienst in Deutschland meldeten, war mit einem nennenswerten Absatz von Exilliteratur kaum zu rechnen.

Zu den finanziellen Schwierigkeiten der Exilverlage gesellten sich bald auch politische. Zwar gelang es den meisten Verlegern – zum Teil auf recht krummen Wegen –, die Aufenthalts- und Arbeitsrestriktionen ihrer Gastländer zu unterlaufen. Den versteckten Pressionen der Reichsregierung und ihrer ausländischen Sympathisanten vermochten sie sich jedoch besonders in den kleineren Exilländern schwerer zu entziehen. Ein Artikel in Will Vespers »Neuer Literatur« drohte dem Wiener Verlag Herbert Reichner, der in Deutschland weiter für Stefan Zweigs Werke warb: »Es muß künftig verhindert werden, daß etwa der jüdische Verlag Reichner (Wien und Zürich) mit Prospekten, die die Werke Stefan Zweigs und anderer Juden anpreisen, Deutschland überschwemmt (Mit Bestellkarte nach Wien).«[12] Andere Verlage wurden öffentlich verlegerischer Rassenschande angeklagt, weil sie ihren jüdischen Autoren nicht kündigten.[13] Und selbst ein so angesehenes Exilunternehmen wie Allert de Lange in Amsterdam sah sich bisweilen gezwungen, Manuskripte abzulehnen, »weil sie aus politischen Gründen dem Inseratengeschäft des Verlags geschadet hätten«.[14] Edwin Maria Landau, der seinen Verlag Die Runde in die Schweiz überführen wollte, beschied die Fremdenpolizei, daß sein Unternehmen für die Schweiz »von keinem besonderen Interesse«[15] sei. Nicht viel besser erging es Wieland Herzfelde, der seine Hoffnung, den Malik Verlag 1939 in den USA zum dritten Mal zu eröffnen, getäuscht sah, »weil nach Kriegsausbruch der Kampf für ein besseres Deutschland unsinnig, wenn nicht verdächtig erschien, der Nichtangriffspakt der Sowjetunion in der Presse als Bündnis mit Hitler ausgelegt wurde und der Krieg gegen Finnland Anlaß zu maßlosen Beschimpfungen und Beleidigungen derjenigen war, die nach wie vor die Sowjetunion für den Hauptfeind der Nazis hielten«.[16]

Negativ im Wettbewerb mit den Buchexporteuren aus Deutschland machte sich auch das Fehlen einer gemeinsamen Produktion, Werbung und Auslieferung bemerkbar. Zwar standen sich die Exilverlage nicht mehr wie in Deutschland offen im Konkurrenzkampf gegenüber. Auf eine gemeinsame Aktion einigten sich die Häuser Querido, de Lange und Bermann-Fischer (Stockholm) dennoch erst knapp vor Kriegsausbruch, als sie ihre Herstellung und den Vertrieb zusammenlegten und die »billige Bücherreihe« *Forum* gründeten, in der u. a. Erzählungen von Thomas Mann, Werfels *Musa Dagh* und Stefan Zweigs *Maria Stuart* erschienen.[17] Solch ein Schritt war um so nötiger, als reichsdeutsche Behörden beschlagnahmte Werke verbotener Autoren zu Schleuderpreisen im Ausland verramschten[18] – eine Praxis, gegen die sich viele Autoren noch nicht einmal rechtlich zur Wehr setzen konnten, weil ihre Verträge mit den inzwischen gleichgeschalteten Verlagen noch nicht abgelaufen waren.[19]

Echte Exilverlage, also Unternehmen, die von Exilanten geleitet wurden und hauptsächlich Exilliteratur druckten, haben sich unter diesen Umständen kaum über Wasser halten können. Ohne größere Verluste und mit festen Auflagen arbeiteten im allgemeinen nur solche Unternehmen, die an finanzstärkere einheimische Verlage gebunden waren oder von den großen Parteien Unterstützung erhielten. So druckten die deutschen Abteilungen von Querido und von Allert de Lange gewöhnlich 3000 Exemplare, brachten es in Ausnahmefällen wie bei Jakob Wassermanns *Joseph Kerkhovens dritte Existenz* und Lion Feuchtwangers *Die Geschwister Oppenheim* aber auch schon einmal auf 10000 oder 20000 Exemplare.[20] Der Malik Verlag, der mit 29 Titeln bereits zur zweiten Garnitur der Exilverlage zählte, druckte eine ansehnliche Durchschnittsauflage von 4000 Exemplaren.[21] Münzenbergs von der Kommunistischen Internationalen (KI) subventionierte Editions du Carrefour brachte es selbst ohne die zugkräftigen *Braunbücher* durchschnittlich auf über 3000 Exemplare.[22] Als Faustregel läßt sich sagen, daß Unterhaltungsliteratur, aktuelle Berichte und Reportagen zum Zeitgeschehen höhere Auflagen erzielten als die sogenannte »schöne Literatur«. Während die aufgelegten 6000 Exemplare von Döblins *Babylonischer Wanderung* bei Querido offensichtlich nachträglich Bedenken verursachten[23], wurde Remarques *Drei Kameraden* vom selben Verlag innerhalb von zwei Wochen 10000mal verkauft.[24] Nicht viel anders erging es Brecht, der in den USA sechs Jahre lang ohne Verleger blieb und mit Verbitterung zusah, wie Feuchtwanger, Vicki Baum und andere durch den Verkauf ihrer Bücher zu Wohlstand kamen.

Wie zu erwarten, siedelten sich die Exilverlage zunächst in den wichtigeren europäischen Exilzentren an: in Zürich, Prag und Paris. Eine Ausnahme machten allein die Niederlande, wo 1933 in den Verlagen Querido und Allert de Lange zwei Zentren der Exilliteratur entstanden, die der Bedeutung der Niederlande als Asylland weit voraus waren. Dabei handelten Emanuel Querido und Gerard de Lange – wie auch der große schweizerische Exilverleger Emil Oprecht – mehr aus persönlicher Abneigung gegen den Faschismus als aus geschäftlichem Interesse. Klaus Mann, der bei Querido »Die Sammlung« herausgab, berichtet von seinem Verleger: »Der alte Sozialdemokrat haßte den Faschismus in jeder Form, besonders aber in der deutschen; gerade deshalb war ihm die Betreuung der antifaschistischen deutschen Literatur eine Herzenssache.«[25] Querido kam 1942, der de Lange-Lektor Walter Landauer drei Jahre später in einem Konzentrationslager um.

Leiter der deutschen Abteilungen in den beiden holländischen

Verlagen waren ehemalige Mitarbeiter des Berliner Kiepenheuer Verlags: bei Querido Fritz Landshoff, bei de Lange Landauer und Hermann Kesten. Sie brachten bis zum Frühjahr 1940 zusammen fast 200 Titel von über hundert Autoren heraus. Querido begann im Herbst 1933 mit neun deutschsprachigen Büchern, darunter Lion Feuchtwangers *Die Geschwister Oppenheim* und *Der jüdische Krieg*, Heinrich Manns *Der Haß* und Anna Seghers' *Der Kopflohn*. Im selben Jahr machte Hermann Kesten bei de Lange mit der Anthologie *Novellen deutscher Dichter der Gegenwart* einen Anfang. Es folgten unter anderem Bertolt Brechts *Dreigroschenroman* (1934), Ferdinand Bruckners *Mussia* (1935), Ödön von Horváths Erfolgsroman *Jugend ohne Gott* (1938), sämtliche Romane von Alfred Neumann aus den Jahren 1933 bis 1940, Joseph Roths *Die hundert Tage* (1936) und Stefan Zweigs *Ungeduld des Herzens* (1939). Zu den Querido-Autoren zählten Vicki Baum, Bruno Frank, Oskar Maria Graf, Emil Ludwig, Erika, Klaus und Thomas Mann, Robert Neumann und Erich Maria Remarque. Bei de Lange veröffentlichten Max Brod, Sigmund Freud, Alfred Polgar, René Schickele und Theodor Wolff. Roth, Valeriu Marcu und Irmgard Keun wurden von beiden Verlagen gedruckt.

Wie bei Querido erhielten auch bei de Lange viele Autoren an Stelle der üblichen Abrechnungen über verkaufte Exemplare bereits bei Vertragsabschluß Monatsraten von 150 bis 250 Gulden. Diese Summe war bisweilen sogar höher; Plievier brachte es auf 300 Gulden[26], Roth sogar auf 750 Mark.[27] Trotzdem klagte Roth in seinem Tagebuch: »Heute ist die Abrechnung des Verlages über mein siebzehntes Buch gekommen [. . .] Der Vorschuß ist noch lange nicht ›abgedeckt‹ [. . .] Ich habe schon sieben Verlage gehabt. Dies ist der Achte [. . .] Und ich bin nicht der einzige Autor. Die Vorschüsse meiner Kollegen kommen auch nicht herein [. . .]« Und dann, einen Tag später: »Ich habe gestern den Verlegern Unrecht getan. Sie sind wahrscheinlich wirklich Ersatz-Mäzene.«[28] Wenn die miserable Finanzlage der Exilanten auf solchem Wege zwar nicht grundsätzlich verbessert wurde, so enthob diese Regelung die Autoren doch der damals sicherlich berechtigten Sorge um den Verkaufserfolg ihrer Bücher. Manch einem jüngeren Schriftsteller gelang es zudem, sich so lange genug über Wasser zu halten, um ein neues Manuskript fertigzuschreiben. Als 1940 die deutschen Truppen in den Niederlanden einmarschierten, versiegte auch diese spärliche Geldquelle. Neben Querido und de

Lange mußten die Verlage Sijthoff (Leiden), bei dem Albert Einstein und Karl Mannheim publizierten, Brill (Leiden) und Nijhoff (Den Haag) ihre Exilautoren gehen lassen.

Während in den Niederlanden zwei einheimische Verleger die deutsche Exilliteratur im großen Stil aufnahmen, fand sich in der Schweiz nur ein Helfer: Emil Oprecht. Seine Unternehmen Oprecht & Helbling, Europa, Der Aufbruch und Die Gestaltung stellten bis 1946 für 115 Autoren und 145 Titel die Öffentlichkeit her. Unter ihnen befanden sich Ferdinand Bruckner, Hans Habe, Georg Kaiser, Else Lasker-Schüler und Emil Ludwig. Hermann Rauschnings *Gespräche mit Hitler* (1940) und *Die Revolution des Nihilismus* (1938; Gesamtauflage 60000) und Konrad Heidens *Adolf Hitler. Eine Biographie* (1936/37; 46500)[29] erreichten sogar Bestsellerumsatz. Ein Lieblingsprojekt Oprechts, Thomas Manns Zeitschrift »Maß und Wert«, wurde dagegen zum Verlustgeschäft.[30]

Oprecht stand über seinen Bruder, der Nationalrat und Vorsitzender der Schweizer Sozialdemokratischen Partei war, mit den Exilzentren der SPD in Kontakt. Deshalb kamen bei ihm auch sozialdemokratische und linksbürgerliche Autoren zu Wort: Im Europa Verlag und bei Oprecht & Helbling erschienen Willy Brandts *Krieg in Norwegen* (1942), Arthur Koestlers *Ein spanisches Testament* (1938), Heinrich Manns ›Deutsches Lesebuch‹ *Es kommt der Tag* (1936), Ludwig Renns *Vor großen Wandlungen* (1936) und ein Gedichtband des Arbeiterlyrikers Bruno Schönlank. Friedrich Wolfs Dramen *Professor Mamlock* (1935) und *Floridsdorf* (1935) sowie der Roman *Zwei an der Grenze* (1938) kamen gleichzeitig bei Oprecht & Helbling und in der Sowjetunion heraus.[31] Als die Angriffe der Frontisten auf das Verlagsprogramm des »Kulturbolschewisten« und »Stehkragenkommunisten«[32] Oprecht im Sommer 1937 mit einer Verwarnung durch den Bundesrat[33] offiziellen Charakter annahmen, eröffnete der Europa-Verlag eigens eine Zweigstelle in New York. Im selben Jahr 1938 wurde Oprecht aus dem Börsenverein des Deutschen Buchhandels ausgeschlossen. Als Antwort steigerte er seine Unterstützung für die Vertriebenen. »Opis« Wohnung und Buchladen waren bald als Exilantentreffs bekannt. Für die in Frankreich internierten deutschen Schriftsteller besorgte der Schweizer Verleger Visa, Geld und Lesematerial. Von Hermann Rauschnings *Gespräche mit Hitler* stellte er unter dem Titel *Hitler. Gespräch und Enthüllung* (1940) eine kleinformatige Tarnausgabe für den illegalen Vertrieb im Reich her, obwohl ihm der Schweizer Zensor kurz zuvor noch deren Ausgabe des Europa-Verlags zusammengestrichen hatte.[34] Und als Präsident des Verwaltungsrats der Neuen Schauspiel AG trug Oprecht entscheidend dazu bei, daß das Zürcher Schauspielhaus zu einer der wichtigsten Exilbühnen wurde.

Neben Oprecht brachten es die anderen Schweizer Exilverleger nur zu Achtungserfolgen. Im Spiegel-Verlag (Zürich) erschien Wolfgang Langhoffs KZ-Bericht *Die Moorsoldaten* (1935), bei Humanitas in Zürich kamen Bücher von Robert Musil und Hermynia zur Mühlen heraus, und der neugegründete kommunistische Ring-Verlag (Basel) druckte neben Marx, Engels und Lenin Lyrik und Prosa von Johannes R. Becher, Hugo Huppert und Adam Scharrer. Im Mai 1933 machte sich unter dem Vorsitz von Emil Oprechts Bruder Hans die Schweizer Niederlassung der gewerkschaftseigenen »Büchergilde Gutenberg« selbständig und übernahm Werke von Döblin, Heinrich Mann und den Arbeiterdichtern Hans Marchwitza und Ernst Preczang. Mehr durch die Person seines Gründers Rudolf Roeßler als durch sein Sortiment ist schließlich auch der Luzerner Vita Nova Verlag von Interesse. Roeßler war nämlich primär nachrichtendienstlich tätig – und zwar sowohl für die Rote Armee als auch für alliierte und Schweizer Dienststellen.[35] Die Herausgabe von Arbeiten Walter Benjamins, Friedrich Wilhelm Foersters und Franklin D. Roosevelts diente nur als Tarnung.

Im Vergleich zu Amsterdam und Zürich waren die Erfolge der Verlage in Prag, Paris, London und Stockholm recht bescheiden. Zwar verzeichnet Halfmann allein für die Tschechoslowakei 270 Exilwerke in 78 Verlagen, tatsächlich aber gab es in Prag nur eine bedeutende Verlagsgründung: Wieland Herzfeldes Malik-Verlag. Von den Schwierigkeiten, die es beim Transfer dieses Unternehmens aus dem Reich zu überwinden gab, berichtet Herzfelde selbst: »Im April 1933 nahm ich die Arbeit in Prag wieder auf, unterstützt von F. C. Weiskopf, der tschechisch konnte und mir als Bürger des Landes die Wege zur KPČ wie auch zu sympathisierenden Bürgern und Lieferanten ebnete [. . .] Zunächst stand im Druckvermerk und auf den Titelblättern unserer Bücher: Malik-Verlag Berlin, Direktion z. Z. Prag [. . .] Denn als Ausländer genoß ich in der ČSR zwar Asylrecht, aber nicht das Recht, einen Verlag zu gründen [. . .] Ab Juni 1934 war ich in der Lage, in Prag die Filiale der Firma ›Malik-Verlag, London‹ legal zu betreiben. In England verhielt es sich nämlich umgekehrt wie in der ČSR: Ich genoß als Ausländer dort zwar kein Asylrecht, dafür aber das Recht, einen Verlag zu gründen.«[36] 1938 mußte Herzfelde die Tschechoslowakei wieder verlassen. Bis dahin waren bei Malik außer der Zeitschrift »Neue Deutsche Blätter«[37] 40 Titel erschienen, darunter Willi Bredels Erzählungen *Der Spitzel* (1936), Oskar Maria Grafs *Der Abgrund* (1936), Bechers »Hohes Lied« *Der Glücksucher und die sieben Lasten* (1938) und eine Fülle von sowjetischen Autoren. Die Bände 3 und 4 von Brechts *Gesammelten Werken* waren 1938 bereits im Druck, kamen aber nicht mehr zur Auslieferung; in der Buchbinderei fielen sie den einrückenden deutschen Truppen in die Hände.

Alle andere in der Tschechoslowakei gedruckte Exilliteratur erschien in lokalen Verlagen oder in den Pressen der Exil-SPD. Th. Th. Heine, Friedrich Torberg, Alfred Wolfenstein u. a. fanden im Verlag Julius Kittls Nachf. (Mährisch-Ostrau) Aufnahme; Grunov in Prag druckte Otto Strassers Bücher; Kacha (Prag) brachte den *Almanach für das freie deutsche Buch* (1935) und Werke von Bruno Adler heraus; und mit ca. 30 sozialdemokratischen Schriften rangierte der SPD-eigene Graphia-Verlag in Karlsbad sogar unter den Großunternehmen des Exils.

Von politischen Gruppen subventioniert wurden auch die wichtigsten französischen Exilverlage: die Editions du Carrefour und die Editions Prométhée von der KPD und KI; die Editions Nouvelles Internationales vom Internationalen Sozialistischen Kampfbund. Während die Editions Nouvelles Internationales nicht über 12 Titel (u. a. von Wilhelm Herzog, Kurt Hiller und Alfred Kerr) hinauskamen, brachten es die beiden kommunistischen Verlage auf mindestens 70 Bücher.[38] Becher, Brecht, Kisch und Anna Seghers zählten zu den prominentesten Autoren der Editions du Carrefour; Bredel, Ernst Fischer, Wilhelm Pieck und Walter Ulbricht bestimmten das Bild der Produktion im Prometheus-Verlag. Willi Münzenberg, der schon vor 1933 über ein beachtliches Presseimperium herrschte, bescherte mit den *Braunbüchern* seiner Editions du Carrefour dem Exil sogar zwei Bestseller. Von dem kollektiv erarbeiteten *Braunbuch über Reichstagsbrand und Hitlerterror* (1933) erschienen 25000 Exemplare[39] (nach anderer Quelle 80000[40]), vom *Braunbuch II* (1934) über 10000 Exemplare. (Ein nationalsozialistisches *Anti-Braunbuch*, von Adolf Ehrt in

Deutschland publiziert, soll es auf eine Auflage von 50000 gebracht haben.[41]) Als sich Münzenberg 1937 von der KPD trennte, eröffnete er in Straßburg einen neuen Verlag, den Sebastian-Brant-Verlag. Hier kamen bis Herbst 1939 noch einmal 13, meist linksgerichtete Bücher heraus. Wie schlecht ansonsten Privatverlage selbst unter relativ günstigen äußeren Bedingungen florierten, beweist das Schicksal des Autorenverlags Editions du 10 Mai (Paris): Willi Bredels *Begegnung am Ebro* (1939) und Heinrich Manns *Mut* (1939) waren die beiden einzigen Titel, die dort erschienen.

Während in England, das erst recht spät für das Exil Bedeutung gewann, bis auf die Imago Publishing Company (Autoren: Sigmund Freud, Theodor Reik) niemand Exilliteratur in größerem Umfang verlegte, wies Schweden immerhin zwei wichtige Verlage auf: den 1944 von Max Tau ins Leben gerufenen Neuen Verlag mit den Autoren Johannes R. Becher, Lion Feuchtwanger, Th. Th. Heine, Heinrich Mann und Alfred Neumann und, seit dem 1. Juli 1938, den Bermann-Fischer Verlag. Helmut Müssener stellt freilich für Fischer lakonisch fest, daß der immerhin zehnjährige Aufenthalt des Hauses Fischer in Schweden nur eine »Zwischenstation« gewesen sei, die auf die deutsch-schwedischen Kulturbeziehungen »keine tiefere Wirkung hinterlassen hat«.[42] Das mag vom schwedischen Standpunkt aus seine Richtigkeit haben; für die deutsche Exilliteratur aber war die Geschichte dieses Verlages von größter Bedeutung, und zwar aus zwei Gründen: Einmal gehörte der Fischer Verlag mit ca. 160 Titeln auch nach 1933 zu den aktivsten deutschsprachigen Verlagen; und zum anderen demonstrierte der Weg Gottfried Bermann-Fischers von Berlin über Wien, Stockholm, New York und Amsterdam zurück nach Frankfurt, welchen inneren und äußeren Spannungen damals selbst prominentere und wohlhabendere Exilanten ausgesetzt waren.

Problematisch für den Verlag war nämlich schon das Jahr 1933, als sich der Verlagsgründer Samuel Fischer weigerte, sein Unternehmen ins Ausland zu verlegen. Verdächtig schien vielen Exilanten damals, daß der Verlag während der folgenden Monate und Jahre trotz eines jüdischen Besitzers und – zum Teil – geflüchteter Autoren »nahezu ungestört«[43] seine Geschäfte fortführen konnte. Noch zweideutiger, um es vorsichtig auszudrücken, war dann im Herbst 1933 die Aufforderung des neuen Verlagsleiters Gottfried Bermann-Fischer an seine Renommierautoren Thomas Mann, Alfred Döblin und René Schickele, die Mitarbeit an Klaus Manns antifaschistischer Exilzeitschrift »Die Sammlung« einzustellen.[44] Denn was sich wie eine verlagsinterne Entscheidung anließ, wurde dadurch zu einem Politikum, daß Bermann-Fischer die privaten Stellungnahmen der Exilanten im »Börsenblatt für den Deutschen Buchhandel« abdrucken ließ[45] – eben jenem Rosenbergorgan, das kurz zuvor öffentlich gegen »Die Sammlung« gehetzt hatte.[46] Döblin stellte hier, telegraphisch, »jede schriftliche und politische Gemeinschaft mit Herausgeber der Zeitschrift ›Sammlung‹« in Abrede. Schickele war sprachwitzig »von politischer Charakter-›Sammlung‹ peinlich überrascht«. Und Thomas Mann versprach, seinen Namen aus der Zeitschrift seines Sohnes zu »tilgen«. Hinzu kam, daß der Fall Fischer Schule machte. So forderte der Verlag J. Engelhorns Hermynia zur Mühlen – ohne Erfolg – auf, sich von den »Neuen Deutschen Blättern« zu trennen; und der Insel-Verlag desavouierte Stefan Zweig.[47]

Nicht ohne Grund wurden deshalb kritische Stimmen laut, als Bermann-Fischer 1936 seinen Verlag endlich doch aus dem Reich ins Ausland überführen wollte. Leopold Schwarzschild gab im »Neuen Tage-Buch« zu bedenken, daß durch einen solchen Schritt der ohnehin schmale Käuferstamm von Exilliteratur noch weiter aufgesplittert werde. Auch ließen ihn die merkwürdig großzügigen Konditionen des Transfers (keine Reichsfluchtsteuer; 40 Prozent des Verlagsvermögens, die Rechte der verbotenen Autoren und ein Lager mit 780000 Bänden durften ausgeführt werden, der Rest verblieb unter Leitung von Peter Suhrkamp in Deutschland) vermuten, daß Goebbels' Propagandaministerium sich hier auf Schleichwegen eine Möglichkeit zum Verkauf der bis dahin im Ausland recht wirksam boykottierten reichsdeutschen Literatur verschaffen wollte. Als Thomas Mann daraufhin »seinen« Verlag erneut in Schutz nahm, erhielt Schwarzschild von ebenso unerwarteter wie unerwünschter Seite Schützenhilfe: Eduard Korrodi sprach sich in der »Neuen Zürcher Zeitung« ebenfalls gegen den Transfer aus, aber nicht, weil er Bermann-Fischers antifaschistischen Motiven mißtraute, sondern weil er das jüdische Exil, das er vom nichtjüdischen Exil in seiner Argumentation absonderte, nicht verstärkt sehen wollte. Ergebnis der Querelen war: Der Fischer Verlag siedelte sich in Wien und nicht in der Schweiz an; und Thomas Mann, nunmehr ohnehin ohne Verleger in Deutschland, hatte einen Grund mehr, sich endlich öffentlich zum Exil zu bekennen.[48]

Zwei – erfolgreiche – Jahre lang arbeitete Bermann-Fischer in Österreich. Dann mußte auch er weiterflüchten und den Verlag zum dritten Mal gründen: in Stockholm. Den 40 Titeln, die in Wien erschienen waren, folgten weitere 120, darunter die Stockholmer Ausgabe von Thomas Manns Werken, Romane von Franz Werfel, Stefan Zweig und Alfred Döblin, Erich Maria Remarques *Liebe deinen Nächsten* (1941), Thomas Manns gesammelte Radioreden *Deutsche Hörer* (1942, 1945), Carl Zuckmayers Drama *Des Teufels General* (1946) und eine Fülle moderner Weltliteratur in deutscher Übersetzung.

Doch auch in Schweden fand Bermann-Fischer keine Ruhe. Im Juni 1940 wurde er wegen illegaler politischer Aktivitäten ausgewiesen; sein Unternehmen mußte er fortan aus den USA über Mittelsleute weiterleiten. Außerdem versuchte er, sich auf dem amerikanischen Markt zu etablieren. Unterstützt durch den Verleger Alfred Harcourt und mit Fritz Landshoff als Kompagnon entstand 1941 die L.B. Fisher Publishing Corporation. Mit der Exilliteratur hatte dieses nunmehr vierte Haus Fischer allerdings nur noch am Rande zu tun: neben einigen photomechanischen Nachdrucken von Stockholmer Ausgaben erschienen erst 1945 in der Taschenbuchserie »Neue Welt« Texte von Leonhard Frank, Thomas Mann, Erich Maria Remarque, Franz Werfel, Arnold Zweig und Carl Zuckmayer für die amerikanische Propaganda in den POW-Lagern und im besetzten Deutschland. Ungefähr zur selben Zeit entschloß sich Bermann-Fischer, wieder nach Deutschland zurückzukehren. Als sich der Import von Büchern in die Besatzungszonen als schwierig erwies, verlegte er den Verlag zunächst nach Amsterdam; kurz darauf versuchte er, das unter Peter Suhrkamp in Deutschland verbliebene Stammhaus wieder in die Hand zu bekommen. Doch auch die Rückkehr sollte nicht ohne Schwierigkeiten vonstatten gehen. Peter Suhrkamp, selbst Naziverfolgter, hatte bereits im Herbst 1945 die Arbeit an dem seit 1936 in Bermann-Fischers Geschäftsauftrag arbeitenden Teilverlag wieder aufgenommen. Als Bermann-Fischer seine Rechte einklagte, trennten sich die beiden Verlage. 33 von 48 Autoren entschlossen sich nach 1950, bei Suhrkamp zu bleiben.[49]

Die großen »Vier«, Fischer, Oprecht, de Lange und Querido, brachten bis 1945/46 zusammen ungefähr 500 Bände Literatur im Exil heraus. Bei einer Durchschnittsauflage von 3000-4000 entspricht das in etwa 1750000 Exemplaren. Im gleichen Zeitraum erreichten in der Sowjetunion allein Johannes R. Bechers Werke eine Gesamtauflage von über einer Viertelmillion, davon 23 Titel mit 100000 Exemplaren auf deutsch, zwei in ukrainischer und einer in armenischer Übersetzung.[50] Ähnliche Auflagen erzielten in den sowjetischen Staatsverlagen selbst unbekanntere Autoren. Bücher von L. Hoffmann und Albert Hotopp wurden vom Deutschen Staatsverlag 10000mal und mehr gedruckt; beim Internationalen Buch (Meshdunarodnaja Kniga, Moskau) kamen neben Becher Béla Balázs, Brecht, Bredel (viermal), Fritz Erpenbeck, Feuchtwanger, Berta Lask, Ruth Lenz, Theodor Plievier, Hans Rodenberg (zweimal), Adam Scharrer, Anna Seghers, Gustav von Wangenheim, Dora Wentscher und Friedrich Wolf auf diese Zahl. Andere Exilautoren hatten beim Staatsverlag der nationalen Minderheiten der UdSSR in Kiew, dem Verlag für fremdsprachige Literatur und der Verlagsgenossenschaft ausländischer Arbeiter der UdSSR (VEGAAR), beide in Moskau, ähnliche Erfolge.

Horst Halfmann errechnete für die Jahre 1933 bis 1945 eine Gesamtproduktion von wenigstens 2000000 Exilbüchern in der Sowjetunion.[51] Auf Grund der niedrigen Buchpreise dürften davon zumindest die bei westeuropäischen Exilverlagen üblichen Zweidrittel bis Dreiviertel[52] verkauft worden sein. Erhöht werden diese Zahlen noch dadurch, daß die wichtigsten Titel der Sowjetverlage noch einmal als Parallelausgaben oder Nachdrucke in Westeuropa erschienen. Johannes R. Bechers Gedicht- und Prosaband *Der verwandelte Platz* kam 1934 in Moskau und Zürich heraus, *Der Glücksucher und die sieben Lasten* 1938 in der Verlagsgenossenschaft ausländischer Arbeiter in der UdSSR und bei Malik, die Gedichte *Deutschland ruft* im Verlag für fremdsprachige Literatur (1942) und im Neuen Verlag (1944). Eine Untersuchung darüber, was diese Zahlen über Lesegewohnheiten, Bildungsgrad und politische Toleranz des russischen Volkes aussagen, steht noch aus.

Da die sowjetischen Verlage durchweg vom Staat subventioniert wurden, brauchten sie sich kaum um ein möglichst weitgefächertes und zugkräftiges Angebot zu sorgen. Das hieß allerdings nicht, daß deshalb nur linientreue Exilkommunisten zu Worte kamen. Die bewußte Rezeption des Kulturerbes, gerade auch des bürgerlichen, und der Versuch, über die Volksfront linksbürgerliche Exilanten anzuwerben, sorgten im allgemeinen für relativ offene Verlagsprogramme. So wurden neben den üblichen Klassikern des Marxismus auch Heinrich Manns *Untertan* (1938) und *Henri*

Quatre (1938), Oskar Maria Grafs *Der Quasterl* (1938) und mehrere Titel von Feuchtwanger gedruckt. Brecht fand dreimal Aufnahme, Wolfgang Langhoff, Jakob Wassermann und Arnold Zweig je einmal.

Allerdings blieb die Freude dieser Autoren über den Erfolg ihrer Werke zurückhaltend. Devisen und damit auch Honorarzahlungen durften aus der exportschwachen Sowjetunion nicht ausgeführt werden. Wer über seine Gelder verfügen wollte, mußte das also im Lande selber tun – eine Notwendigkeit, die nach einem Bericht von Balder Olden über Oskar Maria Graf nicht ohne Probleme war: »Die Russen zahlen gut, aber man kann ihr Geld nicht mit nachhause nehmen [. . .] Jetzt lief er [O.M. Graf; Verf.] [. . .] durch Moskau, mit grimmigem Antlitz; er wollte kaufen, für seine Rubel nützliche, schöne wertbeständige Waren einhandeln [. . .] aber Graf war doch nur ein Rubelkrösus und wollte nach Brünn – der Einfuhrzoll mußte in Kronen gezahlt werden.«[53] »Überrascht und teilweise verstimmt« war nach einer Notiz von Johannes R. Becher auch Thomas Mann darüber, »daß drüben von ihm Bücher erscheinen und er nicht einmal Belegexemplare oder Abrechnungen bekommt. Von Valuta sprach er nicht, aber er möchte eben doch wissen, wie doch dort sein Rubelkonto ist«.[54] Ausnahmen von dieser Praxis, die ebenso die Mitarbeiter der Zeitschriften »Wort« und »Internationale Literatur« betraf, wurden allem Anschein nach nur bei Lion Feuchtwanger[55], Arnold Zweig[56] und Heinrich Mann[57] gemacht.

Mit Kriegsausbruch erlosch die Tätigkeit der europäischen Exilverlage (mit Ausnahme der sowjetischen) nahezu völlig. Wer deshalb einen Verlagsboom in Übersee erwartete, sah sich jedoch enttäuscht. Die südamerikanischen Verlage Editorial Cosmopolita und Editorial Aleman y Cía (beide Buenos Aires) hatten ein regionales Wirkungsfeld. Und die Vereinigten Staaten, das wichtigste und wirtschaftlich stärkste Asylland, beherbergten überhaupt nur ein erwähnenswertes Exilunternehmen: den Aurora Verlag. Doch auch Aurora, von Wieland Herzfelde 1944 als Gemeinschaftsverlag von 11 Autoren (darunter Bloch, Brecht, Bruckner, Döblin, Feuchtwanger, Graf und Heinrich Mann) gegründet, kam nicht über 12 Titel hinaus. Von Bedeutung war allein die Ausgabe von Brechts *Furcht und Elend des Dritten Reiches* (1945). Andere Verlage, wie die Frederick Ungar Publishing Company und Schokken Books, edierten zwar gesammelte Werke von Rainer Maria Rilke und Franz Kafka, kümmerten sich aber aus kommerziellen Motiven oder einfach aus Desinteresse um die Exilliteratur so gut wie gar nicht. In den Pantheon Books des schon 1931 via Südfrankreich emigrierten Altverlegers Kurt Wolff erschien Hermann Brochs *Der Tod des Vergil* (1945); Benjamin Huebsch, Teilhaber der Viking Press, beschränkte seine Kontakte mit den Exilautoren auf Übersetzungen von Erfolgsromanen und humanitäre Hilfsaktionen für bedrängte Autoren.[58] Heinrich Mann ließ seine Autobiographie *Ein Zeitalter wird besichtigt* 1946 beim Neuen Verlag in Stockholm erscheinen, nachdem Verhandlungen mit Alfred A. Knopf, Simon und Schuster und Modern Age an den »vielen Bedingungen und Änderungen«[59] gescheitert waren.

Wichtiger, auch für die Exilkolonien der USA, war deshalb ein anderes Unternehmen auf dem amerikanischen Kontinent: die 1942 gegründete Editorial El Libro libre in Mexico, D.F. Dabei waren auch hier die Startbedingungen alles andere als günstig. Die Mitglieder des kleinen, vorwiegend aus kommunistischen Autoren bestehenden Verlagskollektivs waren mit anderen Projekten überlastet: der Bewegung Freies Deutschland und ihrer gleichnamigen Zeitschrift, dem Heinrich-Heine-Club, der Parteiarbeit und, last not least, mit der Herstellung ihrer eigenen Manuskripte. Das Anfangskapital mußte mühsam zusammengebracht werden – aus privaten Spenden oder auch durch Vorträge vor amerikanischen Touristen im Hotel Reforma. Die technischen Voraussetzungen für Satz und Druck befanden sich auf Grund des Minimalbudgets an der Grenze des Akzeptablen. Und schließlich lag Mexico, D.F., so fernab von den anderen Exilzentren, daß ernsthafte Störungen bei der Beschaffung von Manuskripten und dem Vertrieb der fertigen Bücher zu erwarten waren. Wenn El Libro libre in den vier Jahren seines Bestehens dennoch verlegerisch und geschäftlich erfolgreich blieb, ist das vor allem dem Geschick und der Einsatzfreude seines Gründungsteams zu verdanken.[60] Stark linksorientiert, aber ohne sich weltanschaulich oder durch die Wahl seiner Autoren eindeutig festzulegen, nahm der Verlag neben belletristischen auch politische Bücher in sein Programm auf. Unter den 26 Titeln, die zwischen 1942 und 1946 herauskamen, befanden sich Anna Seghers' *Das siebte Kreuz* (1942), Lion Feuchtwangers *Unholdes Frankreich* (1942), Heinrich Manns *Lidice* (1943), Theodor Plieviers *Stalingrad* (1946) und Gedichte des Cheflektors von El Libro libre, Paul Mayer, ebenso wie Reportagen von Kisch und Bücher zur

Deutschlandfrage von Paul Merker und Alexander Abusch. Der Bestseller des Verlags, *El Libro Negro el Terror Nazi en Europa. Testimonios de escritores y artistas de 16 naciones* (1943)[61], fand sogar die Anerkennung des mexikanischen Staatspräsidenten Manuel Avila Camacho, der sich bereiterklärte, die Druckkosten für die erste Auflage zu übernehmen.[62]

El Libro libre vertrieb seine Bücher in der ganzen Welt. Vom *Schwarzbuch*, dessen Mitarbeiter aus 16 Nationen kamen, wurden insgesamt 200 Exemplare mit finanzieller Unterstützung aus den USA an lateinamerikanische Bibliotheken verschickt.[63] In Kalifornien, wo die Verlagsautoren Feuchtwanger, Heinrich Mann und Bruno Frank lebten, gingen die Bücher aus Mexiko ebenso von Hand zu Hand wie in New York und in England. Die Moskauer Internationale Literatur berichtete wiederholt über Neuerscheinungen bei El Libro libre. Und in Kriegsgefangenencamps in den USA, in Ägypten, in Frankreich und in der UdSSR standen Bücher des Verlags in den Lagerbibliotheken.[64] Als Mitte 1946 die Verlagsarbeit eingestellt wurde, hatte El Libro libre mehr als 40000 Pesos Gewinn erwirtschaftet.[65] Soweit diese Summe nicht bereits dem »Freien Deutschland« zugute gekommen war, wurde sie zur Rückführung der mexikanischen Exilantengruppe nach Europa verwendet.

Mit Querido, Allert de Lange, Oprecht, Malik, der Editions du Carrefour, Bermann-Fischer, den sowjetischen Staatsunternehmen und El Libro libre sind die bedeutendsten Exilverlage genannt. Dem selbstlosen Einsatz ihrer Eigentümer, Lektoren und Autoren ist es zu danken, daß die Exilliteratur über 12 Jahre und fünf Kontinente hinweg eine gewisse Geschlossenheit behielt. Zusammen mit einer Fülle von Klein- und Kleinstverlagen sorgten sie dafür, daß der wichtigste Teil der zwischen 1933 und 1945 entstandenen Exilbücher nicht nur in Übersetzungen oder mit jahrelanger Verspätung der Öffentlichkeit vorgelegt wurde.

1979

Bei dem Beitrag von Alexander Stephan handelt es sich um einen Auszug aus dem 3. Kapitel (*Der Schriftsteller im Exil / 3.3. Veröffentlichungsmöglichkeiten / 3.3.1. Verlage*) seiner Arbeit *Die deutsche Exilliteratur 1933-1945. Eine Einführung*, München (Verlag C.H. Beck) 1979 (Beck'sche Elementarbücher), S. 83-96. Die Anmerkungen wurden vom Hg. für diesen Abdruck neu durchgesehen und auf der Grundlage von Stephans bibliographischen Angaben ergänzt.

1 Wieland Herzfelde, *David gegen Goliath. Vier Jahre deutsche Emigrationsverlage*, in: Das Wort 4-5 (1937), S. 55.

2 Horst Halfmann, *Bibliographien und Verlage der deutschsprachigen Exil-Literatur 1933 bis 1945*, in: Beiträge zur Geschichte des Buchwesens 4 (1969), S. 189-294.

3 Bertolt Brecht, *Gedichte 1941-47*, Frankfurt/Main 1964, S. 209 (= *Gedichte 6*).

4 »The publication of this book was made possible through the financial assistance of some friends and the subscription of progressive German-American workers all over the country. Special gratitude goes to the Nature Friends of Camp Midvale, N.J., the Nature Friends of Camp Boyertown, Pa. [. . .]« (O.M.G., *Prisoners All* [1943]; zit. nach: Robert E. Cazden, *German Exile Literature in America 1933-1950. A History of the Free German Press and Book Trade*, Chicago [American Library Ass.] 1970, auch Diss. Chicago 1965, S. 132).

5 Kurt Hiller, *Leben gegen die Zeit* [*Logos*], Reinbek (Rowohlt) 1969, S. 302.

6 Peter Stahlberger, *Der Zürcher Verleger Emil Oprecht und die deutsche politische Emigration 1933-1945*, Zürich (Europa) 1970, S. 273-274.

7 Hugo Kunoff, *Literaturbetrieb in der Vertreibung: Die Exilverlage*, in: Manfred Durzak (Hg.), *Die deutsche Exilliteratur 1933-1945*, Stuttgart (Reclam) 1973, S. 191.

8 Gottfried Bermann-Fischer, *Bedroht—bewahrt. Weg eines Verlegers*, Frankfurt/Main (Fischer) 1967, S. 126. Auch TB: Fischer 1169.

9 Bodo Uhse, *Schriftsteller als Verleger*. Nachdruck in: Wolfgang Kießling, *Alemania Libre in Mexiko*, 2 Bde, Berlin (Akademie) 1974 (Literatur und Gesellschaft), auch Diss. Berlin/Ost 1967, Bd. 2, S. 258.

10 Wolfgang Yourgau, *Brief* an Walter A. Berendson v. 26. 7. 1947, in: *Exil-Literatur 1933-1945. Eine Ausstellung aus Beständen der Deutschen Bibliothek Frankfurt am Main (Sammlung Exil-Literatur)*. Ausstellung und Katalog von Werner Berthold, 3. erw. u. verb. Aufl. Frankfurt/Main (Deutsche Bibliothek) 1967 (Sonderveröffentlichungen der Deutschen Bibliothek 1), S. 303.

11 Ders., *Nach einer Bombe*, in: Orient, 6-8 (1943), S. 1-15.

12 *Juden- und Jesuitenverlage*, in: Die Neue Literatur 12/1935, S. 761 f.

13 *Verlegerische Rassenschande*, in: Die Neue Literatur 2/1937, S. 103.

14 Mündliche Mitteilung von J.P. Kroonenburg; zit. nach: Hans-Albert Walter, *Deutsche Exilliteratur 1933-1950*, Bde 1, 2, 7, Darmstadt (Luchterhand) 1972 und 1974 (Sammlung Luchterhand 76, 77, 136); hier Bd. 2, S. 194. Aus ähnlichen Gründen lehnte Querido Oskar Maria Grafs *Abgrund* ab (O.M.G., *Brief* an Kurt Rosenwald vom 15. 5. 1935; zit. nach Hans-Albert Walter, *Nachwort*, in: Oskar Maria Graf, *Reise in die Sowjetunion 1934*, hg. Hans-Albert Walter, Darmstadt [Luchterhand] 1974 [Sammlung Luchterhand 167], S. 209-244; hier S. 219).

15 Zit. nach Stahlberger, *Der Zürcher Verleger Emil Oprecht*, S. 111.

16 *Der Malik-Verlag 1916-1947* (Ausstellungskatalog), hg. Wieland Herzfelde, Berlin (Deutsche Akademie der Künste) o. J., S. 65.

17 Das Neue Tage-Buch 47, 19. 11. 1938, S. 1127.

18 Alfred Döblin, *Brief* an Gottfried Bermann vom 16. 10. 1937, in: A.D., *Briefe*, Olten (Walter) 1970, S. 217.
Oskar Maria Graf, *Das Recht der Verfemten*, in: Die Neue Weltbühne 46, 14. 11. 1935, S. 1442-1448.
Wieland Herzfelde, *David gegen Goliath. Vier Jahre deutsche Emigrationsverlage*, in: Das Wort 4-5/1937, S. 57.

19 Vgl. zum Beispiel den Brief von Ferdinand Bruckner an den Fischer Verlag vom 12. 1. 1934, in: alternative 52/1967, S. 14: »Da Ihnen meine Arbeiten zur Zeit nichts einbringen und Sie auf das Prestige, ihr Verleger zu sein, nicht den geringsten Wert legen, ja, ein solches Prestige als taktlos empfänden, entspringt Ihr hartnäckiger Versuch, mich trotzdem in Ihrem Verlag zu behalten, lediglich der Spekulation auf eine Konjunktur, die sich bei einem etwaigen Sturz der Nationalsozialistischen Regierung allerdings für meine Werke ergeben könnte.«

20 Der Schriftsteller 8/1934, S. 8.

21 Heinz Gittig und Wieland Herzfelde, *Bibliographie des Malik-Verlages*, in: *Der Malik-Verlag 1916-1947*, S. 129-134.

22 Der Schriftsteller 8/1934, S. 8.

23 Alfred Döblin, *Brief* an Bertolt Brecht vom 28. 1. 1935, in: A.D., *Briefe*, S. 201.

24 Walter, *Deutsche Exilliteratur 1933-1945*, Bd. 2, S. 186.

25 Klaus Mann, *Der Wendepunkt. Ein Lebensbericht*, Frankfurt/Main (Fischer) 1952, S. 327.

26 Harry Wilde, *Theodor Plievier. Nullpunkt der Freiheit. Eine Biographie*, München (Desch) 1965, S. 312.

27 Joseph Roth, *Brief* an Stefan Zweig vom 22. 12. 1933, in: J.R., *Briefe 1911-1939*, Köln (Kiepenheuer & Witsch) 1970, S. 297.

28 Joseph Roth, *Aus dem Tagebuch eines Schriftstellers*, in: Egon Schwarz und Matthias Wegner (Hg.), *Verbannung. Aufzeichnungen deutscher Schriftsteller im Exil*, Hamburg (Wegner) 1964, S. 260 f.

29 Stahlberger, *Der Zürcher Verleger Emil Oprecht*, S. 116.

30 Allein 1939 und 1940 betrug die Summe, die Oprecht zuzuschießen hatte, je Jahr Fr. 4000 (ebd., S. 261).

31 Brigitte Melzwig, *Deutsche sozialistische Literatur 1918-1945. Bibliographie der Buchveröffentlichungen*, Berlin (Aufbau) 1975 (Veröffentlichung der Akademie der Künste der Deutschen Demokratischen Republik), S. 392, 396 f., 399.

32 Alphons Ruckstuhl, *Geistige Landesverteidigung*, in: Die Front 1 vom 29. 8. 1933; zit. nach Stahlberger, *Der Zürcher Verleger Emil Oprecht*, S. 116.

33 Curt Riess, *Erinnerungen an Opi*, zit. nach Stahlberger, *Der Zürcher Verleger Emil Oprecht*, S. 121 f.

34 Stahlberger, *Der Zürcher Verleger Emil Oprecht*, S. 280, 285 f.

35 Pierre Accoce und Pierre Quet, *Moskau wußte alles*, Zürich (Schweizer Verlagshaus) 1966.

36 *Der Malik-Verlag 1916-1947*, S. 43, 44, 47.

37 Der Faust Verlag, bei dem die ersten elf Hefte der Neuen Deutschen Blätter erschienen, bestand nach Wieland Herzfeldes Aussage nur aus einem Signet (ebd., S. 43 f.).

38 Babette Gross, *Willi Münzenberg. Eine politische Biographie*, Stuttgart (DVA) 1967 (Schriftenreihe der Vierteljahrshefte für Zeitgeschichte, 14/15), S. 276, spricht sogar allein für die Editions du Carrefour von »50 deutschsprachigen Broschüren und Büchern«. Vgl. dagegen Helmut Gruber, *Willi Münzenberg: Propagandist For and Against the Comintern*, in: International Review of Social History 2/1965, S. 190.

39 Babette Gross, *Willi Münzenberg*, S. 260.

40 Diese Ziffer stammt zwar von Münzenberg selber, muß aber wegen dessen Gespür für Propagandaeffekte mit Vorsicht behandelt werden (Der Schriftsteller 8/1934, S. 8). Das gilt auch für einen Bericht der – von Münzenberg herausgegebenen – Arbeiter-Illustrierten-Zeitung vom 28. 2. 1935, S. 138, in dem von 600000 Exemplaren in 23 Sprachen und 15000 Heften einer Reclam-Tarnausgabe die Rede ist. Arthur Koestler übertreibt sicherlich, wenn er behauptet, »within a few weeks, the Brown Book was translated into seventeen languages and circulated in millions of copies« (Arthur Koestler, *The Invisible Writing*, New York 1954, S. 199; dt. *Die Geheimschrift*, Wien, München, Basel 1954).

41 Heinz Pol, *Das Antibraunbuch*, in: Neue Weltbühne 39, 28. 9. 1933, S. 1208.

42 Helmut Müssener, *Exil in Schweden. Politische und kulturelle Emigration nach 1933*, München (Hanser) 1974, S. 361. Vgl. dagegen den von Müsseners Feststellung ausgehenden Bericht von Anders Marell, *Dokumentation zur Geschichte des Bermann-Fischer-Verlages in Stockholm*, Stockholm (Stockholmer Koordinationsstelle zur Erforschung der deutschsprachigen Exil-Literatur) o. J. [1974] (Veröffentlichungen der Stockholmer Koordinationsstelle zur Erforschung der deutsch-

sprachigen Exil-Literatur, 6).

43 Peter de Mendelssohn, *S. Fischer und sein Verlag*, Frankfurt/Main (Fischer) 1970, S. 1281.

44 Thomas Mann, *Brief* vom 25. 10. 1933; zit. nach Neue Deutsche Blätter 3/1933, S. 130: »Es war der Verlag, [. . .] der in mich drang, ihm für alle Fälle das notwendige Abwehrmittel in Gestalt einer Absage an die Zeitschrift zur Verfügung zu stellen.« Mehrere Monate zuvor hatte Erich Ebermayer in sein Tagebuch eingetragen: »Auf Anregung von Dr. Bermann-Fischer, dem Verleger Thomas Manns, habe ich vor einiger Zeit an Klaus wegen seines Vaters geschrieben. Der Verlag versucht – wie ich höre, auf Wunsch und im Einverständnis mit D. Goebbels –, Thomas Mann nach Deutschland zurückzubekommen.« (Nachdruck in Klaus Schröter [Hg.], *Thomas Mann im Urteil seiner Zeit. Dokumente 1891-1955*, Hamburg [Wegner] 1969, S. 205.) Vgl. auch den Briefwechsel zwischen Ferdinand Bruckner und Gottfried Bermann-Fischer, der in Bruckners kategorischer Kündigung der Geschäftsbeziehungen zum Fischer Verlag gipfelte (in: alternative 52/1967, S. 7-14).

45 Börsenblatt für den Deutschen Buchhandel 240, 14. 10. 1933, S. 787 f.

46 Börsenblatt für den Deutschen Buchhandel 236, 10. 10. 1933, S. 770 ff.

47 *Briefe, die den Weg beleuchten*, in: Neue Deutsche Blätter 3/1933, S. 130 ff. Vgl. Hans-Albert Walter, *Der Streit um die »Sammlung«. Porträt einer Literaturzeitschrift im Exil*, in: Frankfurter Hefte 12/1966, S. 850-60, und 1/1967, S. 49-58; sowie Günter Hartung, *Klaus Manns Zeitschrift »Die Sammlung«*, in: Weimarer Beiträge 5/1973, S. 46 ff.

48 Die Auseinandersetzung zwischen Thomas Mann, Leopold Schwarzschild und Eduard Korrodi im »Neuen Tage-Buch« und der »Neuen Zürcher Zeitung« ist nachgedruckt in: Heinz Ludwig Arnold (Hg.), *Deutsche Literatur im Exil 1933-1945*, Frankfurt/Main (Athenäum Fischer) 1974, Bd. 1, S. 95-124.

49 Siegfried Unseld, *Peter Suhrkamp. Zur Biographie eines Verlegers in Daten, Dokumenten und Bildern*, Frankfurt/Main (Suhrkamp) 1975, S. 21 (suhrkamp taschenbuch 260).

50 Wolf Düwel, *Johannes R. Becher in der Sowjetunion*, in: Sinn und Form, Zweites Sonderheft Johannes R. Becher, Berlin (Rütten & Loening) o. J., S. 767-789; Horst Halfmann, *Bibliographien und Verlage der deutschsprachigen Exil-Literatur 1933 bis 1945*, in: Beiträge zur Geschichte des Buchwesens 4 (1969), S. 189-294, hier S. 286-294.

51 Ebd., S. 237.

52 Walter, *Deutsche Exilliteratur 1933-1950*, Bd. 2, S. 189.

53 Balder Olden, *Seltsame Abenteuer eines Dichters*, in: Das Neue Tage-Buch 4 vom 26. 1. 1935, S. 95.

54 Johannes R. Becher, *Bericht über eine Reise nach Prag, Zürich und Paris (Oktober/November 1934)*, in: *Zur Tradition der sozialistischen Literatur in Deutschland. Eine Auswahl von Dokumenten*, 2., durchges.

u. erweit. Aufl. Berlin (Aufbau) 1967, S. 680.

55 Undatierter Brief von Lion Feuchtwanger; zit. nach: Neue Weltbühne 34, 19. 8. 1937, S. 1080.

56 Arnold Zweig, *Brief* an Sigmund Freud vom 5. 8. 1938, in: *Sigmund Freud–Arnold Zweig. Briefwechsel*, Frankfurt/Main (Fischer) 1968, S. 176.

57 Heinrich Mann, *Brief* an Karl Lemke vom 19. 6. 1948, in: H.M., *Briefe an Karl Lemke und Klaus Pinkus*, Hamburg (Claassen) o. J., S. 70 f.

58 András Sándor, *Ein amerikanischer Verleger und die Exilautoren*, in: John M. Spalek und Joseph Strelka (Hg.), *Deutsche Exilliteratur seit 1933*, Bd. I, T. 1-2 (Kalifornien), Bern (Francke) 1976 (Studien zur deutschen Exilliteratur), S. 117-134. Informationen selbst zu den Kleinverlagen in den USA gibt Cazden, *German Exile Literature in America 1933-1950*, S. 89-136, 190-215.

59 Nelly Mann, *Brief* an Salomea Rottenberg vom 25. 9. 1941; zit. nach: Gotthard Erler, *Anmerkungen*, in: Heinrich Mann, *Ein Zeitalter wird besichtigt*, Reinbek (Rowohlt) 1976, S. 416.

60 Neben dem Verlagsleiter Walter Janka, dem Cheflektor Paul Mayer und zwei Angestellten waren fast alle kommunistischen Exilanten in Mexiko auf die eine oder andere Art an der Verlagsarbeit beteiligt. Vgl. auch Paul Mayer, *Leistungen des Verlages »El Libro Libre«*, in: Freies Deutschland (Mexiko) 5/1946, S. 25; Bodo Uhse, *Schriftsteller als Verleger*, in: B.U., *Gestalten und Probleme*, Berlin (Verlag der Nation) 1959, S. 46-51.

61 Innerhalb von vier Wochen wurden 4000 Exemplare des *Schwarzbuches* verkauft; nach fünf Monaten war die Startauflage von 10000 vergriffen (Kießling, *Alemania Libre in Mexiko*, Bd. 1, S. 229).

62 Ebd., S. 225 f.

63 Ebd., S. 229.

64 Ebd., S. 240-242; vgl. auch Volker Christian Wehdeking, *Der Nullpunkt. Über die Konstituierung der deutschen Nachkriegsliteratur (1945-1948) in den amerikanischen Kriegsgefangenenlagern*, Stuttgart (Metzler) 1971, S. 47.

65 Als Vergleichspreis: Ein Jahresabonnement für das Freie Deutschland/Neue Deutschland (Mexiko) belief sich auf 6 bzw. 8 Pesos.

Wolf Kaiser

»Jugend ohne Gott« –
ein antifaschistischer Roman?

I

Horváth war in der Spätphase der Weimarer Republik durch seine Theaterstücke bekannt geworden. Als er im Sommer 1937 als Exilierter in Henndorf bei Salzburg[1] begann, einen Roman zu schreiben – nicht zuletzt, weil ihm die reichsdeutschen Bühnen unter der Hitler-Diktatur verschlossen waren[2] –, wird er kaum mit dem großen Erfolg gerechnet haben, den sein Buch, *Jugend ohne Gott*[3], erzielte. Es wurde sofort in acht Sprachen übersetzt[4] sowie häufig und überwiegend positiv rezensiert. Die Rezensenten nahmen diesen Exil-Roman allerdings sehr unterschiedlich wahr: Während die meisten Besprechungen in Zeitungen der Gastgeberländer dazu neigen, die im Roman geschilderte moralische Konfliktsituation und die metaphysische Dimension, die Horváth ihr gegeben hat, zu akzentuieren und die aktuellen politischen Bezüge als unwesentlich zu betrachten, wenn sie sie nicht sogar ganz ignorieren[5], stellen die Exilierten in ihren Zeitungen und Zeitschriften den politischen Gehalt des Romans heraus. Typisch für die Auffassung des Romans durch Literaturkritiker der österreichischen und schweizerischen, aber auch der englischen Presse sind die folgenden Ausführungen der »Neuen Zürcher Zeitung«:

Man glaubt im ersten Teil der Erzählung den Moralisten Wedekind mit einer Verspätung von dreißig Jahren wieder zu hören – bis das Schicksal kommt. Da wacht Horváth auf, wird wieder Zeitgenosse, ragt über sein kritisches Ich hinaus, und sucht im Wirrsal der Verfehlungen ein Prinzip, das er aus purer Verzweiflung am Menschen ›Gott‹ nennen möchte – obschon es sich nur um sein ›Gewissen‹ handelt. [. . .] Im Augenblick, da der Autor [. . .] sein eigenes Gewissen anfragen läßt, wird die Geschichte greifbar, spannt die Seele an, verliert die kritische Kälte; und erfüllt uns trotz mancher Künstlichkeit mit Menschlichkeit.[6]

Bei der Lektüre der Besprechungen aus Zeitungen der deutschsprachigen Nachbarländer des Nazireiches fällt auch ein Licht auf die Leserschaft oder zumindest auf die Vorstellung der Rezensenten von ihren Adressaten. Wenn der Rezensent der »Basler National-Zeitung«, Horváths Freund Franz Theodor Csokor, nicht müde wird zu betonen, *Jugend ohne Gott* sei kein politischer Roman, scheint er den Lesern zu unterstellen, von exilierten deutschen Schriftstellern politische Pamphlete in literarischem Gewand zu erwarten und derartige Befürchtungen hinsichtlich Horváths Roman zerstreuen zu wollen.[7]

Dagegen gehen die Rezensionen in Exilpublikationen auf den Bezug zur zeitgenössischen Realität des Faschismus ein, auch wenn sie darauf hinweisen, daß im Roman nichts Parteipolitisches enthalten sei.[8] Die Rezensenten gelangen jedoch zu gegensätzlichen Urteilen. Hermann Linde schreibt in der von Willi Münzenberg in Paris herausgegebenen Wochenzeitung »Die Zukunft« Horváth das Verdienst zu, als erster die Jugend unter der faschistischen Diktatur zum Thema eines Romans gemacht zu haben, bemerkt allerdings einschränkend, daß ihm die Gestaltung des Massenschicksals der zeitgenössischen deutschen Jugend nicht gelungen sei.[9] Kurt Großmann betont die gemeinsamen Erfahrungen und Aufgaben der exilierten Gegner der Nazis, wenn er in seiner Rezension im Prager »Sozialdemokrat«, die die Form eines offenen Briefs an den Autor hat, schreibt, Horváth gestalte »die Tragödie unserer Zeit, die wir nicht auszuhalten vermochten«, und zeige eindrucksvoll, daß die Jugend den Glauben an »das Sittengesetz in uns« verloren habe; der Roman lasse die Leser mit der quälenden Frage zurück, wie dieser Jugend wieder ein Glaube gegeben werden könne, sei aber zugleich »der beschwingende Appell«, im Kampf »für Wahrheit und Gerechtigkeit« nicht nachzulassen.[10] Schwarzschilds Zeitschrift »Das Neue Tage-Buch« lobt die Darstellung der jungen Generation in Deutschland als »ein schönes Beispiel für die so oft versuchte und fast nie gekonnte *dichterische* Transformation eines politischen Themas«.[11] Dagegen behauptet Rudolf Jakob Humm in Thomas Manns Zeitschrift »Maß und Wert«, die Geschichte wirke konstruiert und der Leser werde durch äußere Spannung gehindert, über den Sinn nachzudenken, ja, Humm erhebt abschließend den schweren Vorwurf, Horváth habe sich des Faschismus als eines unterhaltenden Vorwands bedient.[12]

Daß der Roman derart unterschiedlich rezipiert werden konnte, dürfte nicht nur aus der je verschiedenen Erwartungshaltung der Rezensenten, die durch ihre unterschiedliche Situation geprägt war, zu erklären sein, sondern auch aus dem Roman selbst. Die durch die zeitgenössische Rezeption aufgeworfenen Fragen stellen sich auch bei heutiger Lektüre: Bietet Horváth in *Jugend ohne Gott* nur oberflächliche Unterhaltung, und mißbraucht er dabei in unverantwortlicher Weise das Interesse am Faschismus und seiner Überwindung als Leseanreiz? Ist das Buch ein im Grund unpolitischer Roman, in dem ein allgemein-menschliches Problem gestaltet ist? Oder ist *Jugend ohne Gott* ein wichtiger Beitrag zur antifaschistischen Literatur des Exils?

Als antifaschistisch kann eine Literatur bezeichnet werden, die geeignet ist, Widerstand gegen den Faschismus zu fördern. Für die antifaschistische Literatur des Exils ist diese funktionale Bestimmung anders zu konkretisieren als für die Literatur des Widerstands, die in Deutschland entstand. In der Exilliteratur dominierte nicht der operative, unmittelbar auf die Schwächung und letztlich die Beseitigung des Faschismus durch Aktionen der Massen gerichtete Impetus, sondern eher die Intention der Aufklärung über den Faschismus und seiner ethischen und emotiven Wertung. Da die Adressaten der vertriebenen deutschen Schriftsteller außer den Exilierten vor allem deutschsprachige Leser außerhalb des Deutschen Reiches und darüber hinaus – soweit Übersetzungen veröffentlicht werden konnten – das übrige Lesepublikum der nicht-faschistischen Länder waren, mußte es eine der Hauptaufgaben dieser Schriftsteller sein, durch das literarische Medium die Auswirkungen faschistischer Herrschaft erfahrbar zu machen. Das hieß nicht nur, wesentliche Aspekte der gesellschaftlichen und politischen Entwicklung im Faschismus adäquat darzustellen – so sehr auch ungewollte (also nicht satirische) Verzerrungen der Realität zu einem Mißlingen führen konnten –, sondern vor allem auch, das subjektive Erleben und subjektive Reaktionen auf die Herrschaftspraktiken des Faschismus zu gestalten.

Die folgende Untersuchung geht der Frage nach, inwieweit *Jugend ohne Gott* im Sinne der skizzierten funktionalen Bestimmung als antifaschistischer Roman gelten kann. Dazu werden nach einer knappen Inhaltsangabe und einigen Bemerkungen zur Struktur des Romans das in ihm gestaltete Menschenbild und das Gesellschaftsbild im Hinblick auf die Funktion des Textes für zeitgenössische und heutige Leser beschrieben und analysiert.

Jugend ohne Gott bietet sich zunächst aufgrund seiner einsträngigen, an dramatischen Zuspitzungen reichen Fabel als leicht lesbare, spannende Geschichte an.

Hauptfigur des Romans und zugleich Ich-Erzähler ist ein 34jähriger Lehrer, der in einem autoritären Staat lebt und arbeitet. Er unterrichtet in einem Gymnasium Geschichte und Geographie. Obwohl er jede als oppositionell deutbare Handlung oder Äußerung zu vermeiden sucht, gerät er durch seine Bemerkung im Unterricht, auch die Neger seien Menschen – eine Bemerkung, die zeigt, daß er in seinem Denken an fundamentalen humanen Grundsätzen festhält – in Konflikt mit seinen Schülern und deren Eltern, die Anhänger des herrschenden rassistischen und militaristischen Regimes sind.

Auf Anordnung der Schulbehörde begleitet er seine Schüler zu einem Zeltlager, das der vormilitärischen Ausbildung dient. Während des Zeltlagers lernt der Schüler Z ein verwahrlostes Mädchen kennen und geht ein Liebesverhältnis mit ihm ein. Der Lehrer erfährt davon, als er heimlich Z's Tagebuch liest. Er beobachtet die beiden bei einer nächtlichen Zusammenkunft, greift aber nicht ein. Z hat festgestellt, daß jemand in seine Geheimnisse eingedrungen ist. Sein Verdacht fällt, da der Lehrer schweigt, auf den Mitschüler N. Dieser Schüler kehrt von einem Marsch der Klasse nicht zurück. Als er ermordet aufgefunden wird, bekennt Z sich schuldig, ihn erschlagen zu haben. Der Lehrer ist überzeugt, an dem Mord mitschuldig zu sein. Unter dem Eindruck einer Gottesvision entschließt er sich, seine Mitwisserschaft zu bekennen, obwohl er weiß, daß ihn diese Aussage seine Stellung kosten wird. Daraufhin bricht auch das Mädchen sein bisher gewahrtes Schweigen und berichtet, daß ein ihm unbekannter Junge den Mord begangen habe. Die Mordanklage gegen Z wird fallengelassen, das Mädchen aber, das Z durch sein Geständnis hatte decken wollen, gilt nun als die Schuldige. Der Lehrer ist jedoch überzeugt, daß es die Wahrheit sagt, und versucht, den Mörder ausfindig zu machen. Er verdächtigt den Schüler T, auf den die Beschreibung des Mädchens paßt. Er findet Kontakt zu einer Gruppe oppositioneller Jugendlicher, die ihn bei seinen Bemühungen unterstützen, T zu überführen. Sie stellen T eine Falle, der er aber entgeht. Doch wird der Mordfall schließlich aufgeklärt, als T, der glaubt, seine Schuld sei entdeckt, die Tat eingesteht und sich das Leben nimmt. Der Roman schließt mit dem Abschied des Lehrers, der eine neue Aufgabe in einer Missionsschule in Afrika gefunden hat.

Die *äußere Handlung* kulminiert zunächst im Mord an N, nimmt dann eine überraschende Wendung mit der Exkulpierung des Z und erreicht einen weiteren Höhepunkt mit dem Geständnis und Selbstmord des T. Hier sind Strukturelemente des Kriminalromans zu erkennen: Mehrere Personen werden dem Leser als Tatverdächtige vorgestellt; belastende Zeugenaussagen fehlen ebensowenig wie mögliche Tatmotive; durch ein vorgebliches Geständnis und irreführende Indizien wird der Leser auf eine falsche Fährte gesetzt; schließlich wird der Täter von Personen, die die Rolle des Detektivs übernehmen, zum Geständnis getrieben.

Dennoch wird man *Jugend ohne Gott* nicht diesem Romantypus zuordnen wollen, denn das äußere Geschehen ist von einer *inneren Handlung* begleitet, deren Gegenstand das Verhalten und die Veränderung des Denkens und Empfindens des Lehrers ist. Der Roman beschreibt seinen Weg zu Gott, einen Weg, der vom Unglauben über die Annahme eines schrecklichen, ungerechten Gottes, dessen Pläne durchkreuzt werden müßten, zu der Erkenntnis führt, daß Gott die Wahrheit und Gerechtigkeit sei, auf die die Menschen vertrauen könnten. Auf diesem Weg geht eine moralische Wandlung des Lehrers vor sich. Während er anfangs isoliert in Resignation und Menschenhaß verharrt und jeder Kritik des herrschenden Regimes und seiner Propaganda aus dem Wege zu gehen sucht, findet er schließlich – nachdem ihn die Erkenntnis des eigenen Versagens und der Verstrickung in Schuld in eine Krise gestürzt hat – zu dem Entschluß, die Wahrheit zu sagen ohne Rücksicht auf Nachteile für sich selbst.

Obwohl die Wahrheit, die er ausspricht, nicht die Wahrheit über das Regime ist, bringt ihm die Ausführung dieses Entschlusses das Vertrauen oppositioneller Schüler ein, die auch für Wahrheit und Gerechtigkeit eintreten wollen. Er sieht nun eine Aufgabe vor sich: Er will dem unschuldig angeklagten Mädchen helfen. Die durch seine Wahrhaftigkeit gewonnene neue Moralität verändert auch seine Haltung zum herrschenden Regime: Er empfindet es nicht mehr als eine Bedrohung, gegen die jeder Widerstand sinnlos ist; vielmehr fühlt er sich nun über die Bedrohung erhaben, und die Herrschenden, von denen sie ausgeht, erscheinen ihm lächerlich (vgl. III). Aus dieser moralischen Distanz kann kein politischer

Widerstand erwachsen, wohl aber der Entschluß, das Land zu verlassen und in der afrikanischen Mission ein neues Tätigkeitsfeld zu suchen.

Geht man von der inneren Handlung aus, so bilden nicht der Mord und das Geständnis des Täters die Höhepunkte, sondern der Entschluß des Lehrers, die Wahrheit zu sagen. Das ist unter diesem Gesichtspunkt der eigentliche Wendepunkt und das Zentrum des Romans.

III

Der Weg des Lehrers erscheint so eindeutig als Wandlung eines Mitläufers, der in einer Entscheidungssituation seinen Opportunismus überwindet, zum Kämpfer für Wahrheit und Gerechtigkeit. Zwei hier bisher nicht beachtete Aspekte, die Jürgen Schröder eingehend untersucht hat[13], lassen diese Eindeutigkeit jedoch fragwürdig erscheinen: die auffälligen Gemeinsamkeiten zwischen dem Lehrer und dem Mörder T – dieser erscheint geradezu als Doppelgänger des Lehrers – und die regressiven Momente in den Reflexionen des Lehrers, die über seine innere Entwicklung Auskunft geben. Aus der Haltung des Beobachters, die den Lehrer mit dem Mörder vor allem verbindet und durch die er zum Mitschuldigen wird, kann er sich zugunsten eines rückhaltlosen Engagements bei der Aufklärung des Mordfalls lösen; die Hinweise auf Regressionstendenzen aber wiederholen sich bis zum Ende des Romans: Noch als der Lehrer vom Geständnis des Mörders erfährt, assoziiert er »die dunklen Seen in den Wäldern [. . .] [seiner] Heimat« (148). Die Erinnerung an Heimat und Elternhaus ist zuvor im Kapitel »Geh heim!« eindeutig als regressiv gekennzeichnet:

> An der Wand hängt ein Bild.
> Ich kenne es.
> Es hängt auch bei meinen Eltern.
> [. . .]
> Und wie ich das Bild so betrachte, bekomme ich Sehnsucht nach meinem Vaterhaus.
> Ich möchte wieder klein sein. (46)

Den regressiven Momenten, die Schröder betont, stehen andererseits aber Zeichen einer gewachsenen Ich-Stärke im Verhalten des

Lehrers nach seinem Entschluß, die Wahrheit zu sagen, gegenüber: Während er sich zuvor in einem Interview widerstandslos der offiziellen Propaganda angepaßt hat (vgl. 83), macht er nun ohne Umschweife seine Aussage, obwohl er weiß, daß er sich damit die Verachtung seiner Umgebung zuzieht (vgl. 108). Durch sein Verhalten wird er sogar zum Vorbild für das angeklagte Mädchen (vgl. 102 und 104) und später für die oppositionellen Jugendlichen (vgl. 118).

Im Hinblick auf die Frage nach dem antifaschistischen Charakter des Romans ist hervorzuheben, daß der widersprüchliche Prozeß von Ich-Behauptung und Regression an einer Kriminalgeschichte festgemacht ist und nicht an einer unmittelbar politischen Handlung. Nachdem in den expositorischen Passagen in szenischer Erzählweise das politische Konfliktpotential in der Situation des Lehrers deutlich geworden ist, wäre eigentlich eine Zuspitzung der politischen Widersprüche zu erwarten. Diese bestimmen jedoch nicht die Handlung. In ihrem Zentrum steht vielmehr der Kriminalfall. Dessen Akteure sind die eigentlich Handelnden, während der Lehrer nur peripher an der äußeren Handlung beteiligt ist. Diese Beteiligung am Kriminalgeschehen zwingt ihn zu einer moralischen Entscheidung, während der politische Konflikt, der sich durch die Äußerung des Lehrers über die Neger anbahnt, nicht ausgetragen wird. Die Entscheidung des Lehrers für die Wahrheit hat zwar seine Entlassung und schließlich seine Emigration zur Folge, doch ist diese Konsequenz nicht dem faschistischen Regime als solchem anzulasten. Bekanntlich bedarf es auch in nicht-faschistischen Staaten nicht einmal eines manifesten Verstoßes gegen die Strafgesetze, wie der Diebstahlsbegünstigung, die der Lehrer sich zuschulden kommen läßt, um einen Beamten zu entlassen. Der Lehrer erkennt, daß seine Entlassung den Anpassungsdruck mindert, der sein Verhalten geprägt hat; die Machtdemonstrationen des Regimes können ihn nicht mehr beeindrucken; aber seine gewandelte Einstellung muß sich nicht in einem neuerlichen politischen Konflikt bewähren. So tritt der Repressionsapparat des Faschismus nicht in Erscheinung. Der Roman bleibt in dieser Hinsicht hinter der zeitgenössischen Realität in Deutschland zurück.[14]

In der Darstellung der Jugend hingegen und ihrer ideologischen Beeinflussung durch den Faschismus erreicht Horváth große Genauigkeit und Intensität. Er zeigt, wie der Faschismus die Erziehung der Jugend zu Rassismus und Kriegsbegeisterung durchsetzt, und weist auf die Methoden hin, durch die er die Jugend auf den Krieg vorbereitet: vom Mißbrauch jugendlicher Abenteuerlust, der Freude an Indianerspielen (vgl. 35), über die Fetischisierung von Fahnen und Waffen (»die Gewehre, die Fahne und alles, wofür wir da sind« [60]), bis zur Ausnutzung jugendlicher Hingabefähigkeit und zur Pervertierung der Phantasie: »Wie gerne würden sie krepieren auf irgendeinem Feld! Der Name auf einem Kriegerdenkmal ist der Traum ihrer Pubertät.« (24)[15]

Die »Bereitschaft zum höchsten Opfer«, »eine große Tugend«, »wenn es um eine gerechte Sache geht«, wie der Erzähler betont, wird mißbraucht für die Ziele eines verbrecherischen Chauvinismus: »›Recht ist, was der eigenen Sippschaft frommt‹, sagt das Radio. [. . .] Der Standpunkt des Verbrechers.« (ebd.)

Horváth zeigt die Aggressivität der faschistischen Ideologie nach außen und zugleich ihre innenpolitische Integrationsfunktion. Die »hohle[n] Phrasen« (13), die die Schüler anläßlich eines von der Aufsichtsbehörde gestellten Themas reproduzieren, das nur affirmative Antworten zuläßt: »Warum müssen wir Kolonien haben?« (12), verbinden die materiellen Versprechungen der Lebensraumideologie mit der der Volksgemeinschaft (»es dreht sich [. . .] um das Volksganze« [9]); aus der Behauptung der angeblichen Inferiorität anderer Rassen (»Alle Neger sind hinterlistig, feig und faul.« [13]), die der Aufwertung des eigenen Volkes dienen soll, wird die Anmaßung abgeleitet, deren Lebensrecht zu bestreiten (vgl. 16). Diese Ideologie wird im Denken und den Verhaltensweisen der Jugendlichen durch eine mächtige, die Massenmedien beherrschende Propaganda verankert, die keinen Widerspruch duldet und auf die Vernichtung jeglichen intellektuellen und moralischen Widerstands aus ist.

Doch scheint die Enthumanisierung nicht allein ein Werk der Propaganda zu sein. Der Lehrer hält die Jugend für von Grund auf unmoralisch. Selbst elementare Regeln der Fairneß werden – wie eine Rauferei zwischen Schülern zeigt – nicht nur mißachtet; sie sind den Jugendlichen völlig fremd und unverständlich. Auch in die Opfer läßt sich keine Hoffnung setzen: Anstatt sich aufzulehnen, unterwirft sich ein verprügelter Schüler autoritär der Gewalt und lacht den Lehrer aus, der an das moralische Gewissen seiner Peiniger appelliert (vgl. 15).

Horváth zeigt hier ein Problem, das an Aktualität nicht eingebüßt hat: Wie ist eine Erziehung der Jugend zum Humanismus möglich, wenn den Jugendlichen elementare Moralbegriffe fremd sind und die Berufung darauf allenfalls höhnisches Gelächter hervorruft? Was kann der Lehrer tun, wenn ihm trotz des relativ geringen Altersunterschiedes diese Jugend, die alles, was ihm heilig ist, ablehnt, ohne es zu kennen (vgl. 23), völlig fremd und ihr Denken unbegreiflich erscheint? Horváths Lehrer entwickelt keine Gegenstrategien. Weder versucht er, die Schüler über ihre längerfristigen Interessen am Frieden, an Solidarität usw. aufzuklären, noch ihrem Ideal des gedankenlos gehorchenden Soldaten, der sich sinnlos opfert, alternative Identifikationsmöglichkeiten entgegenzusetzen. Vielmehr zieht er sich – als Pädagoge resignierend – auf die Verteidigung seiner materiellen Existenzbasis zurück und beschließt, die Schüler so lange in ihrer Überheblichkeit zu bestärken, bis sie ihrer eigenen Borniertheit zum Opfer fallen:

Ich werde mir wegen euch keine Disziplinarstrafe zuziehen, geschweige denn mein Brot verlieren [. . .] ich werde euch von nun ab nur mehr erzählen, daß es keine Menschen gibt außer euch, ich werde es euch so lange erzählen, bis euch die Neger rösten! (23)

In der pauschalen Verurteilung der Schüler (»Ihr seid keine Menschen [. . .]« [23]) nähert sich der Lehrer selbst einer menschenverachtenden Denkweise:

Wir sind alle verseucht, Freund und Feind. [. . .] Auch meine Seele ist schon schwach. Wenn ich in der Zeitung lese, daß einer von denen umgekommen ist, denke ich: ›Zu wenig! Zu wenig!‹ Habe ich nicht auch heute gedacht: ›Geht alle drauf?‹ Nein, jetzt will ich nicht weiterdenken! (24 f.)

Diese Reflexionen lassen erkennen, daß der Lehrer sich der moralischen Gefahren, denen auch er ausgesetzt ist, bewußt wird, ohne dadurch schon gegen sie gefeit zu sein. Eine bloß innerliche Opposition reicht, wie Horváth an der Figur des Lehrers zeigt, gegen die drohende Vernichtung jeglicher Moralität nicht aus: Der Lehrer, der sich aus Sorge um seine Stellung anpaßt und mit seiner Meinung zurückhält, versinkt in Opportunismus und versagt zunächst, als er für seine Handlungsweise gegenüber dem Schüler Z einstehen müßte.

Der Ich-Erzähler reflektiert sein eigenes Versagen. Er relativiert sich immer wieder selbst, indem er seine Handlungen und Einstellungen kritisch kommentiert. So kann Horváth in der Ich-Erzählung, in der Erzähler und Autor ja scheinbar identisch sind, die Ich-Figur ästhetisch werten. Eine solche Wertung bleibt jedoch notwendig im Horizont der Figur, der die Rolle des Erzählers übertragen ist.

Um eine umfassendere ästhetische Wertung des Verhaltens und Denkens der Figuren, auch des Ich-Erzählers, geht es Horváth in der Metaphorik des Romans. Der Autor strebt hier eine Objektivierung an, indem er nicht nur die Hauptfigur, sondern auch andere Personen des Romans wiederholt einprägsame, bestimmten Motivkreisen zugehörige Bilder verwenden läßt und diese in Kapitelüberschriften, deren Formulierung ja nicht durch die Figurenperspektive begrenzt ist, zitiert. Die Metaphorik verallgemeinert zugleich die Wertung des Verhaltens der Figuren zu einer umfassenden moralischen Zeitkritik und stellt – leitmotivisch wiederkehrend – übergreifende Sinnbezüge her, die gegen die episodische Bauweise des Romans seine innere Einheit betonen.

Der Schuldzusammenhang, in den die Personen des Romans einschließlich des Ich-Erzählers verstrickt sind, ist durch ein biblisches Bild, die »Sündflut«-Metapher, bezeichnet. Das Motiv wird im zweiten, »Es regnet« überschriebenen, Kapitel eingeführt. Dem Lehrer, der eine Gemeinheit der Schüler beobachtet hat, erscheint der Regen im Gedanken an die »Sündflut« als Hinweis auf die Schuld der Menschen und die Strafe Gottes (vgl. 15). Als sich der Ich-Erzähler später der Problematik seines eigenen Handelns bewußt wird, assoziiert er wiederum den »Sündflut«-Mythos (vgl. 79 und 136) und äußert Zweifel an Gottes Barmherzigkeit. Er erkennt also, wie sehr er selbst auch schuldig geworden ist. Der Titel des letzten Kapitels: »Über den Wassern« (148), signalisiert schließlich in erneuter Anspielung seine Rettung.

Konkreter erscheint Horváths Kritik im Bild vom »Zeitalter der Fische« (26, 30, 106). Entgegen der christlichen Tradition, in der der Fisch ein Symbol für den Erlöser ist, fungiert »Fisch« hier als Chiffre für Indolenz und Zynismus. Im Verhalten der Jugend, so wird die Fischmetapher von dem Julius Caesar genannten ehemaligen Kollegen des Lehrers eingeführt, kündigen sich »kalte Zeiten« an, in denen »die Seele des Menschen unbeweglich wie das Antlitz eines Fisches« (30) wird. Die emotionale Kälte der Jugend macht sie unfähig zu humanem Empfinden und Handeln; »ihr Ideal ist der Hohn« (30). Deshalb wird sie im Romantitel als »Jugend ohne Gott« bezeichnet. Der Vorwurf der moralischen Indolenz, den der Erzähler zunächst gegen die Jugend insgesamt erhoben hat, wird im Verlauf des Romans zum Teil zurückgenommen und trifft am

Schluß in voller Schärfe nur noch den Schüler T, den Mörder. Er wird mehrfach als »Fisch« bezeichnet (72 u. a.). Die kalt beobachtenden »Fischaugen« (110, vgl. auch 15, 145 u. 34), die ihm zugeschrieben werden, sind Zeichen seines Zynismus, dessen extreme Konsequenzen schließlich in einem Mord aus bloßer Neugier deutlich werden. In diesem Schüler, dessen Gefühlskälte aus dem Verhalten seiner großbürgerlichen Eltern motiviert ist, die über ihren Geschäften und Vergnügungen keine Zeit für ihren Sohn finden, erscheint die Seelenlosigkeit des drohenden »Zeitalters der Fische« personifiziert. Der Lehrer begreift es als seine Sendung, den »Fisch« zu fangen (vgl. 126). Der dazu von Julius Caesar ersonnene Plan schlägt fehl; doch ist »der Fisch« – wie der Lehrer schließlich erfährt – ohne sein Zutun »ins Netz geschwommen« (144). Das Ende des Mörders bestätigt das neugewonnene Vertrauen des Lehrers auf Gottes Hilfe und Gerechtigkeit (vgl. 136 u. 148).

Aus dem Titel *Jugend ohne Gott* läßt sich ex negativo auf die im Roman angedeutete Gegenposition zum Zynismus im »Zeitalter der Fische« schließen. Der Glaube an Gott, einen Gott der Wahrheit und der Gerechtigkeit, birgt für Horváth die Möglichkeit einer Moral des Widerstands. Durch seine Begegnung mit Gott hat sich der Lehrer aus seiner Menschenverachtung und seinem Opportunismus befreien können. Seine Religiosität äußert sich nicht als Frömmigkeit, sondern sie bewährt sich praktisch durch Mut und Opferbereitschaft. Der Lehrer gesteht vor Gericht die ihn belastende Wahrheit, erträgt Demütigungen und Beschimpfungen durch die Presse (vgl. 108) und nimmt sogar den Verlust seines Lehramtes in Kauf. Durch diesen Akt der Wahrhaftigkeit kann er sich aber auch aus seiner Isolation befreien, denn er gewinnt dadurch das Vertrauen oppositioneller Jugendlicher, die sich unter dem Eindruck seines Geständnisses in einem Klub zusammengeschlossen haben, um verbotene Bücher zu lesen und darüber zu reden, »wie es sein sollte auf der Welt« (117). Der Leitsatz dieses Klubs: »Für Wahrheit und Gerechtigkeit« (120) benennt die Ideale, die Horváth der faschistischen Inhumanität entgegenstellt. Die Verbindlichkeit dieser Ideale auch für den Autor selbst und seine schriftstellerische Arbeit belegt sein Brief an Franz Theodor Csokor vom 23. März 1938: »Es ist gleichgültig, ob wir den Sieg oder auch nur die Beachtung unserer Arbeit erfahren, – es ist völlig gleichgültig, solange unsere Arbeit der Wahrheit und Gerechtigkeit geweiht bleibt.«[16] Wenn Horváth in diesem Brief den Erfolg für gleichgültig erklärt, so darf daraus doch nicht geschlossen werden, er fordere lediglich eine moralischen Prinzipien verpflichtete geistige Haltung. Ausdrücklich heißt es in *Jugend ohne Gott*, die Mitglieder des oppositionellen Klubs läsen verbotene Bücher, »um danach zu leben« (120). Doch haben ihre allgemeinen idealistischen Prinzipien keine organisierte politische Tätigkeit zur Folge.

Ebensowenig ist das Verhalten des Lehrers als politischer Widerstand anzusehen. Sein Geständnis ist eine Geste des moralischen Protests; auch der Entschluß, den Kampf gegen das Böse aufzunehmen und den Mörder zu stellen, sowie die Entscheidung, »zu den Negern« (149) in die Mission zu gehen, zeigen, wie sich seine moralische und geistige Haltung gewandelt hat. Eine Veränderung seiner politischen Anschauungen und Einsichten geht nicht damit einher, noch entwickelt sich daraus gar eine politische Aktivität.

IV

Daß Horváth seinen Protagonisten in *Jugend ohne Gott* nicht über den moralischen Protest hinausgehen läßt, hat seinen Grund wohl auch darin, daß er keine sozialen Gruppen benennen kann, die Träger eines weitergehenden Widerstandes sein könnten. Sowohl das Großbürgertum, das im Roman durch die Eltern des T repräsentiert ist, als auch das Kleinbürgertum, vertreten durch den Bäckermeister N und seine Frau, zeigt der Roman auf der Seite des herrschenden Regimes. Arbeiter kommen nicht als Handelnde, sondern nur als Opfer einer ausschließlich profitorientierten Konzernpolitik in den Blick (vgl. 35 f.).

Doch gewinnt der Leser Aufschluß über das Konfliktpotential in der Gesellschaft, in der sich die Romanfiguren bewegen, wenn auch die im ersten Teil des Romans angebahnte politische Konfrontation ausbleibt. Die Lage der Arbeiter wird am Beispiel der Bevölkerung des Dorfes charakterisiert, in dessen Nähe die paramilitärische Ausbildung der Schüler stattfindet. Der Ich-Erzähler erfährt, daß eine hohe Arbeitslosigkeit herrscht, weil ein Konzern sein Sägewerk, die einzige Fabrik des Dorfes, aus Rentabilitätsgründen stillgelegt hat. Ein großer Teil der Bevölkerung lebt von sehr schlecht bezahlter Heimarbeit, an der auch die Kinder teilnehmen müssen (vgl. 36 u. 46). Horváth deutet eine sozialistische Alternative zu diesen Verhältnissen an: Der Dorfschullehrer führt das soziale Elend auf den Widerspruch zwischen der technischen Entwicklung und den bestehenden Produktions- und Besitzverhältnissen zurück und hält »eine ganz neuartige Kontrolle des Besitzes« (48) für notwendig.[17] Dieser Gedanke wird jedoch nicht weiter verfolgt. Horváth hat, nach der Zerschlagung der Organisationen der Arbeiterbewegung durch den Faschismus, offenbar keine Möglichkeit gesehen, auch nur anzudeuten, wie und von wem »andere Produktionsverhältnisse« (48) herbeigeführt werden könnten. Dagegen bleibt das Bild des Elends im Roman nicht nur präsent, sondern gewinnt zunehmend an Bedeutung. Die Gesichter der unterernährten Arbeiterkinder, ihr Haß und ihre Trauer, beeindrucken den Erzähler so sehr, daß er sie immer wieder erwähnt (vgl. 46, 48, 51, 125, 130, 146). Eine Bemerkung über diese Kinder und das stillgelegte Sägewerk, die der Lehrer nach dem Selbstmord des T macht, empfindet dessen Mutter, die Frau des Konzerndirektors, als schwere Anklage; sie ist davon so betroffen, daß sie die Mordtat ihres Sohnes eingesteht (vgl. 148).

Horváth verweist so auf den Klassengegensatz zwischen den Arbeitern und der Großbourgeoisie und zeigt die Arbeiter indirekt in einem Interessengegensatz zum herrschenden Regime, das ein Regime der »reichen Plebejer« (21) genannt wird. Die Anwendung des Begriffs »Plebejer« auf das Regime evoziert zwar antiproletarische Vorurteile – bezeichnenderweise wird er von einem Vertreter des Bildungsbürgertums, dem Schuldirektor, eingeführt –, doch wendet Horváths Protagonist ihn entschieden gegen die herrschende Schicht der Besitzenden. Er betont, es regierten »keine armen Plebejer, sondern es regiert einzig und allein das Geld« (21), und akzeptiert den historischen Vergleich mit der antiken Plebejerherrschaft erst, als er darauf hingewiesen wird, »daß es auch reiche Plebejer gab« (21). Den Herrschenden macht er nicht Kulturlosigkeit zum Vorwurf (beim Besuch im Haus des Konzerndirektors T hebt er sogar die traditionsreiche Einrichtung hervor [vgl. 129])[18], sondern die gewaltsame Durchsetzung ihrer Interessen. Horváth läßt ihn die Errichtung der autoritären Herrschaft als Maßnahme der Besitzenden zur Abwehr der Forderungen des Volkes interpretieren und formuliert damit ansatzweise eine Funktionsbestimmung des Regimes: »Als die reichen Plebejer im alten Rom fürchteten, daß das Volk seine Forderung, die Steuern zu erleichtern, durchdrücken könnte, zogen sie sich in den Turm der Diktatur zurück« (24). In der Herrschaft der »reichen Plebejer«, so kann man die Bezeichnung verstehen, verbinden sich ökonomische Macht und politische Skrupellosigkeit.

Die Kleinbürger stellt Horváth am Beispiel des Bäckermeisterehepaars N als fanatische Anhänger dieses Regimes dar. Sie unterstützen den offiziellen Rassismus und Militarismus, indem sie in diesem Geiste ihren Sohn erziehen (vgl. 18 f. u. 63) und ihn zur Denunziation von Opponenten anhalten (vgl. 63). Horváth zeichnet präzise Sprachporträts, um ihre Denk- und Sprechweise satirisch zu entlarven.[19] In diesen Sprachporträts sind verschiedene Elemente verschmolzen: ein gestelzter »Bildungsjargon«[20] (»Mein Hiersein [. . .] hat seinen Grund in der Tatsache, daß ich seit frühester Jugend nach Gerechtigkeit strebe« (18); »Justitia fundamentum regnorum« [84]), Propagandaphrasen, die durch ihre schiefe Bildlichkeit lächerlich wirken, aber auch beängstigend durch ihre Aggressivität (»Das ist Sabotage am Vaterland! [. . .] Ich weiß es nur zu gut, [. . .] mit welch perfiden Schlichen das Gift ihrer Humanitätsduselei unschuldige Kinderseelen zu unterhöhlen trachtet« [19]), und Sätze, in denen der rasche Wechsel von Sentimentalität und Brutalität Unfähigkeit zu humanem Empfinden offenbart. So berichtet Elisabeth N ihrem Sohn über den Tod seines Kanarienvogels und schließt ihren Brief mit der Aufforderung, den Lehrer zu bespitzeln:

Vorgestern hüpfte er noch so froh und munter in seinem Käfiglein herum und tirilierte uns zur Freud. Und heut war er hin. [. . .] Die Beinchen hat der Ärmste von sich gestreckt, ich hab ihn im Herdfeuer verbrannt. [. . .] Laß nur nicht locker! Vater bricht ihm [dem Lehrer, d. Verf.] das Genick! (63)

Zieht man das Gesellschaftsbild in Betracht, das Horváth durch seine typisierende Gestaltungsweise entwirft, so ist die lediglich von den Formen politischer Herrschaft ausgehende These Franz Theodor Csokors, der Leser habe die Wahl, sich den Schauplatz »links oder rechts« auszusuchen[21], leicht zu widerlegen. Schwieriger ist es, die Frage zu beantworten, ob es sich hier um eine Darstellung Hitler-Deutschlands oder eines beliebigen autoritär regierten, imperialistischen Staates handelt. Denn Horváth vermeidet es, nationalsozialistische Führer oder Institutionen namentlich zu erwähnen; zudem hat der Rassismus im Roman nicht die in Deutschland virulenteste Form des Antisemitismus[22], und Horváth zeigt die Lebensraumideologie nicht auf die Expansion in

Osteuropa, sondern auf die Ausbeutung von Kolonien gerichtet. Darüber hinaus ist bemerkt worden, daß er ein Milieu schildert, dessen »geographische, kulturelle und sprachliche Züge unverkennbar österreichisches Gepräge haben«.[23] Andererseits macht Horváth leicht entschlüsselbare Anspielungen, z. B. auf die Feiern zu »Führers Geburtstag«:

Es war ein Feiertag. Man feierte den Geburtstag des Oberplebejers. Die Stadt hing voller Fahnen und Transparente. Durch die Straßen marschierten [. . .] Divisionen der Charakterlosen unter dem Kommando von Idioten. Im gleichen Schritt und Tritt. Sie singen von einem Vögelchen, das auf einem Heldengrabe zwitschert [. . .]. (112)

Horváths Intentionen gehen aber noch über eine satirische Verurteilung von Erscheinungsformen des NS-Systems hinaus. Meines Erachtens ist Axel Fritz zuzustimmen, der auf den Entstehungsort des Romans verweist und bemerkt, »daß Horváth eine Diktatur, deren Modell Hitlerdeutschland ist, mit den Details eines ihm vertrauten Milieus beschreibt« in der Absicht, »das Wesen der faschistischen Diktatur und die moralischen Entscheidungen, die die politischen Verhältnisse vom Einzelnen verlangen, allgemeingültig darzustellen«.[24]

V

Inwieweit man dies als gelungen betrachtet, wird nicht zuletzt darüber entscheiden, wie man die Bedeutung von *Jugend ohne Gott* als Beitrag zur antifaschistischen Literatur einschätzt. Horváths Roman ist, anders als z. B. *Das siebte Kreuz* von Anna Seghers, weit davon entfernt, die Totalität der gesellschaftlichen Beziehungen zu erfassen, und seine Perspektive ist auf das Individuell-Moralische beschränkt. Es gelingt Horváth aber, zwei für die antifaschistische Literatur wichtige Themen eindringlich zu gestalten: die ideologische und moralische Deformierung der Jugend im Faschismus (andeutungsweise auch ein Widerstandspotential) und die Überwindung opportunistischer Anpassung an den Faschismus. Diesen Aspekt hat Horváth in einem Brief, den er am Tag der Veröffentlichung von *Jugend ohne Gott* an Csokor schrieb, hervorgehoben:

Ich hab das Buch jetzt nochmals so für mich gelesen, und kann mir nicht helfen: mir gfallts auch! – Es ist mir dabei noch etwas aufgefallen, nämlich:

daß ich, ohne Absicht, auch zum erstenmal den sozusagen faschistischen Menschen (in Person des Lehrers) geschildert habe, an dem die Zweifel nagen – oder besser gesagt: den Menschen im faschistischen Staate.[25]

Der Mitläufer war neben dem Widerstandskämpfer[26] eines der wichtigsten Sujets des Deutschlandsromans der Exilierten. Dabei bot die Darstellung des verunsicherten, zur Gegnerschaft tendierenden Mitläufers gegenüber der des hemmungslosen Opportunisten (wie Oskar Maria Grafs *Anton Sittinger*) den Vorteil, daß dabei nicht nur Ursachen des Massenerfolgs des Faschismus, sondern auch die Hoffnung auf dessen Überwindung Gestalt gewinnen konnten. Horváths Protagonist findet schließlich zu einer entschiedenen Distanzierung vom Faschismus, die als ein Schritt auf dem Weg zu einem aktiven, den Faschismus bekämpfenden Humanismus gesehen werden konnte.[27]

Als Gestaltung der inneren Entwicklung eines Menschen in einem faschistischen Staat und der von diesem herbeigeführten Verrohung der Jugend kann Horváths Roman auch heute noch Aufschluß über subjektive Reaktionen auf den Faschismus geben und dessen kritische Bewertung und emotionale Ablehnung fördern. *Jugend ohne Gott* hat sich auch und gerade als pädagogisch verwendbar erwiesen, nicht zuletzt, weil der Roman durch seine Erzählweise ein emotionales Engagement des Lesers herausfordert und ihn durch geschickt aufgebaute Spannung mitreißt.

Von *Jugend ohne Gott* deshalb abfällig als von einer »unterhaltenden Geschichte« zu sprechen und die kritische Intention des Romans zu ignorieren, wie Humm es getan hat[28], heißt den moralischen und affektiven Impetus von Horváths Auseinandersetzung mit der faschistischen Herrschaft verkennen. Ihm wird der von Klaus Mann nach Horváths Tod 1938 verfaßte Nachruf eher gerecht, der sich zum Teil wie eine Replik auf die Rezension in »Maß und Wert« liest. Horváth habe sich entschieden vom »Dritten Reich« getrennt, schreibt Klaus Mann,

aus einem Anstand, der mehr als nur Anständigkeit, nämlich Moral im ernstesten, tiefsten Sinn des Wortes war. Er erschauderte vor dem Bösen, das im Dritten Reich täglich schamlos-nackt triumphiert. Der Roman, den er im Exil veröffentlicht hat, *Jugend ohne Gott*, ist von der ersten bis zur letzten Zeile atemberaubend erfüllt von diesem Schauder und von diesem Grauen.[29]

1981

Anmerkungen

Der Beitrag von Wolf Kaiser wurde zuerst veröffentlicht in dem »Argument Sonderband AS 76« *Faschismuskritik und Deutschlandbild im Exilroman*, hg. Christian Fritsch und Lutz Winckler, Berlin (Argument-Verlag) 1981 (Literatur im historischen Prozeß, Neue Folge 2), S. 36-53.
  Die Anmerkungen wurden vom Hg. für diesen Abdruck neu durchgesehen und ergänzt.

1 Horváth war nach Salzburg gegangen, nachdem sein Stück *Glaube Liebe Hoffnung*, das zur Uraufführung in Berlin vorgesehen war, hatte abgesetzt werden müssen und das Haus seiner Eltern in Murnau von einem SA-Trupp durchsucht worden war (vgl. *Mat.ÖvH*, S. 189). Auch wenn es nicht, wie bei vielen anderen, die Sorge um das Leben war, die Horváth dazu trieb, Deutschland zu verlassen, und er selbst seinen Weggang nicht als Flucht betrachtete (vgl. den undatierten Brief an einen Herrn Dr. Stern, in dem es heißt: »[. . .] so z. B. kann ich doch nicht im Namen der österr. und geflüchteten Schriftsteller sprechen, da ich weder Österreicher noch geflüchtet bin. Ich bin bekanntlich ungarischer Staatsbürger [. . .]«; zit. nach: Wolfgang Lechner, *Mechanismen der Literaturrezeption in Österreich am Beispiel Ödön von Horváths*, Stuttgart 1978, S. 327), kann man ihn durchaus zu den exilierten Schriftstellern rechnen. (Vgl. dagegen den Beitrag *Horváth – ein Exilautor?* von Carmen Cadow und Gretel Wich-Trapp sowie die Diskussionsbeiträge dazu anläßlich des »Internationalen Symposiums zur Erforschung des österreichischen Exils von 1934 bis 1945« (3. bis 6. Juni 1975 in Wien), protokolliert unter dem Titel *Österreicher im Exil 1934 bis 1945*, hg. Dokumentationsarchiv des österreichischen Widerstandes und der Dokumentationsstelle für neuere österreichische Literatur, Wien 1977, S. 400-412). Horváth hat Hitler-Deutschland bewußt den Rücken gekehrt und sich dadurch den gleichen Lebens- und Arbeitsbedingungen unterworfen, wie sie die vertriebenen Schriftsteller auf sich nehmen mußten. Zwar ist er noch 1934, geschützt durch seine ungarische Staatsbürgerschaft, für einige Monate nach Berlin, 1935 für einige Wochen nach Pöcking (Bayern) und 1936 besuchsweise nach Possenhofen zurückgekehrt, aber auch er hatte – von einer unbedeutenden Ausnahme (*Himmelwärts* im Neuen Bühnenverlag im Verlag für Kulturpolitik GmbH, Berlin 1934) abgesehen – nicht mehr die Möglichkeit, seine Werke in Deutschland zu publizieren. (Zu Horváths Exil vgl. Walter Huder, *Ödön von Horváth. Existenz und Produktion im Exil*, in: Manfred Durzak [Hg.], *Die deutsche Exilliteratur 1933-1945*, Stuttgart 1973, S. 232-244.)
2 Horváth sah sich nach 1933 auf kleine deutsche Bühnen in der Tschechoslowakei und in den deutschsprachigen Nachbarländern verwiesen (vgl. Hans-Albert Walter, *Asylpraxis und Lebensbedingungen in Euro-*

pa. Deutsche Exilliteratur 1933-1950, Darmstadt und Neuwied 1972, S. 233 f.). Am 29. 12. 1935 schrieb Horváths bester Freund Franz Theodor Csokor von Wien aus an Ferdinand Bruckner (nach Paris): »[. . .] Mit meinem lieben Ödön ist das eine wirkliche Tragödie! Im Dritten Reich als entartet verboten, bleibt ihm nurmehr Wien, Zürich und Prag, denn auch Budapest verschließt sich ihm [. . .] während den hier und in Berlin Wohlgelittenen alle Türen der Verlage und Theater offenstehen; wir sind eigentlich schon Emigranten des Landes darin wir wohnen. [. . .]« (Zit. nach: Franz Theodor Csokor, *Zeuge einer Zeit. Briefe aus dem Exil 1933-1950,* München und Wien 1964, S. 115.) Am 29. 1. 1935 schrieb Csokor an Bruckner (nach Hollywood): »[. . .] Natürlich verärgert ihn die Teilnahmslosigkeit der wenigen deutschen Bühnen, die unsereins hier und in der Schweiz verblieben sind. [. . .]« (Zit. nach: Csokor, *Zeuge einer Zeit,* S. 134.) Nachdem sich die Lage der exilierten deutschsprachigen Autoren durch die Besetzung Österreichs weiter verschlechtert hatte, äußerte Horváth Freunden gegenüber: »[. . .] das Stückeschreiben ist für uns Spielschreiber deutscher Sprache vorderhand sinnlos geworden, weil wir kein Theater mehr haben, das uns bringt [. . .]« (Vgl. die Mitteilung von Ulrich Becher in *Mat. ÖvH,* S. 112.)

3 Der Roman wurde bei Allert de Lange in Amsterdam veröffentlicht. In der Erstausgabe ist 1938 als Erscheinungsdatum angegeben; das Buch wurde aber bereits am 26. 10. 1937 ausgeliefert (vgl. Horváths Brief an Jolan von Hatvany vom 28. 10. 1937; in Lechner, *Mechanismen der Literaturrezeption in Österreich am Beispiel Ödön von Horváths,* S. 314).

4 Vgl. Huder, *Ödön von Horváth,* S. 244.

5 Vgl. anonym, *New Novels,* in: The Times, London [Herbst 1938]. Anonym, *Herr von Horvath was one . . . ,* in: The New Statesman and Nation, London [1938]. L.U., *Das Buch von der gottlosen Jugend,* in: Der Morgen, Wien, 13. 12. 1937. R-o, *Oedön von Horvath: Jugend ohne Gott,* in: Das Echo, Wien [Nr. 282, 1937]. Diese und die im folgenden genannten Rezensionen – mit Ausnahme der von Hermann Linde und R.J. Humm – hat mich das Ödön von Horváth-Archiv dankenswerterweise einsehen lassen.

6 D-d, *»Jugend ohne Gott« von Ödön von Horváth,* in: Neue Zürcher Zeitung, 12. 11. 1937.

7 Franz Theodor Csokor, *Ein Buch von Morgen,* in: Basler National-Zeitung, 28. 11. 1937.

8 Vgl. c.m., *Ewige Opposition der Jugend. Oedön von Horvaths Schüler-Roman,* in: Pariser Tageszeitung, 12. 11. 1937.

9 Hermann Linde, *Deutsche Jugend – literarisch,* in: Die Zukunft, Paris, Nr. 10, 16. 12. 1938, S. 8 f.

10 Kurt Großmann, *»Jugend ohne Gott«,* in: Sozialdemokrat, Prag, 27. 1. 1938.

11 In der Einführung zu einem Vorabdruck aus dem Roman: Ödön von Horváth, *Der junge Lehrer*, in: Das Neue Tage-Buch, Paris, 16. 10. 1937 (Hervorhebung im Text).

12 Maß und Wert 1 (1937/38), 4, S. 648-650.

13 Jürgen Schröder, *Das Spätwerk Ödön von Horváths*, in: stm ÖvH, S. 125-155, bes. S. 134-141. Schröder richtet anders als die vorliegende Untersuchung die Aufmerksamkeit vor allem auf Horváths psychische Situation und deren Bedeutung für seine literarische Produktion. Er konstatiert bei der Interpretation von *Jugend ohne Gott* Anzeichen einer tiefen Identitätskrise des Autors und sieht »die unbewußte Signalwirkung des Romans für das Dritte Reich [. . .] von dem unbewußten Krisenprozeß seines Autors eingetrübt« (S. 141).

14 Daß dafür nicht allein die Exilsituation verantwortlich gemacht werden kann, belegen andere Exilwerke wie z. B. Arnold Zweigs 1938 begonnener Roman *Das Beil von Wandsbek* (Stockholm 1947/48; Neuausgabe: Fischer-TB 2069). Selbst der *Jugend ohne Gott* thematisch eng verwandte, bei Querido in Amsterdam im Frühjahr 1937 erschienene Roman Bernard von Brentanos *Prozeß ohne Richter* (Neuausgabe: st 427) kann aufgrund seiner Handlungsführung, obwohl er in der Darstellung der gesellschaftlichen Verhältnisse bei weitem nicht so konkret ist wie Horváths Roman, die Brutalität der faschistischen Repression deutlicher machen: Er zeigt bis zur letzten Konsequenz, wie ein der Wahrheit verpflichteter Intellektueller von einem diktatorischen Regime vernichtet wird.

15 Klaus Mann hat in seiner bemerkenswerten Rede auf dem »Ersten internationalen Schriftstellerkongreß für die Verteidigung der Kultur gegen Krieg und Faschismus« in Paris 1935 das »heroische Pathos« des Faschismus als Mittel zur Pervertierung ursprünglich revolutionärer Impulse gekennzeichnet, die in der Sehnsucht des jungen Menschen nach dem Opfertod gipfelte, und mit bitterem Sarkasmus hat er hinzugefügt: »Den kann er haben, in diesem Punkte wird er nicht betrogen.« (Klaus Mann, *Der Kampf um den jungen Menschen*, in: Kürbiskern 2/75, S. 39-44; hier S. 39)

16 Abschrift des Empfängers im Ödön von Horváth-Archiv; auch in: Lechner, *Mechanismen der Literaturrezeption in Österreich am Beispiel Ödön von Horváths*, S. 317.

17 Daß Horváth selbst eine solche Alternative ins Auge gefaßt hat, zeigt eine seiner Notizen zu seinem geplanten Roman *Der Mittelstand*: »Die Leute, die den Fortschritt der Welt leugnen, das sind die, die es nicht haben wollen, daß eine Zeit mal nicht nach dem Profit produziere. Das sind die Pessimisten. Die bürgerlichen Pessimisten.« (Zit. nach: stm GWW, S. 181.)

18 Der Konzerndirektor wird zweifellos der Schicht der »reichen Plebejer« zugerechnet: In seinem Haus begegnet der Lehrer der »Freundin

des Oberplebejers« (128), einer Schauspielerin. Nach Ansicht des Verf. spielt Horváth hier anscheinend auf die Schauspielerin Emmy Sonnemann (geb. 1893) an, Tochter eines Hamburger Schokoladehändlers, die als Schauspielerin in Weimar debütiert und Karriere gemacht hatte; Göring verliebte sich in Emmy Sonnemann und heiratete sie am 11. 4. 1935 in Berlin. Nach Ansicht des Hg. handelt es sich jedoch um eine Anspielung auf die Schauspielerin und Regisseurin Leni Riefenstahl (geb. 1902), der eine Liaison mit Hitler nachgesagt wurde.

19 Wie der Verzicht auf eine funktionale Betrachtungsweise zu Fehleinschätzungen führen kann, zeigt Marcel Reich-Ranickis Urteil: »Jedenfalls sind Horváths Romane, Geschichten und Märchen, seine publizistischen und autobiographischen Beiträge (von wenigen keineswegs zufälligen Ausnahmen abgesehen) in einem farblosen und sterilen Deutsch geschrieben, dessen gelegentliche Unbeholfenheit mitnichten beabsichtigt war. Zugleich erweist es sich, daß Horváth zu jenen deutschen Poeten gehörte, die große Künstler, doch nur schwache Denker waren. Die Prosa bringt es an den Tag.« (Marcel Reich-Ranicki, *Horváth, Gott und die Frauen. Über die Etablierung eines Klassikers der Moderne,* in: *Über ÖvH,* S. 85)

20 Horváth hat den Begriff im Hinblick auf seine Volksstücke verwendet (vgl. Ödön von Horváth, *Gebrauchsanweisung,* in: *Mat.ÖvH,* S. 54); er trifft auch die Sprache der Kleinbürger in *Jugend ohne Gott.*

21 Csokor, *Ein Buch von Morgen,* in: Basler National-Zeitung, 28. 11. 1937.

22 Dadurch erscheint der Rassismus hier als bloße Ideologie, während er in Deutschland lange vor der Errichtung der Vernichtungslager brutale Praxis war, wie die »Anordnung der Parteileitung der NSDAP« vom 28. März 1933 zum Boykott »jüdischer Geschäfte, jüdischer Waren, jüdischer Ärzte und jüdischer Rechtsanwälte« (zit. nach: Walther Hofer, [Hg.], *Der Nationalsozialismus. Dokumente 1933-1945,* Frankfurt/Main 1957, S. 282), das »Gesetz zur Wiederherstellung des Berufsbeamtentums« vom 7. April 1933, in dem es hieß: »Beamte, die nichtarischer Abstammung sind, sind in den Ruhestand (Paragraphen 8 ff.) zu versetzen« (zit. nach: Reinhard Kühnl, *Der deutsche Faschismus in Quellen und Dokumenten,* Köln ⁵1980, S. 197 f.), und die »Nürnberger Gesetze« vom 15. September 1935. »Das ›Reichsbürgergesetz‹ teilte die deutschen Staatsbürger in ›Reichsbürger‹ und ›Staatsangehörige‹. Dadurch wurde der jüdische Teil der deutschen Bevölkerung zu Bürgern minderen Rechts gestempelt. Das ›Blutschutzgesetz‹ verbot ›Eheschließungen zwischen Juden und Staatsangehörigen deutschen oder artverwandten Blutes‹. Auch der außereheliche Geschlechtsverkehr zwischen Angehörigen der beiden ›Rassen‹ wurde verboten und später als ›Rassenschande‹ mit schweren Strafen – bis zur Todesstrafe! – belegt.« (Zit. nach: Hofer, *Der Nationalsozialismus,* S. 270).

23 Axel Fritz, *Ödön von Horváth als Kritiker seiner Zeit. Studien zum Werk in seinem Verhältnis zum politischen, sozialen und kulturellen Zeitgeschehen*, München 1973, S. 89; Belege für diese These S. 270, Anm. 66.

24 Ebd., S. 88 f.

25 Ödön von Horváth an Franz Theodor Csokor am 26. 10. 1937; zit. nach Lechner, *Mechanismen der Literaturrezeption in Österreich am Beispiel Ödön von Horváths*, S. 314; auch in: *Mat. ÖvH*, S. 193.

26 Der Widerstandskampf ist vor allem in der Romanliteratur aus den ersten Jahren der Hitler-Diktatur ein zentrales Thema gewesen, als viele Antifaschisten noch die Hoffnung auf einen baldigen Sturz des Regimes hegten. (Vgl. Hans-Albert Walter, *Das Bild Deutschlands im Exilroman*, in: Neue Rundschau, 77 (1966), S. 437-458; bes. S. 440-442.)

27 Urs Jennys Behauptung, Horváths Spätwerk enthalte lediglich »Anflüge eines moralisierenden Antifaschismus«, ist m.E. unzutreffend. (Vgl. Urs Jenny, *Ödön von Horváths Größe und Grenzen*, in: *Über ÖvH*, S. 71–78; Zitat S. 78.)

28 Maß und Wert 1 (1937/38), 4, S. 650.

29 Klaus Mann, *Ödön von Horváth* †, abgedr. in: *Mat. ÖvH*, S. 129-132, Zitat S. 131.

Franz Kadrnoska

Sozialkritik und Transparenz faschistischer Ideologeme in »Jugend ohne Gott«

Lange – und zu Unrecht – stürzte sich die Fachwelt überwiegend auf den Dramatiker Horváth. Das zeigte die wissenschaftliche Beschäftigung ebenso wie die Theaterpraxis ganz deutlich. Sprach man einmal von Horváths Epik, so wurde sie meist als ephemer, gewissermaßen als Nebenprodukt zur Dramatik gesehen. Auch heute noch werden vor allem die beiden späteren Romane *Jugend ohne Gott* und *Ein Kind unserer Zeit* meist entweder als Typus »Spätwerk« literarhistorisch schon an der Oberfläche kanonisiert als irrationales »Endprodukt«, oder sie werden mit Stillschweigen übergangen, weil sie sich vordergründig in das gängige Horváth-Klischee vom dramatischen »Demaskierer des Bewußtseins« nicht so glatt fügen wollen. Noch 1929 erklärt Horváth ganz dezidiert: »Ich habe keine Heimat und leide natürlich nicht darunter, sondern freue mich meiner Heimatlosigkeit, denn sie befreit mich von einer unnötigen Sentimentalität.«[1] Diese autobiographische Reflexion kennzeichnet das Kalkül eines jungen Schriftstellers, der als bereits arrivierter Sozialkritiker der Weimarer Republik seinen Beobachterposten im Kulturbetrieb bezogen hat und Nichtanfälligkeit für emotionsgeladenen Patriotismus, wie er gerade in dieser Zeit propagiert wird, beweisen will. Jürgen Schröder hat das als »Gullivergefühl« des Autors bezeichnet.[2] Gemeint ist damit eine Art Entlastung des schlechten sozialen Gewissens im Sinne von Mitverantwortung, ohne die eigene soziale Identität zu gefährden, wie auch das bewußte Historisieren von Horváths eigener Geburt. Horváth sagt in einer anderen *Autobiographischen Notiz* einmal: »An die Zeit vor 1914 erinnere ich mich nur wie an ein langweiliges Bilderbuch. Alle meine Kindheitserlebnisse habe ich im Kriege vergessen. Mein Leben beginnt mit der Kriegserklärung.«[3] Die Schauspielerin Wera Liessem, eine gute Bekannte Horváths, weiß in ihren *Erinnerungen* für diese Zeit zu berichten von einem »nur satirischen Vergnügen an der Schwäche des Menschlichen oder Allzumenschlichen«.[4]

Allein aus dieser für den Nationalsozialismus offenkundig provokanten Äußerung und der Absage an Heimat als Möglichkeit des politischen und kulturellen Engagements, wie es bei anderen Exilautoren oft literarisch konstitutiv wird, verstärkt sich für Horváth seit 1933 eine ganz spezifische Situation des Exils, die je länger, desto mehr zur Identitätskrise wird. Daher ist auch die Legitimation zu nehmen, sein Werk nach 1933 aus dem Blickwinkel der Exilsituation heraus zu betrachten.[5]

Hat schon 1929 *Sladek der schwarze Reichswehrmann* heftige Angriffe von seiten der nationalsozialistischen Presse hervorgerufen, so profiliert sich Horváth im gleichen Jahr durch sein Verdikt der ›Heimatlosigkeit‹ endgültig für die rechte Reichshälfte. Aber immerhin wird 1931 der Kleist-Preisträger nicht totgeschwiegen, wenn auch Rainer Schlösser, der spätere Reichsdramaturg, im »Völkischen Beobachter« bereits zu der Gewißheit gelangt sein will: »Und wir wissen, daß Horváth deutschen Menschen nichts, aber auch gar nichts zu sagen hat.«[6] In Deutschland reißen die Pressestimmen gegen Horváth nicht ab. Ist es zunächst noch der nationale Deutsche, der seine Rezeptionsbereitschaft diesem Autor verweigert, so wird man später schon deutlicher, indem man bereits auf der Basis völkischer Propaganda Horváth, den Angehörigen eines anderen Staates, verallgemeinernd festlegt auf totale staatspolitische Abstinenz und ihn als einen bezeichnet, der leugnet, daß das Volk Träger ideeller und erlebter Gemeinschaftswerte sein könne. Die »Deutsche Allgemeine Zeitung« meint, das Stück *Geschichten aus dem Wiener Wald* sei »ohne jede Beziehung zu dem, was Volk ist«[7], und es wird kritisiert, daß dieser »Vaterlandslose« auch noch stolz darauf sei, den Begriff »Heimat« nicht zu kennen.[8] Von hier ist es dann kein allzu großer Schritt mehr zur Strategie der Denunzierung des Exils, wie sie 1934 im »Völkischen Beobachter« zum Ausdruck kommt, der ein Prinzip aufgreift, das schon in Hitlers *Mein Kampf* genannt wird, nämlich »selbst auseinanderliegende Gegner immer zu einer Kategorie gehörend erscheinen zu lassen«.[9]

Der »Völkische Beobachter« schreibt: »Innerlich und äußerlich vaterlandslos« würden die Exilautoren »nur ein Ziel« kennen, nämlich »Rache an den Völkern zu üben, die sie ausgestoßen haben. Sie können nur im Trüben fischen, sie können als die Verachteten aller Völker nur im Hintergrund sticheln, sie können hetzen und lügen und mit Kriegsgerede Unruhe schaffen, sonst haben sie keinen politischen Daseinszweck«.[10] In diesen Bezugsrahmen eines Feindbildes, das taktisch forciert und bewußt überbewertet auch in der internationalen Politik, z. B. in der Auseinandersetzung mit der Tschechoslowakei, als Druckmittel eingesetzt wird und in dem Exilpresse und Exilliteratur gleichsam dominant gesetzt werden über den Volksfeind Judentum und Bolschewismus, wird auch der sozialkritisch moralisierende und als Bolschewist verschriene Stückeschreiber Ödön von Horváth gestellt, dessen Emigration 1933 mit der nationalsozialistischen Machtergreifung in Deutschland, die für ihn unmittelbares Bühnenverbot bedeutet, beginnt und 1936 endgültig besiegelt wird, als man ihm die Aufenthaltserlaubnis entzieht.[11]

Damit ist aber dem Dramatiker, dessen erklärtes Ziel die »Demaskierung des Bewußtseins« des Kleinbürgers ist, der literarisch-dramatische Boden entzogen. Die Zuwendung zur Epik, im speziellen zum Roman, ist für die Folgezeit absolut plausibel und sowohl von sozial-psychologischer Warte der Produktionsästhetik als auch von der mitzuveranschlagenden pragmatischen der Wirkungsästhetik aus zu erklären. Zunächst muß der eigene Marktwert für einen Berufsschriftsteller auch in barer Münze zu Buche schlagen, er muß von etwas leben können; und nachdem sich für Horváth, durch Vermittlung seiner Freunde, im Exil neue Möglichkeiten, verlegt zu werden, eröffnen, greift er zu und denkt daran, den »nächsten Roman zu schreiben. Denn das Stückeschreiben ist für uns Spielschreiber deutscher Sprache vorderhand sinnlos geworden, weil wir kein Theater mehr haben, das uns bringt«.[12] Da ihm jetzt das Publikum als notwendiges Regulativ zwischen der eigenen satirisch-moralischen Position und dem im dramatischen Dialog als decouvrierbar mitveranschlagten Bewußtsein der Rezipienten[13] entzogen ist, vermag Horváth nicht mehr Selbstwert projektiv an der Bewußtseinslage seines Publikums abzunehmen; er ist nun mit seinen sozialen Wertungen konsequent auf die eigene, individuelle Erfahrbarkeit zurückverwiesen. Auch damit ist sein Neuansatz in der Ich-Form (beide späten Romane sind in dieser Form geschrieben) zu erklären. Das persönliche Räsonnement des Autors ist abrupt auf sich selbst gestellt und fokussiert im Bewußtsein des Ich-Erzählers; es gilt, neue Wege der Vermittlung zu suchen, die es erlauben, Kritik an den Mann zu bringen, die aber zugleich – innerhalb des einmal gewählten Urteilsrahmens – einen Anspruch bedeuten an das Aussagesubjekt selbst. Darauf wird in der Textanalyse noch zurückzukommen sein. Jedenfalls ist das konstatierende »Gullivergefühl« Horváths erschüttert; seine Stelle nehmen in epischer Transparenz die Problematik der eigenen Identität und die Frage der Schuld ein, die sich zunehmend verstärken und literarisch konstitutiv werden.[14]

Horváth emigriert also aus dem intendierten und angestammten Publikumsbezug in eine zunehmend eigenverantwortliche »Heimat des Geistes«, in die er sich literarisch zurücknimmt. In einem Brief an Csokor schreibt er aus Budapest (!) am 23. März 1938: »Gott, was sind das für Zeiten«, aber, fährt er fort: »Die Hauptsache, lieber guter Freund, ist: *Arbeiten*! Und nochmals: Arbeiten! Und wieder: Arbeiten! Unser Leben ist Arbeit – ohne ihr haben wir kein Leben mehr. Es ist gleichgültig, ob wir den Sieg oder auch nur die Beachtung unserer Arbeit erfahren, – es ist völlig gleichgültig, solange unsere Arbeit der Wahrheit und der Gerechtigkeit geweiht bleibt. Solange gehen wir auch nicht unter, solange werden wir immer Freunde haben und immer eine *Heimat*, überall eine Heimat, denn wir tragen sie mit uns – unsere Heimat ist der Geist.«[15]

Bei dieser Untersuchung geht es nicht um traditionelle, substantialistische Wirkungsgeschichte, bei der der Leser und Interpret nur auf vorgegebene Stimuli des Werks aktualisierend reagiert, sondern um sozialhistorische Rezeptionsgeschichte, die Ideologiekritik insofern notwendig impliziert, als das gegenwärtige, subjektiv-gesellschaftspartielle Verstehen von Entstehungsgeschichte und Rezeptionsprozeß in ihrer je historischen Gesellschaftlichkeit von Autor und Lesern als dialektische Vermittlung von Vergangenheit und Gegenwart aufgefaßt wird. Es bedarf nicht der eigenen expliziten, literaturimmanenten Interpretation der vorsätzlich rezeptionsmäßig zu erfassenden Romane, um rezeptionsbezogene Urteile abgeben zu können.[16] Das literarische Werk wird aufgefaßt als »agierend-reagierendes Moment gesellschaftlicher Praxis«[17], dessen »Repertoire« und »Strategien« im Hinblick auf eine soziologisch zu bestimmende Rezipientenschaft analysiert werden sollen.[18] Ich bediene mich dabei der *Theorie ästhetischer Wirkung* von Wolfgang Iser[19], der Text grundsätzlich als Kommunikation betrachtet. »Durch ihn [den Text] erfolgen Eingriffe in die Welt, in herrschende Sozialstrukturen und in vergangene Literatur. Solche Eingriffe manifestieren sich als Umorganisation derjenigen Bezugssysteme, die der Text durch sein Repertoire aufruft.«[20] Text wird bei Iser verstanden als »Umformulierung bereits formulierter Realität.«[21] Darin liegt aber auch seine potentielle, innovative Wirkmöglichkeit auf das Interaktionsfeld gesellschaftlichen Handelns. Der zeitgenössische Leser wird in die Lage gesetzt, geltende Normen aus dem sozio-kulturellen Funktionszusammenhang seiner Lebenswelt in der Reichweite ihrer Wirksamkeit zu erkennen[22], bzw. als späterer, durch seine Erfahrungsgeschichte noch virtuell partizipierender Leser kann er gerade diese einer Überprüfung unterziehen. »Sind aber die Normen des Repertoires für den Leser durch die zeitliche Distanz zu einer historischen Welt geworden, weil er nicht mehr an dem Geltungshorizont partizipiert, aus dem das Repertoire geschöpft ist, dann bieten sich ihm die umcodierten Normen als Verweisungen auf diesen Geltungshorizont. Dadurch läßt sich die historische Situation wiedergewinnen, auf die sich der Text als Reaktion bezogen hatte.«[23]

In dieser Analyse von *Jugend ohne Gott* kommt es mir nicht darauf an, eine jeweils geschlossene Werkinterpretation zu geben, sondern vielmehr darauf, das im Text aufbereitete Wirkungspotential freizulegen. Mit einer funktionalen Textanalyse soll vermieden werden, daß innerhalb eines ontologischen Seinsverhältnisses von Wirklichkeit und Literatur, wie es das klassische, das Kunstprodukt an etablierten Normen messende Interpretationsmodell als Widerspiegelung gesellschaftlicher Zustände begreift, Sozialgeschichte ausschließlich in einen monokausalen Zusammenhang mit der literarischen Aussage gebracht wird. Literatur ist natürlich in gewisser Weise auch Ausdruck des ›Zeitgeistes‹[24], aber sozialgeschichtliche Erfahrungen, gerade in bezug auf die hier zur Debatte stehende Zeit, werden oft nur zu schnell kategorisiert und dem Erkenntnis-Bewältigungskanon überantwortet, bis sie auch aus der Erfahrungsgeschichte nahezu verdrängt und dem historischen Bildungsgut angegliedert sind. Hier kann Literatur mit ihrer Rezeptionsgeschichte zu einem ganz wichtigen Korrektiv werden, mit dessen Hilfe es möglich ist, die jüngere Vergangenheit und Zeitgeschichte in manchen Aspekten neu aufzurollen und zu überdenken. Das gelingt aber offensichtlich nur, wenn man bereit ist, zwischen Fiktion und Wirklichkeit ein Mitteilungsverhältnis zu sehen, bei dem in der Aktualisierung des textlichen Potentials durch einen Leser die eigene Erfahrungsgeschichte überhaupt erst überprüfbar wird, weil sie und die ihr zugrunde liegende Vorstellungswelt transzendiert und quasi von außen beobachtet und bewertet werden können.[25] In diesem Sinne ist das Folgende zu verstehen.

Ödön von Horváth, der sich in der letzten Zeit seines dramatischen Schaffens vom Publikum des öfteren mißverstanden sah, hat zu seinen Stücken auch einmal eine – wie er es betitelt – *Gebrauchsanweisung* (*WA* 8, 659-665) geschrieben, deren zentrale Punkte nicht unwesentlich ins epische Konzept übernommen und sogar praktikabler gemacht sind. Zuerst beklagt sich der Autor darin über das Publikum: »es hat sich leider entwöhnt auf das Wort im Drama zu achten, es sieht oft nur die Handlung – es sieht wohl die dramatische Handlung, aber den dramatischen Dialog hört es nicht mehr.« (*WA* 8, 659) Indem er die einschlägige Literaturfunktion im Sinne Wellershoffs als »Simulationstechnik« beschreibt, bei der »fiktives Handeln« die Erfahrungsgrenze überschreiten läßt, »ohne ein wirkliches Risiko dabei einzugehen«[26], fährt Horváth fort: »Das Theater phantasiert [. . .] für den Zuschauer und gleichzeitig läßt es ihn auch die Produkte dieser Phantasie erleben. Die Phantasie ist bekanntlich ein Ventil für Wünsche – bei näherer Betrachtung werden es wohl asoziale Triebe sein, noch dazu meist höchst primitive. Im Theater findet also der Besucher zugleich das Ventil wie auch Befriedigung (durch das Erlebnis) seiner asozialen Triebe.« (*WA* 8, 660) Horváth hingegen wollte schon mit seinem Theater das Publikum betroffen machen, das heißt, es sollte mit Hilfe der Literatur das soziale Bezugssystem erleben können, in dem es befangen ist und das ihm nicht gegenständlich werden kann, solange es sein Verhalten steuert.[27] Er notiert dazu: »Mit meiner Demaskierung des Bewußtseins erreiche ich natürlich eine Störung der Mordgefühle – daher kommt es auch, daß Leute meine Stücke oft ekelhaft und abstoßend finden, weil sie eben die Schandtaten nicht so miterleben können. Sie werden auf die Schandtaten gestoßen – sie fallen ihnen auf und erleben sie nicht mit. Es gibt für mich ein Gesetz und das ist die Wahrheit.« (*WA* 8, 661)

Horváth war kein Politiker, der gegen ein System anschrieb wie z. B. Brecht; was ihn faszinierte, war die sprachlich vermittelte Scheinwelt des Bewußtseins, die das Handeln des Klein- und Bildungsbürgers lenkt, der bei seinen Handlungen davon überzeugt ist, eigenen Überlegungen und Gefühlen zu folgen, und nicht sieht, daß er in Wahrheit unreflektiert die Maximen anderer befolgt. Er hat das wiederholt zum Ausdruck gebracht, so z. B., als er sich in der »Wiener Allgemeinen Zeitung« gegen anderslautende

Behauptungen zur Wehr setzte und schrieb: »Es geht nicht gegen die Politik, aber gegen die Masse der Politisierenden, gegen die vor allem in Deutschland sichtbare Versumpfung, den Gebrauch politischer Schlagworte.«[28] Die Bewußtwerdung der Bewußtseins-Scheinwelt und ihrer Sprache, des bloßen Mythos von der Volksgemeinschaft, soll sich beim Drama im Zuschauer vollziehen; beim Roman aber ist dieser Prozeß in die Fiktion hineingenommen, er wird im Bewußtsein des Ich-Erzählers perspektiviert und modellhaft ausgetragen. Dabei erhebt sich allerdings die Frage, welche Möglichkeiten der Leser hat, seine Bewußtseinslage an der des Erzählers zu messen und gegebenenfalls zu korrigieren.

Horváth bedient sich in *Jugend ohne Gott* einer bereits vermerkten Grunddisposition des Lesers, nämlich in erster Linie nur Handlung wahrzunehmen; dementsprechend macht er eine Kriminalstory zum Movens des Romans, die vordergründig zu zielführender Kombinationsbereitschaft und diskursivem Denken anhält. Damit wird dem Leser eine Lektüre-Strategie angeboten, die seine Aktualisierung des Textes wesentlich mitbestimmen kann.[29] In diesen Rahmen eingebettet ist eine subtile semantische Struktur, bei der auffällig mit Begrifflichkeit und Symbolik der nationalsozialistischen Idiomatik gearbeitet wird. Der Ich-Erzähler, über den Horváth in einem Brief an Csokor schreibt, daß er hier »ohne Absicht, auch zum erstenmal den sozusagen faschistischen Menschen [. . .] geschildert habe, an dem die Zweifel nagen – oder besser gesagt: den Menschen im faschistischen Staate« (*WA* 5, 540), dieser Lehrer macht im Verlauf des Romans eine Wandlung durch, indem er sein Gewissen und seine ethische Einstellung an den Verhaltensweisen der Jugend und an der sie indoktrinierenden ideologischen Evokation überprüft, von der er sich auch nicht frei weiß. Ideologiekritik ist bei Horváth unmittelbar Kritik an einer der eigenen Anschauung enthebenden irrationalen Sprache. Mit ihr versucht er, dem Phänomen auf den Leib zu rücken, das Max Picard schon 1946 als »Hitler in uns selbst«[30] bezeichnet hat. Er zeigt den Entwicklungsgang des Lehrers bis zum Erkennen der eigenen Schuld und Mitverantwortung anhand der Auseinandersetzung mit der faschistischen Semantik und einer eigenartigen religiösen Symbolik.[31]

Es fällt auf, daß Horváth an zentralen Stellen des Romans seinem Erzähler Vokabular aus dem Bereich faschistischer Sprache in den Mund legt. Der Lehrer, der die Jugend nicht verstehen kann, beschreibt z. B. defizitären Lebensbezug mit den Worten: »Es ist eine Pest. Wir sind alle verseucht, Freund und Feind. Unsere Seelen sind voller schwarzer Beulen, bald werden sie sterben. Dann leben wir weiter und sind doch tot.« (24 f.) Er meint damit jene rachsüchtige Haltung der Burschen, die »alles ablehnen, was mir heilig ist«, aber das wäre nicht so schlimm. »Schlimmer ist schon, wie sie es ablehnen, nämlich: ohne es zu kennen. Aber das Schlimmste ist, daß sie es überhaupt nicht kennenlernen wollen! Alles Denken ist ihnen verhaßt.« (23 f.) Aber auch er kann sich von nach Vergeltung heischender Emotion nicht befreien, da er den Rassismus ablehnt, der Verbrechen legitimiert, weil sie zur Erhaltung der Volksgemeinschaft begangen werden – einen Rassismus, der über die soziale und individuell-humane Problematik hinwegtäuscht und das Volk zum ahistorisch-mythischen Urwert stilisiert. Das zeigt sich schon am Anfang des Romans, als der Lehrer den N mit seiner Bemerkung im Aufsatz: »alle Neger sind hinterlistig, feig und faul« (13) zurechtweist und korrigiert: »Auch die Neger sind doch Menschen.« (17) Und das wird dann ganz deutlich im Kapitel »Die Pest«, aus dem oben schon zitiert wurde. Hier setzt sich der Erzähler mit dem Problem des Patriotismus auseinander, wobei er bezeichnenderweise nicht einen geschlossenen humanen Entwurf gegen die Inhumanität stellt, sondern mit geradezu seismographischer Genauigkeit auf die Bewußtseinslage des Lesers und damit auf mögliche Einwände eingeht. Ein ausführlicheres und nur geringfügig gekürztes Zitat soll das zeigen. Der Lehrer denkt über die militante und gefühlsarme Jugend nach:

Der Name auf einem Kriegerdenkmal ist der Traum ihrer Pubertät. / Doch halt! Ist es nicht eine große Tugend, diese Bereitschaft zum höchsten Opfer? / Gewiß, wenn es um eine gerechte Sache geht – / Um was geht es hier? / ›Recht ist, was der eigenen Sippschaft frommt‹, sagt das Radio. Was uns nicht gut tut, ist Unrecht. Also ist alles erlaubt, Mord, Raub, Brandstiftung, Meineid – ja, es ist nicht nur erlaubt, sondern es gibt überhaupt keine Untaten, wenn sie im Interesse der Sippschaft begangen werden! Was ist das? / Der Standpunkt des Verbrechers. [. . .] Heute ist man stolz auf sie. / Es ist eine Pest. / Wir sind alle verseucht, Freund und Feind. Unsere Seelen sind voller schwarzer Beulen, bald werden sie sterben. Dann leben wir weiter und sind doch tot. / Auch meine Seele ist schon schwach. Wenn ich in der Zeitung lese, daß einer von denen umgekommen ist, denke ich: ›Zu wenig! Zu wenig!‹ / habe ich nicht auch heute gedacht: ›Geht alle drauf?‹ / Nein, jetzt will ich nicht weiterdenken! (24 f.)

Festhalten müssen wir, daß der Leser hier konfrontiert ist mit der ›Pest‹, einem Bedeutungsträger aus dem faschistischen Sprachrepertoire, der in der Propaganda-Strategie zur Absicherung des Völkischen reserviert ist für ein bewußt erzeugtes Feindbild, nämlich das des Juden. Aus der Fülle des möglichen Belegmaterials sei an dieser Stelle nur Hitlers *Mein Kampf* zitiert: »In Zeiten bitterster Not bricht endlich die Wut gegen ihn aus, und die ausgeplünderten und zugrunde gerichteten Massen greifen zur Selbsthilfe, um sich der Gottesgeißel zu erwehren. Sie haben ihn im Laufe einiger Jahrhunderte kennengelernt und empfinden schon sein bloßes Dasein als gleiche Not wie die Pest.«[32] In faschistischer Diktion werden gesellschaftliche Widersprüche und Aggressionen auf das denunzierte Rollenbild abgeladen, die historische Dimension wird jeder politischen Vermitteltheit enthoben durch die Fixierung auf naturgegeben Biologisches bzw. Krankhaftes. In der faschistischen Propaganda wird gesprochen von »Erkrankungen von Volkskörpern«, von einem »langsamen Fäulnisprozeß« und eben auch von der »Pest«.[33] So werden emotionale Bedeutungserlebnisse erzeugt, die nicht mehr zurückgeführt werden auf rational analysierbare Sinneinheiten. Das mythische Sprachgebilde in seiner denotativen Armut verhindert geradezu begrifflichen und damit rational durchschaubaren Kontakt zur individuellen, sozialen Erfahrung. Indem aber der Leser beim Aktualisieren des Textes auf sein soziales Bezugssystem zurückgreifen muß und zugleich eine Bedeutung mit neuer Wertigkeit konstituieren soll, wird ihm erst durch diesen Prozeß der Textaneignung, bei dem er seine Vorstellungswelt transzendiert, die eigene Erfahrung beobacht- und faßbar. Er kann nun das sein Verhalten steuernde Sozialsystem aus der Distanz erleben und hat die Möglichkeit, etwas, worin er für die Zeit des Lesens nicht befangen ist, rational zu überprüfen: Lesevollzug bedeutet immer eine Selektion aus dem Umweltssystem, die bestimmte Momente im Text verankert, die gleichzeitig den Hintergrund, in dem sie ursprünglich eingebettet waren, zur Verfügung halten. So hat der Leser zwar die Möglichkeit, den evozierten Bedeutungskomplex ›Pest‹ im sozialen Umweltssystem zu durchschauen, muß aber zugleich eine Entscheidung treffen, ob er vor diesem Hintergrund die durch die Perspektive des Erzählers gegebene neue Wertung mitvollziehen will oder nicht. Die Neuwertung ist darin begründet, daß Horváth nicht ein Selbstwert stabilisierendes Feindbild anbietet, sondern daß im Roman über die biologistische Idiomatik ein allgemeines menschliches Defizit vermerkt wird, von dem sich *auch* der Ich-Erzähler nicht ausnimmt: »Es ist eine Pest. Wir sind alle verseucht, Freund und Feind.« (24)[34] Wenn nun der Leser diese Irritation seines Umweltbezuges und damit seiner vermeintlichen Geborgenheit in der emotionalen Überzeugung vom Volkscharakter nicht mitmacht, wird er an solchen Stellen das Buch aus der Hand legen müssen. Aber eine sehr gezielte Textstrategie, so scheint es, soll ihn davon abhalten.

Zuerst ist die Person des Ich-Erzählers so dominant, daß der Leser mit seiner Realisation innerhalb dieser Vorstellungswelt bleibt – auf eigene Erfahrungen muß er scheinbar nicht notwendigerweise zurückgreifen. Zum anderen wird trotz dieser Dominanz der Figur und der damit für den Leser gegebenen Perspektive diesem nichts oktroyiert. Das deshalb, weil die Ich-Figur selbst wieder flexibel ist, und zwar insofern, als sie nicht von vornherein eine Meinung, eine Weltsicht oder Ideologie in starrer Weise repräsentiert. Der Lehrer erfährt erst im Laufe der Entwicklung der Handlung seine Einstellung unter anderem zu der von seiner Umwelt vorgegebenen Ideologie. Gleichsam provoziert durch den Aufsatz des Schülers, ergibt sich für ihn z. B. vorerst automatisch die Replik »Neger sind auch Menschen«; das ist auslösendes Moment nicht nur für den Fortgang der Handlung, sondern auch für das Bewußtwerden einer bestimmten weltanschaulichen Einstellung, die durch die Konsequenzen, die sich rein handlungsmäßig ergeben, den Lehrer nötigt, seine Anschauung genauer, bewußter zu überprüfen, die eigene gedankliche Welt und die anderer nun bewußt in Frage zu stellen. Solche Unbestimmtheitsstellen im Text sollen aber nicht voreilig gefüllt werden, sondern zwingen geradezu zur Sistierung des perspektivierten Themas: Der Text geht auf die momentane Entscheidungsunsicherheit des Lesers ein, indem er an solchen Stellen auch das kognitive Vermögen des Erzählers selbst noch als überfordert zeigt: »Nein, jetzt will ich nicht weiterdenken« (25), sagt der Lehrer. Dadurch kann sich beim Leser auch der Eindruck verstärken, Entscheidungen treffen zu müssen, die auf seiner Umwelterfahrung aufbauen und zugleich diese bilanzieren. Erst allmählich, über viele solche Situationen, von denen hier eine herausgegriffen wurde und in denen immer wieder neu im Bewußtsein des Erzählers angesetzt wird zur Unterwanderung der Scheinwelt des Bewußtseins, wird Erkenntnis hergestellt und abgerundet zu einer eindeutigen Position, von der aus Erkennen aber nur unter der Auflage von Bekennen, auch der eigenen Schuld, möglich wird. Im weiteren Verlauf des Romans kündigt sich das an, als sich der Lehrer beim Gerichtsverfahren, bereits ohne Rücksicht auf seine Existenz, zur Wahrheit durchgerungen hat und ihm auffällt, daß er anders denkt als früher; jetzt erkennt er: »Ich erwarte überall Zusammenhänge. Alles spielt keine Rolle. Ich fühle ein unbegreifliches Gesetz.–« (119) Unwillkürlich erinnert man sich an Horváths *Gebrauchsanweisung*: »Es gibt für mich ein Gesetz und das ist die Wahrheit.« (WA 8, 662) Gegen Schluß der Geschichte kulminieren Erkennen und Wahrheitssuche dann in der Einsicht: »Ja, ich fange allmählich an zu begreifen.–« (141) Somit wächst der Ich-Erzähler und mit ihm der Leser kontinuierlich in eine aufklärerische Haltung gegenüber seinen Erfahrungen hinein, die der Irrationalität und der Denkverweigerung nationalsozialistischer Propaganda mit ihrem angestrebten blinden Gehorsam geradezu diametral entgegengesetzt ist.

In diesem Erkenntnisprozeß wird der Leser sukzessive eingeschleust. Dabei ist noch eine weitere Bedeutungsebene der fiktionalen Sprache wirksam, nämlich die des religiösen Symbolgehalts. Die Erfahrungseigenständigkeit des Lesers wird nicht zuletzt gestützt durch ein christliches Bezugssystem, das mannigfache Anknüpfungsmöglichkeiten bietet, indem es scheinbar abstrahiert von der Auseinandersetzung mit der Scheinwelt des eigenen Bewußtseins. Der Leser, verunsichert durch die Konkurrenzierung verschiedener Wertigkeiten von Begriffen, die er ursprünglich aus faschistischem Jargon kennt, erfährt nun eine gewisse Absicherung in seiner Irritation durch neue Bedeutungen und Vorstellungen aus einem Bereich, der ihm nicht von vornherein als ideologieträchtig erscheint und der ihn auch fürs erste, aber nur scheinbar, der Überprüfung des existierenden sozialen Systems enthebt. So bietet sich Religion als Haltung an, die paradoxerweise suspekte politische Konsequenz nicht bedeutet und trotzdem in sie einführen hilft.

An der Figur des Lehrers wird der Wandel eines Menschen dargestellt, der schon früh den Glauben an Gott verloren hat und der sich jetzt auf dem Weg zur Erkenntnis Gottes als Prinzips der Wahrheit befindet. Es ist also nicht eine religiöse Entwicklung der emanzipatorischen parallelisiert, vielmehr ergibt sich um den Fragenkomplex von menschlicher Schuld und christlichem Erbsünde-Dogma ein Symbolhorizont, an dem sich die Aktualisierungsbereitschaft und der Lesevollzug zu orientieren vermögen. Gott als Prinzip der Wahrheit und als Stimme des Gewissens steuert die Entscheidungen des Lehrers mit, nachdem dieser einmal aus seiner passiven Selbstgenügsamkeit und Position der Existenzerhaltung gerissen ist.[35] Dies zeigt sich an verschiedenen Stellen des Romans, z. B. in dem Kapitel »Der letzte Tag«, in dem der tote N gefunden wird und das mit den Worten beginnt: »Am letzten Tage unseres Lagerlebens kam Gott. / Ich erwartete ihn bereits.« (80) Der Ich-Erzähler ist an diesem Punkt seiner Entwicklung schon disponiert zum Bekennen von Schuld, was letztlich zur Wahrheitsfindung führt. Am Ende des Romans, als das Geständnis des T an die Öffentlichkeit gelangt, erkennt der Lehrer endgültig und erleichtert: »So schaut Gott zu uns herein, muß ich plötzlich denken. / Einst dachte ich, er hätte tückische, stechende Augen – / Nein, nein! / Denn Gott ist die Wahrheit.« (148) Dieser Beleg soll exemplarisch für viele andere (wie Anspielungen auf Bibelstellen usw.) die Funktion des religiösen Bezugssystems als möglicher Steuerungsmechanismus für die im Text angelegte Rezeptionsweise andeuten.

Ein Autor in der Exilsituation wie Horváth, der bis zuletzt auf den deutschen Leser hoffte, mußte versuchen, die Zensur zu umgehen. Eine Möglichkeit dafür ist die Symbolsprache, die im übrigen ja auch durch das starke Einbeziehen religiösen Gehalts forciert wird. In einem Vortrag sagt Horváth: »Es ist der Vorteil der Zensur immer schon gewesen, daß der Zensurierte sich anstrengen muß, Bilder zu finden. Die Zensur fördert also die Bildbegabung, die visionäre Schau, mit anderen Worten: aus der Zensur entsteht das Symbol.«[36] Dieses ist aber zumeist ein Produkt der nicht arrangierten inneren Emigration, da sich der Schriftsteller in seiner direkten Aussage restringiert, um noch kommunizieren zu können. Horváth gibt das in seinem Vortrag auch zu, wenn er meint, daß Anlaß für Symbolik sowohl eine tatsächliche staatliche Zensur sein kann als auch eine individuelle, die sich der Schriftsteller aus einer gewissen Existenzangst heraus gegenüber einem staatlichen System oder auch nur gegenüber der Bewußtseinslage seiner intendierten Leser selbst auferlegt. Er sagt: »Nun, es ist möglich, daß der eine oder andere Staat des Abendlandes keine Zensur hat, so besteht aber eine individuelle, und die besteht immer. Und so wollen wir nun die Zensur definieren. Die Zensur ist ein Produkt der Angst.«[37] Es bleibt aber die Frage offen, ob das Symbol lediglich

Beleg ist für die domestizierte Haltung der inneren Emigration. Gerade in der Epik Horváths eröffnet das Symbol neue Aussageformen von Öffentlichkeitsanspruch und Umweltbilanzierung. Wie ich an einem Aspekt seiner Symbolsprache zu zeigen versucht habe, hat das Symbol auf der einen Seite die Funktion einer Persuasionsstrategie zur Emanzipation des Lesers. Auf der anderen Seite birgt es in sich eine heuristische Funktion für den Erzähler, für den Religiöses und schließlich Gott als Prinzip der Wahrheit eine ebenfalls emanzipatorische Erkenntnisfolie abgeben. Mitverantwortung und Schuld kommen so gezielter zu Bewußtsein.

Ein wesentlicher Hinweis an den Leser, der die Schuld des Lehrers verdeutlicht, ist das Symbol des Fisches. »Es kommen kalte Zeiten, das Zeitalter der Fische. [. . .] Da wird die Seele des Menschen unbeweglich wie das Antlitz des Fisches« (30 u. 106), erklärt Julius Caesar dem Lehrer. Eva, das Mädchen, das des Mordes angeklagt ist, weiß beim Prozeß als einziges Merkmal für den Unbekannten nur anzugeben: »[. . .] er hatte helle, runde Augen. Wie ein Fisch.« (105) Gerade dieses Merkmal hat der Lehrer des öfteren mit Unbehagen an einem seiner Schüler konstatiert, an T: »Zwei helle, runde Augen sehen mich an. Ohne Schimmer, ohne Glanz.« (72 u. 105) Er fängt T nach der Schule ab, lädt ihn auf ein Eis ein, um mit ihm, der für ihn der personifizierte Fisch ist, über den Mordprozeß zu sprechen; »ich werde den Fisch fangen« (108), nimmt er sich vor. Doch das Gespräch, vom Lehrer auf die Aussage des Mädchens gebracht, nimmt eine seltsame Wendung: »Wissen Sie denn nicht, Herr Lehrer, was Sie in der Schule für einen Spitznamen haben? [. . .] Sie heißen der Fisch. [. . .] Ja, Herr Lehrer, weil Sie nämlich immer so ein unbewegliches Gesicht haben.« (111)

Der immer wieder neu ansetzende, spiralförmige Erkenntnisprozeß, den der Lehrer in *Jugend ohne Gott* durchmacht und dem sich auch der Leser anschließen kann, findet seinen Höhepunkt in einer Vision des Lehrers, in der der tote N zu ihm spricht[38]:

»Warum denken Sie nur an sich?« »An mich?« »Sie denken immer nur an den Fisch. Aber der Fisch, Herr Lehrer, und Sie, das ist jetzt ein und dasselbe.« »Dasselbe?« »Sie wollen ihn doch fangen – nicht?« »Ja, gewiß – aber wieso sind ich und er ein und dasselbe?« »Sie vergessen den Henker, Herr Lehrer – den Henker, der den Mörder um Verzeihung bittet. In jener geheimnisvollen Stunde, da eine Schuld getilgt wird, verschmilzt der Henker mit dem Mörder zu einem Wesen, der Mörder geht gewissermaßen im

Henker auf – begreifen Sie mich, Herr Lehrer?« »Ja, ich fange allmählich an zu begreifen –« (140 f.)

In dieser Doppelgängerfunktion von T und Ich-Erzähler kündigt sich das innere Selbstgericht des Lehrers an. Er ist gleichsam der geistige Mörder des als faschistoider Widerling entworfenen und angebotenen Schülers N.

Nicht die Zentralfigur, der verstrickte, betroffene und beleidigte Z ist der Mörder, sondern die Randfigur, der unbeteiligte und unauffällige Zuschauer und Voyeur T! In T verkörpert sich die ›Demaskierung des Bewußtseins‹; in ihm wird die pädagogische ›Störung der Mordgefühle‹ [man erinnert sich an die *Gebrauchsanweisung*] Figur; er ist der böse Zwillingsbruder nicht nur des Lehrers, sondern auch des Lesers, der sich in ihm als miterlebender und mitmachender Voyeur des Romangeschehens wiedererkennen muß.[39]

In dieser Weise sind das Erkennen von Schuld und der Wandel des Erzählers im Roman angelegt.

Aus dem Wechselspiel zwischen dem sich wandelnden Bewußtsein des Ich-Erzählers und den mehr oder weniger statisch und wenig individuell skizzierten ›Kindern ihrer Zeit‹ (man beachte die Benennung der Schüler), den anderen Gestalten, erwächst die zentrale Erzählstruktur. Im Vordergrund steht das zunehmend mehr reflektierende, vermittelnde Bewußtsein des Ich-Erzählers, der für den Leser zum Blickpunkt und zum Zentrum eines erkenntnismäßigen Prozesses wird. Durch dieses Bewußtsein werden nicht objektive Wahrheiten fiktional transportiert, sondern Erkenntnisprozesse thematisiert und analysiert, die auch die Vermittlungsstruktur für den Leser in bezug auf eine rational schwer durchschaubare Realität begründen. Die verschiedenen Momente des Textes stecken den Rahmen ab, innerhalb dessen sich individuelle Konkretisationen ergeben können.

In *Jugend ohne Gott* fällt noch ein Moment auf, das für den Autor kognitive Funktion hat und auch als Strategie der literarischen Vermittlung Beachtung verdient. Gemeint ist der historische Vergleich, wie ihn Schuldirektor und Lehrer zwischen der Zeitsituation und den »reichen Plebejern im alten Rom« in Anspielung auf Hitler, den »Oberplebejer«, ziehen. Beobachtungen aus dem aktuellen Sozialsystem werden hier, in dem Kapitel »Die reichen Plebejer«, im Gespräch zwischen dem Lehrer und seinem Vorgesetzten in ein historisches Bild gegossen:

»Wir leben in einer plebejischen Welt«, nickte er mir traurig zu. »Denken Sie nur an das alte Rom, 287 vor Christi Geburt. Der Kampf zwischen den Patriziern und Plebejern war noch nicht entschieden, aber die Plebejer hatten bereits wichtigste Staatsposten besetzt.« »Erlauben Sie, Herr Direktor«, wagte ich einzuwenden, »soviel ich weiß, regieren bei uns doch keine armen Plebejer, sondern es regiert einzig und allein das Geld.« Er sah mich wieder groß an und lächelte versteckt. »Das stimmt. Aber ich werde Ihnen jetzt gleich ein Ungenügend in Geschichte geben, Herr Geschichtsprofessor! Sie vergessen ja ganz, daß es auch reiche Plebejer gab. Erinnern Sie sich?« Ich erinnerte mich. Natürlich! Die reichen Plebejer verließen das Volk und bildeten mit den bereits etwas dekadenten Patriziern den neuen Amtsadel, die sogenannten Optimates. »Vergessen Sies nur nicht wieder!« »Nein.« (20 f.)

Aktuelle Zeitsituation wird in ihrer noch unausgegorenen Diskrepanz zwischen Erleben und Verstehen bzw. Bewältigen, im Rekurs auf bereits in der geistigen Tradition zum Modell gewordenes Denken, appliziert, nicht aber als Bewältigtes dort aufgehoben und abgelegt. Dieses Verfahren entspringt hier nicht, wie so oft in der Exilliteratur, der Unfähigkeit, Alternativvorstellungen terminologisch besser in den Griff zu bekommen[40], sondern dient als Transportmechanismus für einen Befund zum zeitgenössischen politischen System, der im Bezug auf historisches Bildungsgut ein Einverständnis zwischen Autor und Leser unproblematischer entstehen läßt. So wird Geschichte nicht zum mythisch enthistorisierten Bildungssurrogat, sondern zum modellhaften Aufriß für Wirklichkeitsbezug, für den der Leser durch die gesamte Textstrategie in zunehmendem Maße sensibilisiert wird. Damit kann Geschichte zu einer Kategorie des diskursiven Denkens werden und muß nicht Wirklichkeitsflucht bedeuten, wie sie schon in der zeitgenössischen Debatte dem historischen Roman im Exil oft vehement zur Last gelegt wurde.[41] Wenn man nochmals auf das Zitat zurückgreift, fällt auf, daß Horváth damit sogar zum Ausdruck bringt, daß er sich doch auch geradezu theoretisch mit zeitgenössischer Faschismustheorie beschäftigt haben dürfte. Sein historisches Beispiel greift ein Verdikt aus der völkischen Propaganda und Kulturpolitik auf, für die schon Hitler in *Mein Kampf* die Weichen stellte, indem er schrieb: »Römische Geschichte, in ganz großen Linien richtig aufgefaßt, ist und bleibt die beste Lehrmeisterin nicht nur für heute, sondern wohl für alle Zeiten.«[42] Aber Horváth macht diesen didaktischen Entwurf der Reichsideologie durch ein ähnliches Verfahren wie bei den faschistischen Bedeutungskomplexen und Schlagwörtern geradezu auf eine Faschismustheorie August Thalheimers[43] hin transparent. Er gibt dem Leser ein Erkenntnismodell an die Hand, das ihm über seine persönliche Mitverantwortung hinaus auch die Hintergründe und Urheber des politischen Systems und der sozialen Zustände vergegenwärtigen helfen soll. Im Roman wird die römische Geschichte so gesehen tatsächlich zur »Lehrmeisterin«, nur nicht im Sinne völkischer Reichsideologie, sondern gerade umgekehrt im Sinne der Emanzipation von dieser. In der apostrophierten Faschismustheorie von Thalheimer, die bereits in den 30er Jahren heftig diskutiert wurde[44], wird das Marxsche Bonapartismus-Modell auf den Faschismus übertragen. Im *Achtzehnten Brumaire des Louis Bonaparte* schreibt Marx, daß das Proletariat 1848 noch nicht die Macht gewinnen konnte, weil die Bourgeoisie, die wegen ihrer Aufsplitterung in verschiedene antagonistische Interessengruppen ihre Macht nicht mehr zu behaupten vermochte, den Putsch Bonapartes unterstützte. Vor allem die Finanzbourgeoisie, die an Ruhe, Ordnung und repressiven Maßnahmen interessiert gewesen sei, die die Stärkung des Proletariats verhindern sollten, habe auf ihre politische Macht verzichtet, um ihre soziale, ökonomische zu behalten, so daß sich die Exekutive in der Hand Bonapartes temporär verselbständigen konnte. Thalheimer parallelisiert Bonaparte mit Hitler und sieht eine »offene Diktatur des Kapitals«[45] voraus, weil Bonapartismus und Faschismus die »Verselbständigung der Exekutive, die politische Unterwerfung aller Massen, einschließlich der Bourgeoisie selbst unter die faschistische Staatsmacht bei sozialer Herrschaft der Großbourgeoisie und der Großgrundbesitzer« gemeinsam seien.[46]

Die Brechung eines politischen Gegenwartsbefundes an Historischem scheint bei Horváth und Thalheimer, der seine Stimme innerhalb der KPD-Opposition gegen die seit dem V. Kominternkongreß sich verstärkende Sozialfaschismustheorie erhob, doch so viele Übereinstimmungen aufzuweisen, daß zu vermuten steht, Horváth habe Thalheimers Theorie gekannt und sei zumindest ähnlich wie dieser kritisch disponiert gewesen.[47]

Nach diesen Streiflichtern auf das semantische Rezeptionsangebot von *Jugend ohne Gott* muß die Frage nach der aktuellen Rezeptionssituation offen bleiben. Oder, ein wenig provokant gesagt: Die Frage Wilhelm Emrichs, die dieser 1965 gestellt hat, »ob Horváths Werk einmal ins Bewußtsein der Öffentlichkeit eindringen wird«[48], muß heute wohl, was die literarische Salonfähigkeit betrifft, mit Ja beantwortet werden. Aber ist unsere »Antwort der Zukunft« (ich zitiere Emrich) »ein Gradmesser [dafür], wie weit das Bewußtsein unserer sogenannten Kultur wächst oder noch bestialischer verdummt«? Oder nochmals anders gefragt: Ist man heute in der Zeit des *Holocaust* und der Vermarktung von Vergangenheitsbewältigung im Hitlerismus schon bereit, an der eigenen Erfahrungsgeschichte und der Genese des Faschismus zu rühren, oder nimmt man die Irritation des landläufigen historischen Bewußtseins durch sozialkritisch engagierte Literatur noch immer nicht an?

1983

Anmerkungen

Der hier abgedruckte Beitrag ist die überarbeitete Fassung eines Referates anläßlich des Budapester Horváth-Symposions im November 1979.

1 Ödön von Horváth, *Fiume, Belgrad, Budapest, Wien, München*, in: *WA* 3, 9.

2 Vgl. dazu und zum Partizipieren des heutigen Lesers an dieser Haltung Jürgen Schröder, *Das Spätwerk Ödön von Horváths*, in: *stm ÖvH*, S. 125-155.

3 *WA* 3, 8. Auch im *Interview mit Willi Cronauer* äußert sich Horváth ganz ähnlich; vgl. *Mat. ÖvH*, S. 42-50; hier: S. 43.

4 Wera Liessem, *Erinnerungen*, in: *Mat. ÖvH*, S. 82-87; hier: S. 84. Vgl. auch Traugott Krischke, *Recherchen*, in: ebd., S. 12. (Franz Werfel: »ein Blick von oben«). Ähnlich berichtet auch das Weilheimer Tageblatt vom 23. 7. 1931 im Zusammenhang mit einer Zeugenaussage des Autors anläßlich eines Prozesses über eine Saalschlacht mit Nationalsozialisten: »[. . .] dieser selbst [Horváth] stellt fest, daß er satirische Stücke schreibe und über den Parteien stehe.« (Zit. nach: *Mat. ÖvH*, S. 27.) Auch wenn man die Öffentlichkeit dieser Aussagesituation mit ihren möglichen Konsequenzen berücksichtigt, bleibt die persönliche Tendenz unverkennbar.

5 Unter diesem Aspekt wurde das Werk Horváths bisher, wenn überhaupt, nur unzureichend interpretiert. Ein Zusammenhang mit der heutigen Forschungslage auf diesem Gebiet scheint evident. Die Verdikte unkritischer Apologetik als Ausdruck kulturellen Überlebens

und der Rettung geistiger Traditionen haben Horváth glücklicherweise innerhalb der Literaturwissenschaft kaum erfaßt. Erst jetzt, da ein Abbau traditioneller Zielvorstellungen in dieser Forschungsdisziplin sich langsam anbahnt und Stimmen laut werden, die folgerichtig zu strengerer Methodik mahnen, vermerkt man vereinzelt innerhalb der Horváth-Kritik die Erforschung der Exilsituation des Autors und ihres Einflusses auf sein Werk als Desideratum. So z. B. Schröder, S. 127 f.

6 Vgl. *Mat.GWW*, S. 83.

7 Paul Fechter, in: Deutsche Allgemeine Zeitung (3. 11. 1931). Zit. bei Horst Jarka, *Zur Horváth-Rezeption 1929-1938*, in: *stm ÖvH*, S. 156-184; hier: S. 168.

8 Vgl. dazu ebd., S. 169.

9 Adolf Hitler, *Mein Kampf*, 2 Bde in einem, 835. bis 840. Aufl., München o. J., S. 129.

10 Völkischer Beobachter (9. und 10. 12. 1934), zit. nach: Herbert E. Tutas, *NS-Propaganda und deutsches Exil 1933-1939*, Worms 1973, S. 25 f.

11 Vgl. dazu und zur Arbeit im Exil: Walter Huder, *Ödön von Horváth. Existenz und Produktion im Exil*, in: *Die deutsche Exilliteratur 1933-1945*, hg. Manfred Durzak, Stuttgart 1973, S. 232-244.

12 *Mat.ÖvH*, S. 112.

13 Vgl. dazu den programmatischen Entwurf seiner *Gebrauchsanweisung*.

14 Die Identitätsproblematik und die vom sozialen Gewissen eingeholte literarische Position verdeutlicht auch ein Brief Horváths an Csokor vom 7. Mai 1938, wo er u. a. schreibt, daß es jetzt nur eines gebe, nämlich »[. . .] einfach weiter arbeiten, ja sich nicht durch die lauten Weltereignisse stören lassen, und seien sie noch so laut – wenn man arbeitet, das heißt: wenn man weiß, *was* man zu sagen hat, wird auch die lauteste Umwelt nur zu einer stillen Bestätigung des eigenen Wissens – mit anderen Worten: unsereins muß immer *egozentrischer* werden, damit man immer weniger *egoistisch* wird [. . .] die einzige Konzession, die man machen muß in einer derartigen Zeit, ist vielleicht rein äußerer Natur, indem man sein Wissen in einem Rahmen gestaltet, der für eine andere noch irgendwo beeinflußbare Nation das Verständnis erleichtert« (*Mat. ÖvH*, S. 110 f.; Hervorheb. von mir). – Jürgen Schröder vermerkt die Krise Horváths, die 1933 virulent wurde, ebenfalls und führt sie auf »historisch-politische und sozialpsychologische Gründe« zurück. Seiner Auffassung nach trug das gestörte Verhältnis zwischen Individuum und Gesellschaft, hervorgerufen durch den Ersten Weltkrieg, dazu bei, im »Gullivergefühl« des Sozialkritikers nur einen Konflikt zu sistieren, der dann in der »regressiven Tendenz« des Spätwerks ab 1933 erst durch Zurückholen von Kindheitserinnerungen mehr irrational ausgetragen wird. – Daß in den späten Romanen eine historisch-politische Dimension für den Leser aber zumindest als möglich erhalten

geblieben ist, soll im folgenden, aufbauend auf der autorpsychologischen Argumentation Schröders, rezeptionsästhetisch nachgewiesen werden.

15 Zitiert nach Dezsö Báder, *Einzelheiten aus der Literatur der Emigration* (Briefwechsel Ödön von Horváths und Franz Theodor Csokors mit Lajos Hatvány), in: Acta Litteraria 12 (1970), S. 202-227; hier: S. 208. Auf die Exilsituation Horváths und die spezifische diesbezügliche literarische Form kann hier nicht konzeptioneller eingegangen werden. Vgl.: Franz Kadruoska, *Die späten Romane Ödön von Horváths. Exilliteratur und Vergangenheitsbewältigung*, in: Österreich in Geschichte und Literatur 1982, H. 2, S. 81-109.

16 Vgl. Gunter Grimm, *Rezeptionsgeschichte, Prämissen und Möglichkeiten historischer Darstellungen*, in: IASL 2 (1977), S. 144-186; im bes. S. 148.

17 Peter Bürger, *Ideologiekritik und Literaturwissenschaft*, in: ders. (Hg.), *Vom Ästhetizismus zum Nouveau Roman. Versuche kritischer Literaturwissenschaft*, Frankfurt/Main 1975 (= Kritische Literaturwissenschaft 2), S. 2 ff.; hier: S. 10.

18 Zur Auffassung von »Repertoire« und »Strategien« vgl. Wolfgang Iser, *Der Akt des Lesens. Theorie ästhetischer Wirkung*, München 1976 (Kap. II: Funktionsgeschichtliches Textmodell der Literatur, S. 87 ff.). – Da aber im genannten Rezeptionszusammenhang schichtenspezifische Repräsentanz im Sinne der Demoskopie nicht erhebbar ist, »muß [Rezeptionsgeschichte] vielmehr exemplarisch vorgehen und an symptomatischen Einzelbeispielen den Rezeptionsmodus analysieren und ihn in seiner sozialen Bedingtheit historisch verankern« (Grimm, *Rezeptionsgeschichte*, S. 162).

19 Iser, *Der Akt des Lesens*.

20 Ebd., S. 7.

21 Ebd., S. 8.

22 Vgl. ebd., S. 131.

23 Ebd.

24 Aus dieser monokausalen Perspektive setzt Axel Fritz an, der weite Strecken der Horváth-Forschung mit seinen Prämissen beeinflußt und abgedeckt hat: Axel Fritz, *Ödön von Horváth als Kritiker seiner Zeit. Studien zum Werk in seinem Verhältnis zum politischen, sozialen und kulturellen Zeitgeschehen*, München 1973; zugl. Diss. Stockholm 1970.

25 Vgl. Wolfgang Iser, *Der Akt des Lesens*; bes. S. 124, 132 u. 282 f.

26 Dieter Wellershoff, *Fiktion und Praxis*, in: Akzente 16 (1969), H. 2, S. 159.

27 Vgl. zu ähnlichem in der Epik: Iser, *Der Akt des Lesens*, S. 160.

28 Zitiert bei Walther Huder, *Ödön von Horváth. Existenz und Produktion im Exil*, in: *Die deutsche Exilliteratur. 1933-1945*, hg. Manfred Durzak, Stuttgart 1973, S. 232.

29 Das Schema des Kriminalromans als markiertes Spielfeld für Erfahrung und Urteilsvermögen hebt auch Brecht in seinem Aufsatz *Über die Popularität des Kriminalromans* hervor. Ähnlich der Durchführung bei Horváths Romantechnik sieht er einen wesentlichen Unterschied zum psychologischen, traditionellen Roman darin, »daß nicht die Handlungen aus den Charakteren, sondern die Charaktere aus den Handlungen« abgeleitet werden (Bertolt Brecht, *Schriften zur Literatur und Kunst*, Berlin u. Weimar 1966, Bd. 2; bes. S. 236 f.). – Vgl. auch Haslinger, der sehr zutreffend feststellt: »Die Funktion der detektivischen Struktur besteht [. . .] in einer Integration aller thematischen Strukturen und Bereiche.« (Adolf Haslinger, *Ödön von Horváths »Jugend ohne Gott« als Detektivroman. Ein Beitrag zur österreichischen Kriminalliteratur*, in: *Studien zur Literatur des 19. und 20. Jahrhunderts in Österreich. Festschrift für Alfred Doppler zum 60. Geburtstag*, hg. Johann Holzner, Michael Klein und Wolfgang Wiesmüller (Innsbrucker Beiträge zur Kulturwissenschaft, Germanistische Reihe Bd. 12), Innsbruck 1981, S. 197-204; hier S. 200.

30 Zitiert nach: Charles W. Hoffmann, *Opposition und innere Emigration. Zwei Aspekte des »anderen Deutschlands«*, in: *Exil und innere Emigration. II. Internationale Tagung in St. Louis*, hg. Peter Uwe Hohendahl u. Egon Schwarz, Frankfurt/Main 1973, S. 119-140; hier: S. 136.

31 Zur Frage »antifaschistischer Roman?« siehe auch den Beitrag von Kaiser in diesem Band, der vollständiger, als es hier geschehen kann, anmerkt und analysiert, was Horváth in *Jugend ohne Gott* tendenziell alles thematisiert, aber nicht, wie er es im Hinblick auf einen potentiellen Leser tut.

32 Adolf Hitler, *Mein Kampf*, S. 339.

33 Lutz Winkler, *Studie zur gesellschaftlichen Funktion faschistischer Sprache*, Frankfurt/Main 1970, S. 56 ff.

34 Spätestens an dieser Stelle muß mit einer kurzen Erläuterung zur Semantik literarischer und nationalsozialistischer Sprache einem möglichen Einwand begegnet werden. Ich spreche damit jene sprachwissenschaftlichen Positionen an, die im Streit um das *Wörterbuch des Unmenschen* sich kristallisierten bzw. symptomatisch zu Tage traten (vgl. Dolf Sternberger, Gerhard Storz u. Wilhelm E. Süskind, *Aus dem Wörterbuch des Unmenschen. Neue erweiterte Ausgabe mit Zeugnissen des Streites über die Sprachkritik*, Hamburg u. Düsseldorf 1968, 1. Aufl. 1945). Etwas vereinfacht geht es um folgendes: Die eine Gruppe, die Sprachkritiker, in der Diskussion vor allem vertreten durch Sternberger, gehen von der gesprochenen Sprache (parole) als Mittlerin und Trägerin von Gesinnung und gesellschaftlichen Verhältnissen aus, wobei sich im einzelnen Wort bereits die Identität von Geist und Sprache einer Sprachgemeinschaft im Bösen wie im Guten niederschlagen kann.

Daraus wird auch das sprachkritische, moralische Engagement abgeleitet, durch ihr Wörterbuch »uns diese Sprache [des Nationalsozialismus] fremd [zu] machen« (S. 7). Die andere Gruppe, massiv vertreten durch Peter v. Polenz, stellt dieser Sprachkritik, die ihrer Auffassung nach weniger mit Sprache an sich als mit moralisierender Gesellschaftskritik zu tun hat, ihre Bemühungen um objektivierbare Formen und Strukturen der langue gegenüber, deren Erfassung und Beschreibung das Hauptaugenmerk der Sprachwissenschaft gelten sollte. Ohne als Nicht-Sprachwissenschaftler in die Konstitution einer Forschungsdisziplin und ihrer Methoden einzusteigen, wird man doch zweierlei festhalten können: 1) Gerade für die Nachkriegszeit bis weit in die 60er Jahre ist der objektivistische und gesellschaftsabstinente Rückzug auf die langue im deutschen Sprachraum signifikant. 2) Aber auch die andere Gruppe, die viel mehr die gesprochene Sprache mit ihrem Sprecher in den Blick rückt, wird dem Phänomen der Bewußtseinsbildung mit und durch Sprache nur zweifelhaft gerecht, da sie über den dominanten Ansatz (gründend auf Humboldt und Weisgerber) der geistig-sprachlichen Identität auch das gesamtgesellschaftliche Verhalten gesteuert und begründet sieht und nicht erkennt, daß Sprache nicht an sich, und schon gar nicht im einzelnen Wort, unwahr oder moralisch verwerflich ist, sondern immer nur durch einen Sprecher bzw. durch den Sprachgebrauch einer gesellschaftlich dominanten sozialen Schicht dazu werden kann. Das kontextungebundene Wort als sprachgemeinschaftskonventioneller Bedeutungsträger »lügt« nicht, wie Harald Weinrich feststellt (vgl. dazu und zum folgenden: Harald Weinrich, *Linguistik der Lüge*, Heidelberg 1966). Erst im kontext- und situationsdeterminierten Satz ist die Möglichkeit gegeben, subjektive Meinung auszusprechen, und sie kann dann wahr oder unwahr, böse oder gut sein, je nach dem Standpunkt des Beurteilenden. Daher ist es verfänglich und bequem, nationalsozialistische Sprache nach Häufigkeiten zu inventarisieren und lexikalisch für immer als verwerflich aufzulisten (vgl. z. B. auch Cornelia Berning, *Vom Abstammungsnachweis zum ›Zuchtwart‹. Vokabular des Nationalsozialismus*, Berlin 1967), vor allem aber auch deswegen, weil sich so, gerade bei denen, die die Zeit miterlebt haben, subjektive, eigene Meinung nicht auf ihre Erfahrungswertigkeit hin überprüfen muß. Ein gutes Beispiel für die Kontextgebundenheit faschistischen Idioms liefert Horváth, der die angezielten Schlagwörter in eine neue Situation montiert und damit den propagierten völkischen, rassistischen, biologistischen u.s.w. Kontext in Frage stellt bzw. auf seinen Erfahrungswert hin transparent macht. Daß in der Arbeit selbst dieser Kontext nicht immer bis ins Detail auseinandergelegt werden kann, ist mit Problemen des Umfangs, der Gesamtanlage und der Übersichtlichkeit zu begründen. Zu ergänzen bleibt noch, daß die Kontexttransparenz bei Horváth deswegen so wichtig ist und oft irritiert, weil sie das definitorisch gesetzte Begriffssystem einer Ideologie der Unwahrheit überführt. Nur wer durch die Propaganda kontextdefinierte Begriffe wie ›Pest‹, ›Volkskörper‹ etc. nicht in Relation bringt zu seinem subjektiven Welterfassen in der Erfahrung, also zu seiner Meinung, sondern die Begriffe selbst bereits für seine Erfahrung hält, muß als Bildungsbürger in seiner Scheinwelt des Bewußtseins der Lüge der Sprache aufsitzen.

35 Schon Csokor hat auf diese »Begegnung mit dem Göttlichen« hingewiesen, »dessen Stachel in der Kreatur eben jener metaphysische Zwang wird, über Drohung und Gefahr weg der Wahrheit zu dienen.« Auch er spricht von »einem höheren als dem kirchlich beschränkten Sinn der Anerkennung Gottes« (vgl. Ödön von Horváth, *Unvollendet . . .*, hg. Franz Theodor Csokor, Graz u. Wien 1961; Einleitung, S. 13 f.).

36 Ödön von Horváth, *Was soll ein Schriftsteller heutzutag schreiben?* In: *WA*, 8, 668-671; hier: S. 668.

37 Ebd.

38 Das im folgenden Dargelegte bezieht sich weitgehend auf die Analysen Schröders, der aber soziale Leserkritik und -aufklärung aus der linearen Identifikation zwischen Leser und Ich-Erzähler begründet. Sympathetische oder antipathetische Leserreaktionen müssen jedoch noch nicht notwendig zur Kritik an der eigenen Position im Gesellschaftssystem führen. Vielmehr lassen sie ohne weiteres die didaktische Absenz zu, indem literaturimmanent interpretiert wird. Erst dort, wo der Leser durch den Text und bei der Textaneignung sein eigenes soziales Bezugssystem abgrenzt und kalkuliert, kann man mit der didaktischen Virtualität des Werks und seiner Strukturen rechnen.

39 Schröder, S. 61.

40 Vgl. Hans-Albert Walter, *Bemerkungen zur Erforschung der deutschen Exilliteratur*, in: *Jahrbuch für internationale Germanistik VI* (1974), H. 1, S. 86-108; hier: S. 102. – Paul Michael Lützeler, *Hitler als Metapher. Zur Faschismuskritik im Exilroman (1933-1945)*, in: *Akten des V. Internationalen Germanistenkongresses*, H. 4, Cambridge 1975, hg. Leonard Forster u. Hans-Gert Roloff (Jahrbuch für Internationale Germanistik, Reihe A, Kongreßberichte, Bd. 2), Bern u. Frankfurt/Main 1976, S. 251-257.

41 Vgl. dazu u. a.: Alexander Stephan, *Die deutsche Exilliteratur 1933-1945*, München 1979, S. 194 ff.; siehe auch den Beitrag Stephans in diesem Band S. 27-47.

42 Hitler, *Mein Kampf*, S. 470.

43 Vgl. Wolfgang Wippermann, *Faschismustheorien. Zum Stand der gegenwärtigen Diskussion*. Darmstadt 1976, S. 42-48.

44 Vgl. ebd., S. 45.

45 Ebd.

46 Ebd.

47 Angemerkt sei auch noch, daß Horváths Erklärungsversuche zur Genese des Faschismus tatsächlich auf theoretischer Beschäftigung mit
dem Phänomen beruhen dürften. Diese Vermutung liegt auch nahe,
wenn man sich zusätzlich die auffällige Übereinstimmung zwischen der
sozialpsychologischen Faschismustheorie eines Wilhelm Reich und den
Worten Julius Caesars in dem Kapitel »Das Zeitalter der Fische« vor
Augen führt (vgl. S. 26-30; bes. S. 29, und zu Reich: Wippermann, *Faschismustheorien*, S. 56-63; bes. S. 56-58). Hingewiesen sei auch noch
auf die Bonapartismus-Theorie in Österreich bei Otto Bauer, der,
ebenfalls ausgehend vom Gleichgewicht der Klassenkräfte, zunächst
nur eine temporäre Verselbständigung der Staatsgewalt im Faschismus
prophezeite, im Glauben an eine naturnotwendige Entwicklung und
Verschiebung des Gleichgewichts zugunsten des Sozialismus. Wie verhängnisvoll seine oligarchischen Vorstellungen waren, erkannte er erst
mit aller Deutlichkeit, als ihm das kleinbürgerliche Bewußtsein durch
die Wahlerfolge der faschistischen Parteien in Österreich und Deutschland am Anfang der 30er Jahre enger ins Kalkül kam, also jene »Scheinwelt des Bewußtseins«, die Horváth literarisch und Bauer zunehmend
in seiner politischen Theorie thematisierte. Horváth ging es vorrangig
um jene »neunzig Prozent« von »vollendeten oder verhinderten Kleinbürgern«, die er nicht unreflektiert zum Instrument faschistischen
Machtstrebens werden lassen wollte (vgl. *WA* 8, 659-665; hier: S. 662).
Zu Bauer vgl. Gerhard Botz, *Genesis und Inhalt der Faschismustheorien Otto Bauers*, in: *International Review of Social History* 19 (1974),
S. 28-53.

48 Wilhelm Emrich, *Die Dummheit oder das Gefühl der Unendlichkeit.
Ödön von Horváths Kritik*, in: *Mat.ÖvH*, 139-147; hier S. 146 f.

Burckhard Garbe

»Ja, es kommen kalte Zeiten«
Beobachtungen zur poetischen sprache Horváths in »Jugend ohne Gott«

I

Als politisch-antifaschistischen und exil-autor haben uns Ödön von Horváth mehrere untersuchungen der letzten zehn jahre erwiesen[1]; seine poetische sprachverwendung jedoch ist linguistisch m. e. bisher nur ansatzweise untersucht[2], überdies fast ausschließlich an seinen stücken. Die vorliegende skizze versucht, besonders mit hilfe von fragestellungen der ›linguistischen poetik‹[3], Horváths poetische sprache am beispiel des romans *Jugend ohne Gott* zu analysieren.

2

Zunächst eine textpassage: *Nein, zufrieden bin ich wahrlich nicht. Denk nicht so dumm, herrsch ich mich an. Du hast doch eine sichere Stellung mit Pensionsberechtigung, und das ist in der heutigen Zeit, wo niemand weiß, ob sich morgen die Erde noch drehen wird, allerhand! Wie viele würden sich sämtliche Finger ablecken, wenn sie an deiner Stelle wären?! Wie gering ist doch der Prozentsatz der Lehramtskandidaten, die wirklich Lehrer werden können! Danke Gott, daß du zum Lehrkörper eines Städtischen Gymnasiums gehörst und daß du also ohne große wirtschaftliche Sorgen alt und blöd werden darfst!*(11).

3

Ist das poetische sprache? Nicht: alltagssprache? Sprechsprache des alltags? Nach über sechzig jahren definitions-diskussion – russische formalisten, prager strukturalisten, theoretiker der linguistischen poetik und schließlich der textwissenschaft – erwarte ich nun von einem poetischen text ästhetische deviation mancher art, abweichung von der (wie auch immer bestimmbaren) sprachnorm des alltags, künstlich-kunstvolle zubereitung der wirklichkeit-abbildenden sprache: wo bleibt das machen, die ποίησις, das dichterische, schriftstellerische verfahren?

4

Eine zweite passage: *Das Pfarrhaus liegt neben der Kirche. Die Kirche ist ein strenger Bau, das Pfarrhaus liegt gemächlich da. Um die Kirche herum liegt der Friedhof, um das Pfarrhaus herum ein Garten. Im Kirchturm läuten die Glocken, aus dem Rauchfang des Pfarrhauses steigt blauer Dunst. Im Garten des Todes blühen die weißen Blumen, im Garten des Pfarrers wächst das Gemüse. Dort stehen Kreuze, hier steht ein Gartenzwerg. Und ein ruhendes Reh. Und ein Pilz. Im Pfarrhaus drinnen ist Sauberkeit. Kein Stäubchen fliegt durch die Luft. Im Friedhof daneben wird alles zu Staub* (45).

5

Hier finden sich: entsprechungen, analogien, wiederholungen, repetitionsfiguren, parallelismen, kurz: äquivalenz; und gleichzeitig verweigerungsformen der parallelität, nicht-wiederholung, abweichen vom entsprechungsgebot und von der ›normal‹-grammatik: deviation.

6

Im einzelnen (vgl. strukturskizze): wiederholung, repetition, und zwar invariante *(Pfarrhaus – Pfarrhaus – Pfarrhaus – Pfarrhauses – Pfarrhaus, Kirche – Kirche – Kirche, Garten – Garten – Garten, Friedhof – Friedhof, liegt – liegt – liegt, stehen – steht, neben – daneben)* und variante repetition durch synonyme *(Friedhof – Garten des Todes, blühen – wächst)*, durch analogien *(ist – liegt, der Friedhof – ein Garten, blauer Dunst – weiße Blumen, Um die Kirche herum – um das Pfarrhaus herum, Im Kirchturm – aus dem Rauchfang des Pfarrhauses, Im Garten des Todes – im Garten des Pfarrers, die weißen Blumen – das Gemüse)* und durch antithetische ausdrücke *(streng – gemächlich, Dort – hier, Kein Stäubchen – alles zu Staub, ist – wird)*; und, als störungen strikter repetition, vereinzelt sogar als ungrammatikalische deviation: addition, hinzufügen von morphemen, satzteilen, unvollständigen sätzen *(Staub – Stäubchen, Garten – Gartenzwerg, Kirche – Kirchturm, Garten – Garten des Pfarrers, Kreuze – ein Gartenzwerg. Und ein ruhendes Reh. Und ein Pilz)*, subtraktion, weglassen von satzgliedern als

1 Das Pfarrhaus — liegt neben — der Kirche.

2 Die Kirche ist strenger Bau, — das Pfarrhaus liegt da gemächlich.

3 Um die Kirche herum liegt — um das Pfarrhaus herum [liegt] — ein Garten.

4 Im Kirchturm läuten die Glocken, — der Friedhof, — des Pfarrhauses aus dem Rauchfang steigt blauer Dunst.

5 Im Garten des Todes blühen die weißen Blumen, — im Garten des Pfarrers wächst das Gemüse.

6 Dort stehen Kreuze, — hier steht ein Gartenzwerg. Und ein ruhendes Reh. Und ein Pilz.

7 Im Pfarrhaus drinnen ist Sauberkeit. Kein Stäubchen fliegt durch die Luft. — daneben — Im Friedhof wird zu alles Staub.

syntaktische ellipse *(um das Pfarrhaus herum ein Garten, Und ein ruhendes Reh, Und ein Pilz)*, substitution, austauschen durch die pro-formen metapher *(Friedhof – Garten des Todes)* oder ortsadverb *(Friedhof – Dort, Garten – hier)*, schließlich permutation, umstellen von satzgliedern, syntaktisch als topikalisierung der ortsangabe (satz 1: NP + V + advBest chiastisch strukturiert gegenüber satz 3a: advBest + V + NP), textuell als doppel-chiasmus realisiert (aussage 1 *Pfarrhaus (/Garten) – Kirche (/Friedhof)*, aussagen 2 bis 6 *Kirche/Friedhof – Pfarrhaus/Garten*, aussage 7 *Pfarrhaus (/Garten) – (Kirche/) Friedhof)*. Auch Parkes[4] und Steets[5] haben diese stelle untersucht.

7

Zwei weitere textausschnitte, gar nicht mühsam herausgesucht: *Es wird immer Werte geben, von denen einige Leute mehr haben werden als alle übrigen zusammen. Mehr Sterne am Kragen, mehr Streifen am Ärmel, mehr Orden auf der Brust, sichtbar oder unsichtbar, denn arm und reich wird es immer geben, genau wie dumm und gescheit (49). – Daß diese Burschen alles ablehnen, was mir heilig ist, wär zwar noch nicht so schlimm. Schlimmer ist schon, wie sie es ablehnen, nämlich: ohne es zu kennen. Aber das Schlimmste ist, daß sie es überhaupt nicht kennenlernen wollen (21 f.)!* – Also doch, wie erwartet, poetische sprache in *Jugend ohne Gott*. Das zwingt zum schluß: auch die erste textstelle, die sprechsprachliche, war von Horváth ›poetisch gewollt‹, gehörte mit zum verfahren; alltag eines lehrers im dritten reich wird hier alltagssprachlich wieder-gegeben, be-schrieben, im roman eines schriftstellers. – Welche merkmale poetischer sprachverwendung erbringt nun eine linguistische analyse des ganzen romans?

8

Abkürzungen. *Der erste Schüler beginnt mit einem B: er heißt Bauer, mit dem Vornamen Franz. In dieser Klasse gibt's keinen, der mit A beginnt, dafür haben wir aber gleich fünf mit B. Eine Seltenheit, so viele B's bei insgesamt sechsundzwanzig Schülern! Aber zwei B's sind Zwillinge, daher das Ungewöhnliche. Automatisch überfliege ich die Namensliste in meinem Büchlein und stelle fest, daß B nur von S fast erreicht wird – stimmt, vier beginnen mit S, drei mit M, je zwei mit E, G, L und R, je einer mit F, H, N, T, W,*

Z, während keiner der Buben mit A, C, D, I, O, P, Q, U, V, X, Y beginnt (12). Amüsante beobachtung zur unterschiedlichen auftretenshäufigkeit von initialgraphemen (*K* bleibt unerwähnt), quasi ein sprach-, ein namens-statistisches privatissimum, das Horváth nicht zu buchstabenmystik ausweitet, aber: mit dieser stelle ist ein konstituens des gesamttextes eingeführt. Graphemische (und phonologische) reduktion des familiennamens auf ein monograph (parallelen sind z. b. *Die Marquise von O . . .*, *Geschichten vom Herrn Keuner*, *Ballade vom armen BB*, Kafkas K's, *L'histoire d'O*, *Die neuen Leiden des jungen W.*) wird hier versachlichung bezwecken wollen, objektivitätszuwachs, konnotationsausschluß (*G* könnte z. b. *Großkurth*, aber auch *Goldenstejn* meinen oder *Grabulsky*). –

Der militärische Ausbildungsleiter, kurz MA genannt, [. . .] (84). Abkürzungsgründe können sein: ökonomie (platz, zeit, kosten), einfachheit, einprägsamkeit, tabuisierung, verschleierung, ironisierung, aber auch bedeutungsreduktion im sinne der Grammatik der Neusprache bei Orwell: *Das geschah nicht nur aus Gründen der Zeitersparnis. Schon in den ersten Jahrzehnten des zwanzigsten Jahrhunderts waren solche zusammengezogenen Worte charakteristisches Merkmal der politischen Sprache gewesen, wobei es sich gezeigt hatte, daß die Tendenz, solche Abkürzungen zu benutzen, in totalitären Ländern und bei totalitären Organisationen am ausgeprägtesten war (Nazi, Gestapo, Komintern, Agitprop). Zunächst war das Verfahren offenbar ganz unbewußt und zufällig in Gebrauch gekommen, in der Neusprache aber wurde es vorsätzlich angewandt. Man hatte erkannt, daß durch solche Abkürzungen die Bedeutung einer Bezeichnung eingeschränkt und unmerklich verändert wurde, indem sie die meisten der ihr sonst anhaftenden Gedankenverbindungen verlor.*[6] Bei *MA* können ironisierung auch NS-sprachlicher abkürzungssucht und bedeutungsreduktion gemeinsam vermutet werden: es hatte sich ja eigentlich um eine *vormilitärische Ausbildung* (34) gehandelt.

9

Sprechsprache. Nicht nur in passagen direkter rede finden sich sprechsprachliche merkmale im ganzen roman.[7]

9. 1. Phonologie: (Morpho-)phonologische subtraktion, apokope: *Ich* [. . .] *mach mir dabei die Finger tintig* (11) *Man sollt endlich*

mal (11) *Denk nicht so dumm, herrsch ich mich an* (11) *Bedenk und versündig dich nicht!* (12) *Ich nehm es ihm weg* (22) *Ich geh ins Kino* (25) *Langweilens mich nicht* (27) usw.; insgesamt aber überwiegen die standardsprachlich-vollständigen wortformen. Aphärese: *gibt's* (12) *wärs, tuns, wenns* (13) *hats, ins, wenns, obs* (14) usw.; vollständige formen sind jedoch in der überzahl.

9. 2. Morphologie: Morphologische subtraktion: *Man sollt endlich mal* [statt: *einmal*] (11) *ich sah sie schon mal ganz* [statt: *ganz nackt*] (141). Morphologische addition: *einzigste* [statt: *einzige*] (28) *Nanana* (39) *nein-nein* (87) usw. Morphologische substitution, wortaustausch: *Buben, so* [statt: *etwa, ungefähr, zirka*] *um das vierzehnte Jahr herum* (12) *älter* [. . .], *einer war sogar ein richtiger* [statt: *richtig ein*] *Greis* (17) *Sie sollen da so* [statt: *irgendwelche*] *Äußerungen fallen gelassen haben* (19) *Dort sitzt immer wer* [statt: *jemand, einer*], *mit dem man* [. . .] (25) *Es ist finster, und ich höre wen* [statt: *jemanden, einen*] *ruhig atmen* (30) *Das Mädel ist mehr wert wie* [statt: *als*] *du!* (98) *Mit was* [statt: *womit*] *haben wir das verdient?* (121)

9. 3. Syntax: Einwortsätze: *Lieblich.* (11) *Warum?* (14) *Ich?* (18) *Wann?* (18) *Nein.* (18) *Punkt!* (20) *Luft!* (25) usw. Weitere ›unvollständige‹ sätze: *Ein Geschenk meiner braven Hausfrau.* (11) *Aber zufrieden?* (11) *Doch das ist ja schließlich niemand.* (11) *Ja, warum?* (12) *Wo denn nur?* (13) *Armer W!* (14) usw. Einfache sätze: *Ich klopfe auf Holz.* (11) *Ich weiß es nicht.* (13) *Sein Kragen war zerrissen.* (15) *Ich schaue hinab.* (15) *Sie schämen sich nicht.* (16) *Sie schließen es.* (16) *Sie wundern sich.* (16) usw. Syntaktische permutation: *Auf meinem Tische stehen Blumen.* (11) *Glück kann man immer brauchen.* (11) [. . .], *wenn der Schiedsrichter gut ist oder schwach* (14) *Soll sich ein anderer mit euch raufen!* (22) usw. Im gesamttext scheinen mir ›unvollständige‹ sätze, einfache sätze und satzreihungen (übrigens mit allen abweichungsformen wie ellipse, inversion, prä- und postposition von satzgliedern usw.) den hauptanteil zu bilden; satzgefüge, gliedsätze sind seltener, treten dann meist in ihren ›restringiert‹-parataktischen äquivalenzformen[8] auf: *Korrigier rasch, du willst noch ins Kino!* (13) [. . .], *er lächelte und erriet meine Gedanken* (20) *Du hast leicht reden, dachte ich wieder, du hast ja noch die schöne Vorkriegszeit miterlebt* (20) *Dann leben wir weiter und sind doch tot* (25) usw.

Dialekt. Bei verwendung von sprechsprache sind bei Horváth mit den lebensstationen Belgrad (5 jahre), Budapest (6 jahre), München (3), Preßburg (2), Budapest (1), Wien (1), wieder München (4 jahre), dann Berlin (10 jahre) usw. dialektale formen aus dem süddeutschen, besonders dem österreichischen zu erwarten:

10. 1. *Langweilens* [statt: *Langweilen Sie*] *mich nicht* (27) *lassen Sie mir die Freud* [: *Freude*]*!* (135) *keine Ruh* [: *Ruhe*] *gelassen* (114) *Sie sind noch imstand* [bes. süddt. für: *imstande*] *und lassen* [. . .] (141) usw., also: sprechsprachlich-dialektale formen phonologischer subtraktion, apokope.

10. 2. *hab ihm eine heruntergehaut* [für: *-gehauen*] (66) *die Mädeln* [: *Mädel*] (98), also: allomorph-substitution des partizip-II- bzw. des pluralmorphems.

10. 3. *meine Hausfrau* [für: *Vermieterin*] (11) *Buben* [auch süddt. für: *Jungen*] (12) *hörte ich auf dem* [statt: *in dem, im*] *zweiten Stock* (15) *ihr habt euch ja alle unterzeichnet* [statt nicht-reflexivem: *habt unterzeichnet*] (22) *nichts zum Fressen* [: *Essen*] *soll ich haben?* (23) *Lauser* [: *Lausbub*] (27) *schlaf nur zu* [: *schlaf weiter*] (30) *Klassenvorstand* [: *Klassenlehrer*] (34) *Ich entzünde* [statt: *knipse an, mache an*] *meine Taschenlampe* (38) *ich halte* [für: *bleibe stehen, halte an*] (41) *verhetzt* [: *aufgehetzt*] *sein* (46) *Nachtmahl* [: *Abendessen*] (55) *Kanarikrankheit* [*Kanarienvogel-*] (63) *Tepp* [auch süddt., wie: *Depp, Dummkopf*] (64) *elende Fetzen* [: *verachtete frau, schimpfwort*] (98) *mehr wert wie* [auch sonst mundartlich statt: *als*] (98) *sekkiert* [: *gequält*] (98) *einladen auf ein* [statt: *zu einem*] *Eis* (109) *ins Gesicht langen* [: *fassen*] (110) *Spital* [auch schweizerisch für: *Krankenhaus*] (119) *mit was* [: *womit*] (121), – außerdem die fußball-austriazismen *linker Half, zentert, forciert* (14), also: substitution freier lexikalischer morpheme.

10. 4. *das ist eine Feigheit* [statt: *das ist Feigheit*]*!* (15) *ich krieg einen Krach* [: *ich kriege Krach*] (111), also: syntaktische substitution des unbestimmten artikels für den standardsprachlich-normalgrammatischen nullartikel.

10. 5. Auf den gesamttext bezogen, scheinen mir die dialektalen sprachanteile zwar deutlich, nicht aber bestimmend zu sein[9]; zu berücksichtigen ist allerdings, daß der roman gedruckt vorliegt, also parasprachliche merkmale wie (allophonische) aussprachevariation, tonmelodie, akzent, stimmführung usw. neutralisiert sind. Mit blick auf die weiteren hier vorgelegten beobachtungen hielte

ich, was die funktion des dialekts betrifft, eine (postume) zustimmung Horváths zu Martin Sperrs diktum von 1971 für denkbar: »Die Verwendung des Dialekts hat nichts mit Lokalpatriotismus zu tun, sondern ist Ausdruck eines politischen Bewußtseins: Das Instrument der wirklichkeitsnäheren Sprache wird benutzt zur Erfassung und Darstellung der sich verändernden gesellschaftlichen Realitäten.«[10]

II

Fach- und Sondersprachen. Komplementär zum wortschatz der im alltag gesprochenen gemein- und standardsprache fallen mir teilwortschätze auf: schulsprache, verwaltungssprache, fußballsprache, militärsprache, herrschaftssprache des NS-staats, religiöse sprache, sprache der justiz.[11]

II. 1. Schulsprache: *rote Tinte, Pensionsberechtigung, Lehramtskandidat, Lehrer* (alle 11) *Lehrkörper, Städtisches Gymnasium, Pension, Heft, Geographiestunde, Aufsatz, unterrichten, Geschichte, Geographie, korrigieren, Aufsichtsbehörde, Thema, Schüler, Klasse* (11 f.) *Rand* (13) *Lehrerzimmer* (15) usw., insgesamt ca. 50 lexeme.

II. 2. Verwaltungssprache: *Stellung* (11) *Beruf, Pflicht* (12) *Beamter* (13) *vorschriftsgemäß, Formalitäten, korrekt* (17) *Angelegenheit, anläßlich* (18) *Beschwerde, Rundschreiben 5679 u/33* (19) *das Vorgefallene, wir Endesunterzeichneten* (22) *Disziplinarstrafe* (23) *Steuern* (24) *Verordnung, Weisung* (34) *Gemeindeamt, Bürgermeister, Bezirk* (35) usw., insgesamt ca. 40 lexeme.

II. 3. Fußballfachsprache bzw. -jargon: *Stadion, Schlußpfiff, Fußball, Mannschaft, hochklassig, Spiel, zahlende Zuschauer, Rechtsaußen, überspielen, Mittelstürmer, Ball, in den leeren Raum, vorlegen, Tormann, der Halblinke, Verteidigung, Flügelspiel, Torlinie, retten, Schiedsrichter* (alle 14) usw.; österreich-spezifisch, englische originalausdrücke weitgehend beibehaltend: *den linken Half, zentern, forcieren;* insgesamt ca. 50 lexeme.[12]

II. 4. Militärsprache: *militärische Fähigkeiten, zum Krieg erziehen* (19 f.) *zur Schlacht rüsten, Kriegsjahr* (20) *bespitzeln* (22) *Munition, Bombe, Schrapnell, Granate, krepieren, Feld, Kriegerdenkmal* (24) *Parade* (25) *Waffe, Frieden, Folter* (26) *Niederlage, Sieg* (29) *Todfeind, vormilitärische Ausbildung* (34) usw., ca. 90 lexeme.

11. 5. Herrschaftssprache des NS-staats: *Kolonie* (12) *hochstehende Industrie, ihrem innersten Wesen und Werte nach, der heimische Arbeitsmann, Volksganzes, Volk* (12 f.) *Sabotage am Vaterland* (19) *Humanitätsduselei* (19) *Zeitgeist* (20) *Opfer, Sippschaft, Hochverräter* (24) *Unkraut vertilgen* (42) *national, allgemeine Gesundung, aufopferungsfreudig, liberalistische Zeiten, wertvolle Volksgenossen* (83) *Durchsiebung, getarnte Staatsfeinde* (85) usw., zusammen ca. 30 lexeme.

11. 6. Religiöse sondersprache, kirchlicher wortschatz: *Gott, der Allmächtige* (11) *Bibel, Sündflut,* [Genesis-zitat] (15) *Adam, Eva, den lieben Gott* (19) *siehe welch ein Mensch!, vor Christi Geburt* (20) *Opfer* (24) *Seele* (24) *Frieden* (26) *Schöpfung* (28) *Paradies* (30) *selig, Begräbnis, Grab, Sarg, Pfarrer, Grabrede* (33) usw., ca. 40 lexeme.[13]

11. 7. Sprache der justiz: *Gerechtigkeit* (18) *Recht, Unrecht, Mord, Raub, Brandstiftung, Meineid, Untat, Verbrecher, verurteilen, Schuldhaft* (24) *Schuldgeständnis* (26) *minderjährig* (27) *Staatsanwalt, Akten, Anklage, Diebstahl, Begünstigung, verhaften* (70) *Mordkommission* (80) usw., insgesamt ca. 90 lexeme.

11. 8. Aus den jeweiligen kontextzusammenhängen erfaßt, ergeben sich kleine, m. e. intendierte schnittmengen zwischen militärsprache und fußballsprache (*schießen, Sieg, Niederlage, abwehren, Parade, Verteidiger*), militärsprache und religiöser sprache (*Front, Frieden, kämpfen, Opfer, Zivil tragen*), militärsprache und justizsprache (*kämpfen, durchfechten, Verteidigung, siegesgewiß*), oft metaphorisch.

12

Kritik an der herrschaftssprache des NS – staats. Vier arten, wie Horváth die sprachverwendung der nationalsozialisten, regierenden wie auch regierten, kritisiert, sind mir aufgefallen: zunächst bloßes zitieren, sprachgebrauch vorführen, dokumentieren, dann kommentierende reaktion auf zitate der herrschaftssprache, danach resümees ohne direkten zitatbezug und schließlich umformulierungen, subversive veränderungen am herrschenden sprachgebrauch, am sprachgebrauch der herrschenden; jede soll in nur wenigen fällen, also exemplarisch, verdeutlicht werden. Bei allen diesen vier arten von sprachkritik werden m. e. klar sichtbar der enge zusammenhang zwischen sprache und denken wie auch der zwischen sprache und handeln.

12.1. Zitieren, vorführen, dokumentieren: Zunächst einzelne lexeme bzw. wortverbindungen: *Volksganzes* (11) *koloniale Frage*
(16) *Sabotage am Vaterland!* (19) *Humanitätsduselei* (19) *Zeitgeist*
(20) *vormilitärische Ausbildung* (34) *Leistungsprinzip, Darbietungsprinzip* (40) *wertvolle Volksgenossen* (83) *Durchsiebung des
Lehrpersonals* (85) *getarnte Staatsfeinde* (85) *verdächtige Gesinnung* (96) *geistiger Mörder* (108). Aussagen, kurztexte: *Neulich hat
er so ein bestimmtes Buch gelesen, heimlich – nein, kein erotisches, sondern ein nihilistisches. Es hieß: ›Über die Würde des
menschlichen Lebens‹ und ist streng verboten* (29). *Vor drei Jahren
erließ die Aufsichtsbehörde eine Verordnung, durch welche sie die
üblichen Osterferien in gewisser Hinsicht aufhob. Es erging nämlich die Weisung an alle Mittelschulen, anschließend an das Osterfest die Zeltlager zu beziehen. Unter »Zeltlager« verstand man eine
vormilitärische Ausbildung. Die Schüler mußten klassenweise auf
zehn Tage in die sogenannte freie Natur hinaus und dort wie die
Soldaten in Zelten kampieren, unter Aufsicht des Klassenvorstands.
Sie wurden von Unteroffizieren im Ruhestand ausgebildet, mußten exerzieren, marschieren und vom vierzehnten Lebensjahr ab
auch schießen* (34). *Geistige Erkrankungen wären in der Familie
auch nicht vorgekommen, weder väterlicher- noch mütterlicherseits* (97). Auch wenn Horváth diesen und weiteren stellen keinen
wertenden kommentar gibt, erhalten sie doch durch die wertungen
des unmittelbaren oder weiteren kontextes eine konnotative aufladung beim leser.

12.2. Zitieren und kommentieren: *Das von der Aufsichtsbehörde
vorgeschriebene Thema der Aufsätze lautet: ›Warum müssen wir
Kolonien haben?‹ Ja, warum? Nun, lasset uns hören* (12)*!* Das *Ja,
warum?* läßt sich auf zweifache weise verstehen, als echte frage im
sinne des gestellten themas, aber zugleich auch als rhetorische frage, die eine negierende antwort bereits signalisiert: ironischer
blickkontakt mit dem leser. Und der kann jetzt lesen: *Warum müssen wir Kolonien haben!* Beispiel eines minimal-kommentars, einer
verdeckten, subkutanen meinungsäußerung des autors, wie sie im
totalitären unterdrückungsstaat notwendig werden. – *Nun, Franz
Bauer, warum brauchen wir Kolonien? ›Wir brauchen die Kolonien‹, schreibt er, ›weil wir zahlreiche Rohstoffe benötigen, denn
ohne Rohstoffe könnten wir unsere hochstehende Industrie nicht
ihrem innersten Wesen und Werte nach beschäftigen, was zur unleidlichen Folge hätte, daß der heimische Arbeitsmann wieder ar*

*beitslos werden würde.‹ Sehr richtig, lieber Bauer! ›Es dreht sich
zwar nicht um die Arbeiter‹ – sondern, Bauer? –, ›es dreht sich
vielmehr um das Volksganze, denn auch der Arbeiter gehört letzten Endes zum Volk.‹* (12 f.) Schon, daß die zwischenrufe *Sehr richtig, lieber Bauer!* und *sondern, Bauer?* nicht ironischen charakter
tragen, darf bezweifelt werden; aber deutlich wird Horváths meinung, wenn er die hier nichtssagende Bauer-formel *letzten Endes*
zitierend in seinem lehrer-kommentar verwendet: *Das ist ohne
Zweifel letzten Endes eine großartige Entdeckung, geht es mir
durch den Sinn, und plötzlich fällt es mir wieder auf, wie häufig in
unserer Zeit uralte Weisheiten als erstmalig formulierte Schlagworte serviert werden. Oder war das immer schon so? Ich weiß es
nicht* (13): Kommentar, immer noch implizit, durch mehrfache
ironie. – *Jetzt weiß ich nur, daß ich wieder mal sechsundzwanzig
Aufsätze durchlesen muß, Aufsätze, die mit schiefen Voraussetzungen falsche Schlußfolgerungen ziehen* (13). Jetzt formuliert
Horváth die meinung des lehrers explizit, *schief* und *falsch* sind
semantisch eindeutig negativ denotiert. – *Wie schön wärs, wenn
sich ›schief‹ und ›falsch‹ aufheben würden, aber sie tuns nicht. Sie
wandeln Arm in Arm daher und singen hohle Phrasen* (13): Maxi-
mal-kommentar. Aber nur im stillen kämmerlein: *Ich werde mich
hüten, als städtischer Beamter, an diesem lieblichen Gesange auch
nur die leiseste Kritik zu üben! Wenns auch weh tut, was vermag
der einzelne gegen alle? Er kann sich nur heimlich ärgern. Und ich
will mich nicht mehr ärgern!* (13) – *Was schreibt denn da der N?
›Alle Neger sind hinterlistig, feig und faul.‹* – *Zu dumm! Also das
streich ich durch! Und ich will schon mit roter Tinte an den Rand
schreiben: ›Sinnlose Verallgemeinerung!‹* – *da stocke ich. Aufge-
paßt, habe ich denn diesen Satz über die Neger in letzter Zeit nicht
schon mal gehört? Wo denn nur? Richtig: er tönte aus dem Lautsprecher im Restaurant und verdarb mir fast den Appetit. Ich lasse
den Satz also stehen, denn was einer im Radio redet, darf kein Lehrer im Schulheft streichen. Und während ich weiterlese, höre ich
immer das Radio: es lispelt, es heult, es bellt, es girrt, es droht – und
die Zeitungen drucken es nach, und die Kindlein, sie schreiben es ab*
(13). Deutliche (*dumm, sinnlos*) gegenposition Horváths zur NS-
herrschaftssprache, die aus dem radio (dazu unten!) tönt. – – Ein
weiteres beispiel: *Der Name auf einem Kriegerdenkmal ist der
Traum ihrer Pubertät. Doch halt! Ist es nicht eine große Tugend,
diese Bereitschaft zum höchsten Opfer? Gewiß, wenn es um eine*

gerechte Sache geht – Um was geht es hier? ›Recht ist, was der eige-nen Sippschaft frommt‹,sagt das Radio. Was uns nicht gut tut, ist Unrecht. Also ist alles erlaubt, Mord, Raub, Brandstiftung, Mein-eid – ja, es ist nicht nur erlaubt, sondern es gibt überhaupt keine Untaten, wenn sie im Interesse der Sippschaft begangen werden! Was ist das? Der Standpunkt des Verbrechers. [. . .] Seit es eine menschliche Gesellschaft gibt, kann sie aus Selbsterhaltungsgrün-den auf das Verbrechen nicht verzichten. Aber die Verbrechen wurden verschwiegen, vertuscht, man hat sich ihrer geschämt. Heute ist man stolz auf sie. Es ist eine Pest. Wir sind alle verseucht, Freund und Feind. Unsere Seelen sind voller schwarzer Beulen, bald werden sie sterben. Dann leben wir weiter und sind doch tot. Auch meine Seele ist schon schwach. Wenn ich in der Zeitung lese, daß einer von denen umgekommen ist, denke ich: ›Zu wenig! Zu wenig!‹ Habe ich nicht auch heute gedacht: ›Geht alle drauf?‹ Nein, jetzt will ich nicht weiterdenken! Jetzt wasche ich meine Hände und geh ins Café (24 f.). – – Als letztes beispiel die un-kraut-metapher: [. . .] *Sie stehlen wie die Raben, eine ganze Räu-berbande! [. . .] Denen trau ich alles zu. Es ist Unkraut und gehört vertilgt* (42)! Horváth karikiert diese wert- und unwert-ideologie, indem er den lehrer unmittelbar nach dieser bauern-äußerung im wald auf eine abkürzung schickt: *Ich gehe durch das Unterholz. Hier steht das Unkraut und gedeiht* (43), wohl mit besonderen ak-zenten auf *Hier* und *gedeiht*: ironischer kommentar, nicht-akzep-tanz der herrschaftssprache, die entsprechendes herrschaftsdenken spiegelt: das polyseme *Unkraut* wird von ideologischem wild-wuchs befreit und auf seine eigentliche bedeutung, die botanische, zurückgeschnitten.

12.3. Kommentieren: *was einer im Radio redet, darf kein Lehrer im Schulheft streichen* (13). *Was wird das für eine Generation? Eine harte oder nur eine rohe* (16)? Wie bereits erwähnt, hatte man gegen den Inhalt der Aufsätze vorschriftsgemäß nichts einzuwenden (16). *Wir müssen von der Jugend alles fernhalten, was nur in irgendeiner Weise ihre zukünftigen militärischen Fähigkeiten beeinträchtigen könnte – das heißt: wir müssen sie moralisch zum Krieg erziehen. Punkt* (19 f.)! *Ich geh ins Kino. In der Wochenschau seh ich die rei-chen Plebejer. Sie enthüllen ihre eigenen Denkmäler, machen die ersten Spatenstiche und nehmen die Paraden ihrer Leibgarden ab. Dann folgt ein Mäuslein, das die größten Katzen besiegt, und dann eine spannende Kriminalgeschichte, in der viel geschossen wird,*

damit das gute Prinzip triumphieren möge (25). *Jaja, das Unglück
der heutigen Jugend ist, daß sie keine korrekte Pubertät mehr hat –
erotisch, politisch, moralisch etcetera, alles wurde vermantscht,
verpantscht, alles in einen Topf! Und außerdem wurden zu viele
Niederlagen als Siege gefeiert, zu oft wurden die innigsten Gefühle
der Jugend in Anspruch genommen für irgendeinen Popanz, während sie es auf einer anderen Seite wieder zu bequem hat: sie müssen
ja nur das abschreiben, was das Radio zusammenblödelt, und schon
bekommen sie die besten Noten. Aber es gibt auch noch einzelne,
Gott sei Dank* (29)! *Es kommen kalte Zeiten, das Zeitalter der Fische.* [. . .] *Ich bin zwar nur ein Amateurastrolog, aber die Erde
dreht sich in das Zeichen der Fische hinein. Da wird die Seele des
Menschen unbeweglich wie das Antlitz eines Fisches* (30). *Wir stehen alle im Feld. Doch wo ist die Front* (38)? [. . .] *nicht nur die Jugend, auch die Eltern kümmern sich nicht mehr um Gott. Sie tun,
als wär er gar nicht da* (95). *Es war ein Feiertag. Man feierte den
Geburtstag des Oberplebejers. Die Stadt hing voller Fahnen und
Transparente. Durch die Straßen marschierten die Mädchen, die
den verschollenen Flieger suchen, die Jungen, die alle Neger sterben
lassen, und die Eltern, die die Lügen glauben, die auf den Transpa-
renten stehen. Und die sie nicht glauben, marschieren ebenfalls
mit. Divisionen der Charakterlosen unter dem Kommando von
Idioten. Im gleichen Schritt und Tritt. Sie singen von einem Vögelchen, das auf einem Heldengrabe zwitschert, von einem Soldaten,
der im Gas erstickt, von den schwarzbraunen Mädchen, die den zu
Hause gebliebenen Dreck fressen, und von einem Feinde, den es eigentlich gar nicht gibt. So preisen die Schwachsinnigen und Lügner
den Tag, an dem der Oberplebejer geboren ward* (112). *Wer mit
Verbrechern und Narren zu tun hat, muß verbrecherisch und när-
risch handeln, sonst hört er auf. Mit Haut und Haar.* [. . .] *Wenn
kein Charakter mehr geduldet wird, sondern nur der Gehorsam,
geht die Wahrheit, und die Lüge kommt. Die Lüge, die Mutter aller Sünden* (112). *Ich traue jedem alles zu* (115). *Ich mag nicht mehr
marschieren und das Herumkommandiertwerden kann ich auch
nicht mehr ausstehen, da schreit dich ein jeder an, nur weil er zwei
Jahre älter ist! Und dann die faden Ansprachen, immer dasselbe,
lauter Blödsinn* (116)! *Ja, es kommen kalte Zeiten* (118).

12.4. Verändern des sprachgebrauchs: Die *Radio*-chiffre kommt
außer an der eben zitierten ersterwähnungsstelle (13) noch fünfmal
vor: ›*Recht ist, was der eigenen Sippschaft frommt*‹, *sagt das Radio*

(24). [. . .] *abschreiben, was das Radio zusammenblödelt* (29).
[. . .], *ob das Radio diesen Blödsinn nicht schon mal verkündet hat*
(61). *Fühlt er, daß nun ein Gebiet betreten wurde, wo das Radio re-*
giert? Wo die Sehnsucht nach der Moral zum alten Eisen geworfen
wird, während man vor der Brutalität der Wirklichkeit im Staube
liegt (90)? *Wie entfernt ist alles geworden!* [. . .] *Hörst du noch das*
Radio? Kaum (113). Die vordergründige anthropomorphisierung
des gegenstands radio (es *lispelt, droht, sagt, verkündet* usw.) erweist sich bei näherem zusehen als ent-anthropomorphisierung der
herrschenden, die doch durchs radio sprechen; Horváth ersetzt sie
durch eines ihrer wirkungsvollsten herrschaftsinstrumente,
mensch wird durch sache metonymisch substituiert, verdinglicht,
entmenschlicht, entmenscht: eine wirksame form subversiven
sprechens. – – Eine ähnliche, deutlicher pejorative substitution
zeigt die benennung Hitlers als *Oberplebejer* (112, 128), vorbereitet
durch den rekurs auf den römischen kampf der patrizier und plebejer (20 f., 24, 61). – – Ein anderes beispiel semantischer deviation
vom sprachlichen normgebrauch: *Neben der Fahnenstange liegt*
eine große Kiste: dort sind die Gewehre drin (37). *Und ich denke,*
morgen beginnt der Ernst. Ja, der Ernst. In einer Kiste neben der
Fahnenstange liegt der Krieg. Ja, der Krieg. Wir stehen im Feld (38).
Nicht nur wird hier ein konkretum durch ein abstraktum ersetzt
(*Gewehre, Krieg*), sondern ein gegenstand durch seine wirkung,
seine folge, auf die er zielt, zu der er verwendet wird, kausative
metonymie: geradezu das gegenteil von euphemisieren betreibt
Horváth hier, aufklärend, augenöffnend, warnend. Und: er nennt
dieses roman-kapitel, diesen abschnitt 8, *Der totale Krieg*. – – Ein
polysemes wortspiel bringt folgende stelle: [. . .] *doch noch lieber*
als Maschinen wären sie Munition: Bomben, Schrapnells, Grana-
ten. Wie gerne würden sie krepieren auf irgendeinem Feld! Der
Name auf einem Kriegerdenkmal ist der Traum ihrer Pubertät
(24). Krepieren können sie beide: sprenggeschosse platzen, zer-
springen, sachlich-denotative verwendung im bedeutungsgefüge,
darstellungsfunktion der sprache, – menschen krepieren, sterben,
kommen um, verenden, emotional-konnotative, pejorativ-derbe
verwendungsbedeutung, ausdrucksfunktion, ausdruck für pazifistische haltung, die die zugrundeliegende militärsprachliche
redensart *sterben auf dem felde der ehre* zurückweisen, in beiden
komponenten umformulieren muß: *auf irgendeinem Feld* holt das
quasi in den wolken schwebende *feld der ehre* zurück auf den bo-

den der tatsachen, ›erdet‹ es: auch *Feld* ist polysem, die übertragene bedeutung wird auf die eigentliche, konkrete zurückgeholt; wieder ausdruck und zugleich (wieder) appell, warnung vor krieg (zwanzig jahre nach dem weltkrieg läßt Horváth den lehrer sagen: *Es war im Krieg, da habe ich Gott verlassen. Es war zuviel verlangt von einem Kerl in den Flegeljahren, daß er begreift, daß Gott einen Weltkrieg zuläßt* [46]): text-interne strukturen entstehen aus text-externen der persönlichen geschichts-erfahrung.

13

Textkomposition, -kohärenz. Horváth hat seinen roman ›komponiert‹, exposition, durchführung, peripetien, spannung, katharsis im aristotelisch-schadewaldtschen sinn[14], leitmotive, nebenmotive, anspielungen, vor- und rückverweise, zitate, selbstzitate: komposition.[15] Er gliedert *Jugend ohne Gott* in 44 abschnitte, die durch ›mikro-komposition‹ und ›makro-komposition‹ zusammengefügt werden; ›mikro-komposition‹ soll heißen: Horváth schließt die abschnitte in sich, er läßt anfang und ende miteinander korrespondieren (›intra-strukturelle abschnittskomposition‹), und er verklammert aufeinanderfolgende abschnitte (›inter-strukturell‹); ›makro-komposition‹ meint: abschnitte werden großräumig aufeinander bezogen, durch vor- und rückverweis von überschriften, motiven, zitaten. Im einzelnen:

13.1. Mikro-komposition: Intra-strukturelle entsprechungen finde ich in abschnitt 1 (überschrift *Die Neger* – letzte abschnittworte *die Neger, wahrscheinlich* – –), 2 (*Treppe, Lehrerzimmer, hörte* – *Lehrerzimmer, Treppe, lausche*), evtl. 3 (überschrift *Die reichen Plebejer* – drittletzter satz *Die reichen Plebejer* [. . .]), 4 (titel *Das Brot*, im ersten satz *Neger* – im letzten absatz *mein Brot*, im vorletzten satz *Neger*), 6 (titel *Das Zeitalter der Fische* – im letzten satz *Fische*), evtl. 8 (überschrift *Der totale Krieg* – im letzten großabsatz *Krieg, Feld, Front, Feldwebel,* schlußwort *Blut?*), 9 (titel *Die marschierende Venus* – schlußsatz *Marschiert nur zu, Mütter der Zukunft!*), 10 (titel *Unkraut* – schluß *Es ist Unkraut und gehört vertilgt!*), 12 (überschrift *Geh heim!* – schluß *Geh heim!*), evtl. 14 (titel *Der römische Hauptmann* – schlußsätze *Und der römische Hauptmann wußte es,* [. . .] *Das große römische Reich*), 15 (titel *Der Dreck* – ende *Nicht den Dreck, den ihr gefressen habt!*), evtl. 16 (überschrift *Z und N* – ende *Das Tagebuch des Z*), evtl. 17 (überschrift *Adam und Eva* – schlußabsatz beginnt *Oh Eva, [. . .]*), 18 (erster satz *Jeder, der mein Kästchen anrührt, stirbt!* – ende *Weiß er, daß ich es bin, der das Kästchen erbrach?*), 19 (titel *Der Mann im Mond* – schluß *Mann im Mond!*), evtl. 20 (in den ersten sätzen *Schlafen, schlafen* – vorletzter satz *Ich hab Sie in einer Tour geweckt, aber Sie sind ja dagelegen, als hätt Sie der Teufel geholt!*), 21 (erster satz *Am letzten Tage unseres Lagerlebens kam Gott* – letzter satz *Er* [d. i. Gott] *ist wieder fort*), evtl. 22 (anfang *Morgen beginnt der Prozeß* – im schlußabsatz *Wie lange wird der Prozeß dauern? Ich rechne mit zwei bis drei Tagen [. . .]*), evtl. 23 (titel *Mordprozeß Z oder N* – im schlußabsatz *Bäckermeister N*), 24 (überschrift *Schleier* – schlußwort *Schleier*), 28 (titel *Vertrieben aus dem Paradies*, erster satz *Eva wird nicht vereidigt* – letzter satz *Bald wird er Eva hassen*), evtl. 30 (titel *Er beißt nicht an* – im schlußabsatz *Du wolltest schon anbeißen, da merktest du die Schnur [. . .]*), evtl. 33 (titel *Der Klub greift ein* – im schlußabsatz *Der Klub wird den T beobachten [. . .]*), 34 (überschrift *Zwei Briefe*, im ersten satz *Brief* – im vorletzten satz *Brief*), evtl. 36 (titel *Besuch*, im ersten satz *Besuch* – schluß *Die Mutter muß alles hören. Gehen Sie gleich zu ihr hin* – –), 39 (überschrift *Im Netz* – schlußwort *Netz*), 40 (titel *Das Reh* – im schlußabsatz *Warte nur, du Reh!*), 44 (beginn *Morgen fahre ich nach Afrika* – schluß *Der Neger fährt zu den Negern*): 18 (evtl. bis zu 29) von 44 abschnitten sind intra-strukturell in sich abgeschlossen.

13.2. Inter-strukturelle abschnittsverknüpfungen: 17-18 (schlußsatz 17 gleichlautend mit anfangssatz 18), 20-21 (schlußsatz *Richtig, Gott ist das Schrecklichste auf der Welt* – anfangssatz *Am letzten Tage unseres Lagerlebens kam Gott*), evtl. 23-24 (vorletzter absatz endet *Denn sie ist dicht verschleiert – schwarz und schwarz, kein Gesicht* – titel lautet *Schleier*), 27-28 (schluß *Eva, bist du schon der Herbst?* – anfang *Eva wird nicht vereidigt*), 28-29 (schluß *Bald wird er Eva hassen* – beginn ›*Nun*‹, *fährt der Präsident fort, Eva zu verhören*), evtl. 29-30 (das letzte viertel beginnt *Ich weiß, sie werden den Z freisprechen und das Mädel verurteilen* – 30 fängt an mit *Richtig, im Morgenblatt steht es bereits! Der Z wurde [. . .], aber gegen das Mädchen wurde [. . .]*), 36-37 (schluß *Die Mutter muß alles hören. Gehen Sie gleich zu ihr hin*’ – – 37 beginnt *Ich fahre zur Mutter des T*), 38-39 (ende *Wer ist dieser fremde Herr?* – anfang *Als ich nach Hause komme, empfängt mich meine Hausfrau besorgt. ›Es ist ein fremder Herr hier‹*), 40-41 (schluß *Ja, dieser N! [. . .]*

Den es nicht mehr gibt – beginn *Ich verlasse die Lilie. Ich gehe rasch heim, und die Gedanken an den N, den es nicht mehr gibt, lassen mich nicht los*), 42-43 (schluß *jetzt rede ich!* – anfang *Und ich rede*). Durch semantischen bezug ihrer überschriften sind zudem 8-9 (*Der totale Krieg – Die marschierende Venus*), 20-21 (*Der vorletzte Tag – Der letzte Tag*), 29-30 (*Der Fisch – Er beißt nicht an*), 38-39 (*Der Köder – Im Netz*) aneinander geknüpft.

13.3. Makro-komposition: Äquivalenzbezüge zwischen ihren überschriften bestehen bei den abschnitten 6, 29, 30, 38, 39 (*Das Zeitalter der Fische – Der Fisch – Er beißt nicht an – Der Köder – Im Netz*), bei 17, 28, 44 (*Adam und Eva – Vertrieben aus dem Paradies – Über den Wassern*, alle mit bezug zum genesis-buch der bibel), bei 16, 23, 40 (*Z und N – Mordprozeß Z oder N – Der N*), bei 3 und 14 (*Die reichen Plebejer – Der römische Hauptmann*, rekurse auf die historie Roms) sowie bei 8, 9, 11, 14 (*Der totale Krieg – Die marschierende Venus – Der verschollene Flieger – Der römische Hauptmann*, alle aus dem militärischen wortschatz). – – Einige leit- und nebenmotivische repetitionen: *Neger* (abschnitte 1, 3, 4, 8, 24, 26, 27, 32, 33, 36, 44), *Radio* (1, 5, 6, 16, 24, 31), *Sündflut*–zitat (2, 20), *Philippi* (3, 22), *Adam und Eva* (3, 17, 18, 19, 27), *Plebejer, reiche Plebejer, der Oberplebejer* (3, 5, 16, 31, 37), *Brot* (4, 15, 25, 29, 31), *ich fürchte mich (nicht) vor meinem Zimmer* (5, 29, 34), *die Bar ist nicht teuer* (5, 29, 34), *kalte Zeiten* (6, 29, 32), *Fisch(e)* (6, 7, 12, 29, 30, 33, 34, 36, 37, 38, 39, 40, 41, 42, 44), *Indianer spielen* (8, 33), *Mensch* (8, 12), *Unkraut* (10, 11, 16, 19, 34), *ihre Augen sehen* (11, 19, 27), *Gott geht durch alle Gassen* (13, 37, 43), *Gott ist das Schrecklichste auf der Welt* (13, 15, 20), *ehemalige Zukunft* (18, 24, 28), *ich hab das Kästchen erbrochen* (18, 19, 25, 27, 29, 30, 31, 41, 43), *einen Strich durch die Rechnung* (18, 20, 27, 41, 43), *Totenkopf* (6, 15, 29, 34, 39, 40, 44), *Kinder in den Fenstern* (12, 13, 36, 37, 43), *Sägewerk* (8, 13, 36, 37, 43), *Zwei helle runde Augen schauen mich an* (7, 18, 29, 30, 41, 42, 43), *sie sparen das Licht* (12, 37, 43), *Gartenzwerg, Reh, Pilz* (12, 37), *Er lächelt leise, überlegen, spöttisch* (7, 18, 29, 30, 37), *Anaximander*-zitat (13, 20), *stechende, tückische Augen* (25, 43), *Stellung* (1, 25, 36, 44), *fünf B's in der Klasse* (1, 32), *Ich fühle mich wunderbar leicht* (27, 43), usw. usw. – – Schließlich der bezug von abschnitt 1 auf abschnitt 44, makro-kompositioneller rahmen: (abschnitt 1:) *Die Neger* [überschrift]

　　　　　　25. März.

　　　　　　Auf meinem Tische stehen Blumen. Lieblich. Ein

Geschenk meiner braven Hausfrau, denn heute ist
mein Geburtstag. Aber ich brauche den Tisch und
rücke die Blumen beiseite und auch den Brief mei-
ner alten Eltern [. . .]
[. . .]
Ich muß lächeln: die Neger, wahrscheinlich – –

(abschnitt 44:) *Über den Wassern* [überschrift]
Morgen fahre ich nach Afrika.
Auf meinem Tische stehen Blumen. Sie sind von
meiner braven Hausfrau zum Abschied.
Meine Eltern haben mir geschrieben, [. . .]
[. . .]
Der Neger fährt zu den Negern.

14

Eine skizze, wie die hier vorgelegte, kann notwendigerweise nur
partielles ausführen. Aber doch mit einigen strichen andeuten, wie
es weitergehen könnte.

14.1. Charakterisierung von frauen. *Wenn er zu mir*
kommt, fährt er immer in seinem Sportwagen vor. Die Frau bleibt
unten sitzen, und ich kann sie von droben sehen. Ihren Hut, ihre
Arme, ihre Beine. Sonst nichts. Aber sie gefällt mir (17 f.). *Ich habe*
erst im letzten Kriegsjahr zum erstenmal geliebt und frage nicht,
was (20). [. . .] *es gibt keine wahrhaften Frauen mehr, es gibt nur*
lernende, rudernde, gymnastiktreibende marschierende Unge-
heuer! Ist es Ihnen aufgefallen, daß die Weiber immer reizloser
werden? [. . .] *Wer möchte sich für eine rucksacktragende Venus*
begeistern? Ich nicht (29)*!* [. . .] *in militärischer Ordnung mar-*
schieren etwa zwanzig Mädchen auf uns zu, sie tragen schwere
Rucksäcke, und als sie näher kommen, hören wir, daß sie singen.
Sie singen Soldatenlieder mit zirpendem Sopran. Der B lacht laut.
[. . .] *Ich begleite meine Kollegin zurück, die Mädchen starren*
mich an wie Kühe auf der Weide. Nein, der Herr Pfarrer braucht
sich keine Sorgen zu machen, denn, alles was recht ist, einladend
sehen diese Geschöpfe nicht aus! Verschwitzt, verschmutzt und un-
gepflegt, bieten sie dem Betrachter keinen erfreulichen Anblick.
Die Lehrerin scheint meine Gedanken zu erraten, sie ist also wenig-
stens noch in puncto Gedankenlesen ein Weib und setzt mir folgen-
des auseinander: ›*Wir berücksichtigen weder Flitter noch Tand, wir*

legen mehr Wert auf das Leistungsprinzip als auf das Darbietungs-
prinzip.‹ Ich will mich mit ihr nicht über den Unwert der verschie-
denen Prinzipien auseinandersetzen, sage nur: ›Aha!‹ und denke
mir, neben diesen armen Tieren ist ja selbst der N noch ein Mensch.
›Wir sind eben Amazonen‹, fährt die Lehrerin fort. Aber die Ama-
zonen sind nur eine Sage, doch ihr seid leider Realität. Lauter miß-
leitete Töchter der Eva! Julius Caesar fällt mir ein. Er kann sich für
keine rucksacktragende Venus begeistern. Ich auch nicht. [. . .]
Dann ziehen sie weiter in militärischer Ordnung. Ich seh ihnen
nach: vom vielen Marschieren wurden die kurzen Beine immer
kürzer. Und dicker. Marschiert nur zu, Mütter der Zukunft
(39 ff.)! Und da höre ich eine Stimme: ›Niemand kann das ändern‹
– es ist die Stimme einer Frau. Traurig und warm. Sie klingt aus
dem Dickicht. Vorsichtig biege ich die Äste zurück. Dort sitzen
zwei Mädchen vom Schloß. Mit den Beinen, kurz und dick. [. . .]
›Sei ruhig‹, tröstet sie Annie und kämmt ihr liebevoll das fette Haar
aus dem verweinten Gesicht. ›Was sollen wir armen Mädchen tun?
Auch die Lehrerin hat neulich heimlich geweint. Mama sagt im-
mer, die Männer sind verrückt geworden und machen die Gesetze.‹
Ich horche auf. Die Männer? Jetzt küßt Annie ihre Freundin auf
die Stirne, und ich schäme mich. Wie schnell war ich heut mit dem
Spott dabei! Ja, vielleicht hat Annies Mama recht. Die Männer sind
verrückt geworden, und die nicht verrückt geworden sind, denen
fehlt der Mut, die tobenden Irrsinnigen in die Zwangsjacken zu
stecken. Ja, sie hat recht. Auch ich bin feig (44) usw. usw. Frauen
und mädchen werden – wieder einmal bei Horváth – nicht gerade
mit positiven epitheta beschrieben. Die ihr äußeres, ihre gedanken,
gefühle, handlungen charakterisierenden und wertenden adjekti-
ve, adverbien, substantive, verben, die von ihnen geäußerten
sprechakte wären aufzulisten und vergleichend gegen die entsprechenden der hier geschilderten männer und jungen zu halten. Auch
männer werden von Horváth häßlich gezeigt, verächtlich gemacht.
Aber mir scheint: eher individuell. Frauen dagegen fast generell.
Dies wäre zu prüfen.

14.2. Idiomatik des alltags. *Ich klopfe auf Holz* (11) *Wie viele*
würden sich sämtliche Finger ablecken, wenn [. . .] (11) *alt und blöd*
werden (11) *was vermag der einzelne gegen alle* (13)? *Zu dumm* (13)!
und verdarb mir fast den Appetit (13) *wenns eisig in Strömen regnet*
(14) *wollten nicht recht heraus mit der Sprache* (15) *ein ungeschrie-*
benes Gesetz (16) *ich kann mich beherrschen, ein Kind in die Welt*

zu setzen (18) *ich bin zu Scherzen nicht aufgelegt* (19)! *Sie werden sich nicht auf* [. . .] *hinausreden* (19) *dafür werde ich sorgen* (19) usw. usw.: Idiomatische redewendungen, sprichwörtliche redensarten, sprachklischees[16] spiegeln alltägliches denken und handeln, hier der dreißiger jahre im dritten reich, und zeigen deutlich das ausmaß und die inhalte des ständigen sprachwandels.

14.3. Kommunikation, verbale und non-verbale. *Sie sahen mich verständnislos an* (15) *Ich rede eine andere Sprache. Sie sehen mich groß an* (16) *Bei manchem Vater hatte ich das Gefühl, daß er über den Inhalt der diversen Schulaufsätze seines Sprößlings ähnlich denkt wie ich. Aber wir sahen uns nur an, lächelten und sprachen über das Wetter* (17) *Sie sind überzeugt, sie hätten recht. Es ist eine schreckliche Bande! Oder versteh ich sie nicht? Bin ich denn mit meinen vierunddreißig Jahren bereits zu alt? Ist die Kluft zwischen uns tiefer als sonst zwischen Generationen? Heut glaube ich, sie ist unüberbrückbar* (23) *Er sah sich ängstlich um, neigte sich dicht zu mir und sagte sehr leise:* ›[. . .] *ein bestimmtes Buch* [. . .] *Es hieß:* ›*Über die Würde des menschlichen Lebens*‹ *und ist streng verboten.*‹ *Wir sahen uns an. Wir tranken* (29) *Ich lächle ein wenig und schweige. Er trinkt sein Glas aus. Ich schau ihn abwartend an. Noch kenne ich mich nicht aus* (48) ›*Darf man offen reden?*‹ ›*Nur!*‹ (48) ›*Du willst doch nicht sagen, daß der T mit dem Mord irgendwas zu tun hat?*‹ *Er schweigt und blickt in die Ecke. Ja, er will es sagen* (115) *Unsere Blicke treffen sich. Verstehen wir uns* (116)? usw. usw.: Kommunikation, sprachkommunikation im totalitären staat ist schwierig, gefährlich, politische barrieren werden zu sprachbarrieren, zu sprechbarrieren. Non-verbale kommunikation als ausweg: schweigen, blicken, schauen, anschauen, anstarren, zunikken, lächeln, nicht lächeln, nicht lächeln können, lachen, grinsen. Aber: schon verbales ist mehrdeutig, wieviel mehr non-verbales: Horváths menschen lächeln viel, leise, spöttisch, geschmeichelt, überlegen, glücklich, selig, starr, zustimmend, nachsichtig, verlegen, ironisch, höhnisch, auslachend, traurig, verständnisvoll, wissend, versteckt – ich kenne kein buch, in dem so viel gelächelt wird.

14.4. Ironie. *Ein Geschenk meiner braven Hausfrau* (11) *Es waren brave Bürger* (17) *Bedenk und versündig dich nicht! Ich versündige mich nicht und beginne zu arbeiten* (12) [. . .] *ich korrigiere die Hefte und schreibe in mein Büchlein hinein, wer etwas taugt oder nicht* (12) *die Zeitungen drucken es nach, und die Kindlein, sie schreiben es ab* (14) *doch die Helden wollten nicht recht heraus mit der Sprache* (15) ›*Herr Lehrer*‹, *begann er,* ›*mein Hiersein hat den Grund in* [. . .] *Mein Hiersein*‹, *begann er wieder* [. . .], ›*hat seinen Grund in* [. . .]‹ ›*Ja*‹, *sagte ich und mußte lächeln:* ›*Ihr Hiersein wäre also nicht umsonst –* ‹ ›*Bedauere bitte*‹, *unterbrach er mich schroff,* ›*ich bin zu Scherzen nicht aufgelegt!* [. . .]‹ (18 f.) ›[. . .] *Denn ich möchte die Altersgrenze erreichen, um die volle Pension beziehen zu können.*‹ *Das ist ja recht fein, dachte ich* (20) ›[. . .] *haben wir Endesunterzeichneten kein Vertrauen mehr zu Ihnen und bitten um* [. . .]‹ *Ich blicke die Endesunterzeichneten an* (22) *Ich erkannte ihn sogleich. Es war unser Julius Caesar. Ursprünglich ein geachteter Kollege, ein Altphilologe vom Mädchenlyzeum, geriet er in eine böse Sache* [. . .] *Eine gestrandete Existenz* (27) *in die sogenannte freie Natur hinaus* (34) usw.: Die realisierungsarten von ironie sind besonders zahlreich bei Horváth: substitution durchs gegenteil, durch übertreibung, durch understatement, repetition eines ausdrucks auf anderer ebene usw.[17] Läßt sich an derart reichem material vielleicht herausfinden, was ironie kennzeichnet? Welches vorwissen, welche kenntnis von wertmaßstäben dazu vonnöten ist?

14.5. Wortspiel. [. . .] *der Schiedsrichter* [. . .] *parteiisch oder parteilos* (14) *im letzten Kriegsjahr zum erstenmal geliebt* (20) *Dann leben wir weiter und sind doch tot* (25) *Drüben ist eine Bar, dort werd ich was trinken, wenn sie billig ist. Sie ist nicht teuer* (25) *erotisch, politisch, moralisch etcetera, alles wurde vermantscht, verpantscht* (29) *ein kleiner, bescheidener Mann* [. . .] *Er schien noch kleiner geworden zu sein* (31 f.) *der Kleinste der Klasse war. Seine Mutter war auch klein. Der große Tormann* [. . .] (32) *das Sägewerk, das nicht mehr sägt* (38) *Der Wein des Pfarrers schmeckt nach Sonne. Aber der Kuchen nach Weihrauch* (47) *Die Erde ist noch rund, aber die Geschichten sind viereckig geworden* (55) *ich überwache die Wache* (55) *Komisch: ich glaube an den Teufel, aber nicht an den lieben Gott* (57) *Der N geht, der Z kommt* (61) *Eva* [. . .] *Wer ist Eva? Ich weiß nur, wer Adam ist. Adam ist der Z* (64) *Adieu Zukunft, lieber Z* (70)! [. . .] *bessere Besserungsanstalten* (84) *der Bäckermeister N horcht auf meine Stimme hin gehässig auf. Er könnt mich wahrscheinlich erschlagen. Mit einer altbackenen Semmel* (88) [. . .] *von seiner ehemaligen Zukunft spricht* (89) *Ich sehe die hohen grauen Häuser und sage:* ›*Wenn man nur wüßte, wo Gott wohnt*‹ (95) *der Bäckermeister wurde bleich wie Teig* (100) *Der Fisch bestellt sich Erdbeer und Zitrone* (109) *Lieber Brot als tot* (113)!

Wie winzig sind plötzlich die großen Gebieter und wie arm die rei-
chen Plebejer! [. . .] *Wie verwaschen die Fahnen* (113)*!* ›*Alles aus-*
steigen!‹ *Ich bin der einzige Fahrgast* (127) *Die Stunden gehen, die*
Wunden stehen (139) *Hier ist die Endstation, wir fahren weiter* (143)
Man durchstöberte alles und fand nichts (144) *Der Neger fährt zu*
den Negern (149) usw.[18] Auch für wortspiele, oft stilästhetisch
nicht hoch gehandelt, ja, selbst für kalauer[19] ist sich Horváth nicht
zu schade: Scherz, satire, ironie und tiefere bedeutung!

14.6. Metaphern. *Sie leben in einem Paradies der Dummheit,*
und ihr Ideal ist der Hohn. Es kommen kalte Zeiten, das Zeitalter
der Fische [. . .] *die Erde dreht sich in das Zeichen der Fische hin-*
ein. Da wird die Seele des Menschen unbeweglich wie das Antlitz
eines Fisches (29) *daß mich* [. . .] *noch einer anstarrte* [. . .] *Er lä-*
chelte leise, überlegen und spöttisch [. . .] *Er lächelte noch immer,*
seltsam starr. Zwei helle runde Augen schauen mich an. Ohne
Schimmer, ohne Glanz. Ein Fisch? (34) *Die Wolken ziehen, jetzt*
kommt der Schnee (47) *Ich möchte nur wissen, ob der Schnee kom-*
men kann (124) *Ist es das Alter? Unsinn! Es ist doch noch Sommer*
[. . .] *Ja, es ist noch Sommer, aber man wartet schon auf den Schnee*
(124) *Eva, bist du schon der Herbst?* (102) [Abschnittsüberschrift:]
Herbst (123) usw. usw. Also: *kalt – fisch – augen – schnee – sommer*
– herbst, außerdem: *frieren – netz – gott – licht – neger – unkraut*
usw. Einiges ist bereits oben gesagt; weiteres bei Steets[20], Goltschnigg[21], Schröder[22] und Kaiser[23].

15

Resümee: Was Horváth hier schreibt, ist – kein zweifel – poetische
prosa mit sehr bewußter sprachverwendung und minutiös geplanter textorganisation, deren (text-interne) vordergrund-brillanz aus
dem (text-externen) politischen bewußtseins-hintergrund entsteht: o-ton des dialekts, des alltags, der herrschenden – zitiert,
kommentiert, ironisiert: darstellung, ausdruck, appell. Das allbe-
kannte *aut prodesse volunt aut delectare poetae* des alten Horaz,
›nützen‹ und ›erfreuen‹ als ziele des autors, aktueller formuliert:
›bewußtsein schaffen‹ und ›spaß bringen‹: das hat Horváth in seinem roman *Jugend ohne Gott* m. e. in besonderer weise erfüllt und
verwirklicht.

16

Kunst ist kein zufall – heißt es seit jahren in der scene. *Kunst ist zufall*, halten andere dagegen. Nein: kunst ist ergebnis von arbeit.

1983

Anmerkungen

Originalbeitrag.
 1 Bes. Axel Fritz, *Ödön von Horváth als Kritiker seiner Zeit. Studien zum Werk und seinem Verhalten zum politischen, sozialen und kulturellen Zeitgeschehen,* München 1973; Traugott Krischke, *Ödön von Horváth. Kind seiner Zeit,* München 1980; Wolf Kaiser, *»Jugend ohne Gott« – ein antifaschistischer Roman?,* S. 48-68 in diesem band; Franz Kadrnoska, *Die späten Romane Ödön von Horváths. Exilliteratur und Vergangenheitsbewältigung,* in: Österreich in Geschichte und Literatur 26 (1982, 2), S. 81-109; siehe auch S. 69-91 in diesem band.
 2 Wenig exakt von Kurt Kahl, *Der Dramatiker in der Krise* (1966), wiederabgedruckt in: *Mat. ÖvH,* S. 147-161; Horst Jarka, *Sprachliche Strukturelemente in Ödön von Horváths Volksstücken,* in: Colloquia germanica 7 (1973), S. 317-337; Hajo Kurzenberger, *Horváths Volksstücke. Beschreibung eines poetischen Verfahrens,* München 1974; etwas detaillierter von Jenö Krammer, *Ödön von Horváths Romane,* in: Österreich in Geschichte und Literatur 13 (1969), S. 240-251; K.S. Parkes, *The Novels of Ödön von Horváth,* in: New German Studies 3 (1975), S. 81-97; Wilfried Nolting, *Der totale Jargon. Die dramatischen Beispiele Ödön von Horváths,* München 1976; Dietmar Goltschnigg, *Pauschalierungen, Euphemismen, Anekdoten, Witze und Metaphern als Formen des Sprachklischees in Horváths Dramen,* in: Kurt Bartsch, Uwe Baur, Dietmar Goltschnigg (Hg.), *Horváth-Diskussion,* Kronberg 1976, S. 55-66; Jürgen Schröder, *Das Spätwerk Ödön von Horváths* (1976), wiederabgedruckt in: *ÖvH,* S. 125-155; Wolf Kaiser (vgl. anm. 1); gut und ergiebig von Angelika Steets, *Die Prosawerke Ödön von Horváths. Versuch einer Bedeutungsanalyse,* Stuttgart 1975.
 3 Vgl. K. Baumgärtner, *Sprache, Technik und Dichtung,* in: M. Gerhardt (Hg.), *Linguistik und Sprachphilosophie,* München 1974, S. 171-189; C. Küper, *Linguistische Poetik,* Stuttgart 1976; G. Heintz, *Sprachliche Struktur und dichterische Einbildungskraft, Beiträge zur linguistischen Poetik,* München 1978; W. Fleischer (Hg.), *Das literarische Werk als Gegenstand linguistischer Forschung,* Berlin 1978; H.F. Plett, *Textwis-*

senschaft und Textanalyse. Semiotik, Linguistik, Rhetorik, Heidelberg 1975, ²1979; R. Jakobson, *Zur Diskussion über die Grammatik der Poesie*, in: Sprachwissenschaft 6 (1981), S. 245–274; demnächst B. Garbe (Hg.), *Konkrete poesie, linguistik und sprachunterricht,* (im druck).

4 Parkes, S. 93.

5 Steets, S. 177 ff.

6 Nach Garbe, *Experimentelle texte im sprachunterricht,* Düsseldorf 1976, S. 118.

7 Vgl. Kahl, S. 160; bes. Steets, S. 26 ff.

8 Vgl. Garbe, *Experimentelle texte im sprachunterricht,* S. 138 f.

9 Übereinstimmend Steets, S. 142 f., Nolting, S. 43-51.

10 Martin Sperr, *Nachwort,* in: G. Deckart, G. Kapfhammer (Hg.), *Bayrisches Lesebuch,* München 1971, S. 416 f.

11 Das von Schröder, S. 139, angesprochene »Sprachfeld« ist mir zu diffus, als daß es hier mitberücksichtigt werden könnte.

12 Wichtiger hinweis bei Schröder, S. 125.

13 Vgl. Schröder, S. 125.

14 Vgl. B. Garbe, *Die Komposition der Aristotelischen »Poetik« und der Begriff der ›Katharsis‹,* in: Euphorion 74 (1980), S. 312–332.

15 Ähnlich Krammer, S. 247; Parkes, S. 94.

16 Ähnlich Goltschnigg, S. 182 ff.; Steets, S. 225 ff.

17 Dazu einiges bei Jarka, S. 334 ff.

18 Einige analysen bei Steets, S. 134-140.

19 Nolting, S. 138-140.

20 S. 66 f., 93 f., 210 ff.

21 S. 62 f.

22 S. 59 ff.

23 S. 57 f.

Ulf Birbaumer

Trotz alledem: die Liebe höret nimmer auf
Motivparallelen in Horváths »Der Lenz ist da!« und »Jugend ohne Gott«

> Durch die Straßen marschierten die Mädchen, die den ver-
> schollenen Flieger suchen, die Jungen, die alle Neger ster-
> ben lassen, und die Eltern, die die Lügen glauben, die auf
> den Transparenten stehen. [. . .] So preisen die Schwach-
> sinnigen und Lügner den Tag, an dem der Oberplebejer ge-
> boren ward. (*Jugend ohne Gott*, 112).
> Ein Frühlingserwachen in unserer Zeit (Untertitel zu *Der
> Lenz ist da!*) (WA 7, 100).

I

Der unvoreingenommene Leser ist vorerst überrascht. Das Dra-
men-Fragment *Der Lenz ist da!* – frühestens 1934 entstanden[1], als
zum Teil dialogisierte Vorstufe (samt Exposé) zum Roman *Jugend
ohne Gott* (1937) zu sehen – hat dem Roman gegenüber nicht zu
übersehende strukturelle Vorteile aufzuweisen. Trotz der, zumindest passagenweise, sprachlichen Meisterschaft des Romans (man
beachte beispielsweise unser Motto, das die wichtigsten Motive,
Symbole, Zeichen des Romans in nuce versammelt) scheinen mir
die Form des Dramas, die knappen, konzisen Dialoge dem Haupt-
thema, dem Leben (vor allem der Jugend) im faschistischen
Staat – mit nur fallweise deutsch-österreichischen Konkretisie-
rungen –, und der kritischen Grundhaltung des Autors adäquater
zu sein. Die theatralische Form zwingt ihn, von seiner eigenen Person zurückzutreten, sein mögliches Denken und Handeln auf
mehrere Bühnenfiguren aufzuteilen, Kritik aus größerer Distanz
zu üben, ohne dabei an Schärfe zu verlieren. Er wirkt manchmal
wie einer der Jungen in seiner Klasse, der – kein Geld in der Tasche
– durch ein Loch im Bretterzaun aufs Fußballfeld blinzelt, um wenigstens ein paar Szenen eines faszinierenden Geschehens mitzuer-
leben. Die Figuren bekommen mehr Eigenständigkeit, mehr Pla-
stizität durch die schärferen Konturen, die das »szenische Design«
notwendigerweise verlangt, ungetrübt durch den Blick des be-

schreibenden Ich-Erzählers. Unwesentliches muß unterbleiben oder wird zum dienenden Element im ganzen szenischen Geschehen.

Das »Frühlingserwachen in unserer Zeit« bleibt in den Theaterszenen allgemeiner, parabelhafter: *Der Lenz ist da!* ist so etwas wie der dramatisierte Succus von *Jugend ohne Gott* (künftig als *Lenz* und *Jugend* bezeichnet); der Theaterforscher muß bedauern, daß *Lenz* Fragment geblieben ist – unvollendbar zudem, denn das überlieferte »Exposé (Skizze)« (*WA* 7, 116 ff.) macht nur für den ersten Akt genauere Angaben, die, samt den dafür bereits ausgeführten Bildern 1, 2, 3 und 5, eine Rekonstruktion oder zumindest eine ziemlich präzise Vorstellung vom voraussichtlichen Endprodukt ermöglichen. Die Akte 2 bis 4 bleiben selbst in Exposé-Form noch so fragmentarisch, ja flüchtig, daß nur wenig daraus zu folgern ist. Eigentlich wirken sie wie später fast lustlos hinzugefügt (nur eine ansatzweise Information für Dramaturgen?), so, als wäre der Autor mit seinen Gedanken bereits ganz woanders: beim *Schlamperl* (auch Fragment), fürs Theater bei *Himmelwärts*?

Drei Motiv-Gruppen dominieren beide, trotzdem in engem Konnex zu sehenden Texte: die Hinweise auf einen militaristisch-autoritären Staat (mit klaren Bezügen auf den Hitler- und den Austrofaschismus) wie Sport als Wehrertüchtigung, Räuber- und Gendarmspiele im Dienste der Erziehung zum Krieg (das in beiden Texten angesprochene Den-»Verschollenen-Flieger-Suchen«), das »Gemeinschaftserlebnis« als Vorbereitung für die Front (für die männliche Jugend) und als Vorbereitung für wehrhafte Aufgaben im Hinterland (für die Mädchen). Kritische Anmerkung innerhalb des subjektiven narrativen Klammerelements (der Ich-Erzählung des Lehrers): »Wir stehen alle im Feld. Doch wo ist die Front?« Der Widerstand gegen dieses Zwangssystem bleibt individualistisch, eine verinnerlichte moralische Schizophrenie[2]; Existenzangst steht gegen innere Wahrhaftigkeit (Fähnchen raushängen, 112, gegen offene Aussage vor Gericht, 100 f.), und die Synthese ist nicht der aktive Widerstand, sondern die Fluchtwelt: Afrika (148 f.).

Immerhin führt der Lehrer den Spitznamen »der Neger« (120) – Bezeichnung für die Gegenposition; schließlich gibt es ja zu Beginn des Romans den Schulskandal wegen der kritischen Bemerkung des Lehrers zum Aufsatz des N: »Alle Neger sind hinterlistig, feig und faul.« (13) (Aber was das Radio sagt, darf ein Schüler auch in einem Aufsatz schreiben!) Nur einer nennt den Lehrer »den Fisch«: der Schüler T, und gerade der hat selber Fischaugen (34). Die Fische dominieren das neue, gar nicht goldene Zeitalter: sie beobachten nur, handeln aber nicht. Sie sind Verräter, Denunzianten, Mitläufer. Fast wäre auch der Lehrer ein angepaßter Fisch geworden. In der Folge reichts immerhin zum moralischen (stillen) Widerstand.

Die zweite Motivgruppe trägt die Bezeichnung »Liebe«: die Sachlichkeit, das Herunterspielen auf die bloße Funktionalität entspricht der großen Zeit des »Oberplebejers«; der Direktor erinnert an die reichen Plebejer der römischen Geschichte, die das Volk verließen, um sich ihren Unterdrückern anzuschließen. Die »unheilvolle Verbindung von Macht und Reichtum«[3] ließ den Oberplebejer erst zu voller Monstrosität aufsteigen. Dem wird von Horváth eine andere Liebe, der marschierenden Venus eine andere Weiblichkeit, durchaus auch die »emanzipierte« Weiblichkeit von Eva (*Jugend*)/Kitty (*Lenz*) entgegengestellt.

Die dritte große Gruppe schließlich umfaßt Ökonomie und Soziales: aufgelassene Fabrik, unterbezahlte Heimarbeit, Arbeitslosigkeit und Berufsverbote als Folgen einer ausschließlich auf totalen Krieg ausgerichteten Wirtschafts- und Gesellschaftspolitik. Horváths Tugend des »sozialen Mitleids« wird dem kritisch entgegengesetzt, auch gegen die wirtschaftliche Wirklichkeit der Mitte der dreißiger Jahre. Der Blickwinkel aus der Zeit der Weltwirtschaftskrise wird prophetisch für Kommendes in die faschistische Vorkriegszeit hineingenommen – eine legitime Abweichung von der historischen Wirklichkeit, die ja nirgends angestrebt ist.[4]

Ähnlich wie in *Ein Kind unserer Zeit* unterstreicht auch hier die Wirtschaftskrise die Gesamtkatastrophe eines kalten, ja fast tödlichen Zeitalters der Fische. Die bewußte Zeichensetzung als legitimes poetisches Mittel kommt wiederum dem Theater mehr zugute als der Prosa, in der allerdings die Zwischentitel die unterstreichende Verstärkung besorgen: die Neger, das Brot, die reichen Plebejer, die Pest, der Tormann, der totale Krieg usw. Klare Hinweise auf unauflösbare Widersprüche in dieser totalitären Apokalypse. Hier wird es überaus deutlich: die Motivik, die Wahl der Symbole (Brot, Unkraut, Fahne), der Einsatz der präzis gewählten Zeichen dienen der Allgemeingültigkeit und sollen die Zensuranfälligkeit (trotzdem ist auch Horváth zum »verbrannten Dichter« geworden!) mindern. Horváths Werk, Theater (»Stille«, »Schwei-

gen« zwischen den Dialogen) wie Prosa, bietet insgesamt eine
Dramaturgie an, die geradezu auffordert, das Zwischen-den-Zei-
len-Lesen, ja das »Gegen-den-Strich-Lesen« einzuüben, als »Ein-
übung in Katastrophen« (Dorothea Zeemann). Allerdings gibt der
Roman *Jugend* die im *Lenz* durch die dramatische Form geradezu
aufgezwungene Distanz stellenweise vollständig auf. Ja, mehr
noch: es scheint kaum ein größerer Gegensatz zur szenischen
Struktur von *Lenz* denkbar als die für den motivverwandten
Roman *Jugend* gewählte Form der Ich-Erzählung als Tagebuch-
Krimi. Das Tagebuch im Tagebuch, das voyeuristische Moment
(Tagebuchlektüre, Zuschauen beim Liebesakt) innerhalb einer
voyeuristischen literarischen Form dient geradezu als Unterstrei-
chung des Subjektivismus.[5]

   Dieser Subjektivismus ist überhaupt Kennzeichen des späteren
Horváth. Offenbar wird durch den Leidensdruck aufgrund der faschistischen Progression die persönliche Betroffenheit direkt vorgeführt. Eine Bestätigung liefert Horváth selbst: er distanziert sich
nunmehr von fast allen seinen Stücken.[6] Als einziger dramatischer
Plan bleibt der zu einer *Komödie des Menschen*, wohl eine ganz
bewußte Anspielung auf Imre Madáchs *Tragödie des Menschen*.[7]
Und die Tragikomödie rund um den kuriosen Tod des Humani-
sten Ödön Horváth könnte noch von ihm selbst erdichtet worden
sein.

   Den Emigranten, den eigentlich selbsternannten Ahasver Horváth, den Diplomatensohn, der als »österreichisch-ungarische Angelegenheit« nirgends wirklich zu Hause war, lockt die Ferne wie
den Lehrer aus *Jugend*, nachdem er aus dem Paradies vertrieben
worden war, auch aus dem zweifelhaften Paradies der unerfüllten
Liebe zu Kitty/Eva, vertrieben auch wie Ella Wald durch Berufsverbot, durch die Zeichen einer unwirtlichen Faschisierung des gesamten gesellschaftlichen Umfelds. Längst ist das kein purer All-
tagsfaschismus mehr, das sind die Fahnen eines auf tausend Jahre
programmierten Reiches des »Oberplebejers«. Ella kommt in eine
Irrenanstalt, der Lehrer zieht es unter Mithilfe des Pfarrers und des
klugen Ex-Lehrers Julius Caesar vor, über die Wasser zu gehen.
Nach Afrika: als ein Neger zu den Negern (149), uneinholbar für
die Plebejer.

Motive quellen da mächtig und in bunter Palette hervor, nicht selten Symbol, ja Synonym für Wirklichkeitsflucht.[8] Harmlos hatte
es begonnen: mit Sport, mit Fußball.

Die Sportbegeisterung der zwanziger und dreißiger Jahre ist nicht
ideologisch einzugrenzen: präfaschistischen Tendenzen (entsprechend »postfaschistischen« heute: Turnerbund, Neo-Nazi-Em-
bleme bei Anhängerklubs von Fußballvereinen) gesellte sich
Sportbegeisterung auch aus anderen Lagern hinzu: Arbeitersport-
vereine, jüdische Klubs (z. B. Hakoah – Friedrich Torberg betä-
tigte sich als Wasserballer), Brechts Freundschaft mit dem Boxer
Paul Samson-Körner ist auf einem berühmten Foto dokumentiert[9]; alle die Dichterbeziehungen zum Sport schlagen sich literarisch nieder. Der Theaterkritiker Herbert Jhering schließlich
schickt seine jungen Kollegen statt ins Deutsche Theater oder ins
Burgtheater auf die Fußballplätze und in die Boxarenen, damit sie
dort etwas über die Alltagsbezogenheit von Theater lernen und das
Diktat der Premiere im Rahmen der Repräsentanzkultur vergessen.[10] Und 1981 lautet in der BRD der Titel eines Theaterbuchs:
Theater muß wie Fußball sein.[11]

Horváth war also lediglich einem Phänomen unseres Jahrhunderts verfallen, wenn auch er schon 1924 in einem seiner hübschen
Sportmärchen, nämlich der *Legende vom Fußballplatz*, von einem
kleinen Buben erzählt, der bei jedem auch noch so unterklassigen
Match hinter dem Tor im Grase saß, auch im nassen, so daß er
schließlich die irdischen Fußballplätze aufgrund einer Lungenent-
zündung verlassen mußte und zum »seligen Fußballwettspielzu-
schauer« avancierte.[12]

Dieses Motiv kehrt in *Jugend* ziemlich genau wieder, wenn der
W, der liebste Schüler in der Klasse von Lemuren (der B entpuppt
sich ja erst später als Freund, wenn er mit seinem Klub »Für Wahrheit und Gerechtigkeit« dem Lehrer zu Hilfe eilt. 118 ff.), einen
letzten Wunsch – auch er hat sich zu Tode erkältet – an seinen Lehrer heranträgt: nämlich den berühmten Tormann zu sehen, bei dessen packenden Erzählungen über große Schicksalsmatches der
kleine Fußballfan schließlich verzückt und zufrieden einschläft,
um ebenfalls mit den Engeln weiterzuspielen (31 ff.). Das Thema
wird etwas später in einer Reminiszenz durch den Lehrer nochmals
aufgegriffen: »Ich denke an den toten W. Ja, du warst der Kleinste

der Klasse – und der Freundlichste. Ich glaube, du wärst der einzige gewesen, der nichts gegen die Neger geschrieben hätt. [. . .] Wo bist du jetzt? Hat dich ein Engel geholt, wie im Märchen? Flog er mit dir dorthin, wo all die seligen Fußballer spielen? Wo auch der Tormann ein Engel ist [. . .]?« (37).

Schon in *Lenz* sollte Fußball offenbar einen Fixplatz im Gesamtkonzept erhalten, als Bild für den »Kampf des Fleisches wider den Geist«[13]: Peter, »der Repräsentant des Geistes«, meint, »beim Fußball käme es nicht auf die Tore an, sondern darauf, daß schön gespielt werden müßte« (Exposé). In die bereits ausgeführten Szenen hat das Motiv in dieser semantischen Differenzierung nicht Eingang gefunden. Peters intellektuelle, kreative charakterliche Besonderheit wird anders vorgeführt. Er liest selbst beim Kartoffelschälen: »Von der Würde des menschlichen Lebens« wahrscheinlich, wie der Robert, von dem in *Jugend* (29) erzählt wird.[14] Auch B und die Klubmitglieder lesen verbotene Bücher, die demnächst auf dem Scheiterhaufen der Nationalsozialisten verbrannt werden (oder schon verbrannt worden sind).

Ansonsten kommt die Jugend in beiden Texten schlecht weg, im *Lenz* ist sie meist abstoßend, geistfeindlich und zynisch. Zynisch geben sich vor allem die Mitglieder der jugendlichen Bande; ihr Zynismus – und hier regt sich wieder Horváths soziales Mitleid – resultiert aus den ökonomischen Zwängen: soziale und psychische Verwahrlosung. Das Mädchen Else hat einen älteren (verheirateten) Freund; sie »will nichts mit [dieser] Jugend zu tun haben« (*WA* 7, 112).

In *Jugend* wird es noch ärger, weil die Folgen schon absehbar sind: Kälte, Charakterlosigkeit, Glotzäugigkeit und Glucksbäuchigkeit (frei nach Tucholsky) machen sie verführbar und mißbrauchbar für die Zwecke der Machthaber.[15]

Mißbraucht wird auch der Sport, die Sportbegeisterung dieser Jugend. Sport, Gymnastik als Rucksackwandern, Marschieren, Exerzieren bei Buben und Mädchen findet sich in beiden Texten. Als allgemeineres Zeichen steht es für Militarisierung, Wehrertüchtigung, Kriegsspiel, Manöver – das Sandkastenspiel als Vorübung für den Ernstfall wie das den »Verschollenen-Flieger-Suchen« (*WA* 7, 118: »einen abgestürzten Flieger suchen – der Flieger wird durch ein grellbemaltes Holz markiert«; *Jugend*, 40). Dabei wird gesungen: ein Lied von »unsere Feinde schlagen« (*WA* 7, 118). Begriffe wie »Gemeinschaftslager«, »Gemeinschaftserlebnis«

stehen für die Ideologie der Machthaber im Zeitalter der Fische. Gemeinschaftserlebnis – was das ist? Der Dillinger aus der Bande der Höhlenkinder definiert es mit fast Nestroyscher Ironie: »Das ist, wenn alle zur selben Zeit dasselbe erleben . . .« (WA 7, 103) Die Außenseiter, die kleine Diebsbande aus ökonomischen Zwängen, haben dafür nur Verachtung übrig. Für die sind die »hehren« Ziele der Wehrertüchtigung sinnlose und lächerliche gymnastische Übungen, vor allem bei den Mädchen: »Am Bauch sinds auf der Wiesen gelegen und sind geschwommen und haben gerudert, als wär das Gras ein Wasser.« (WA 7, 103)

Indes: der Drill ist ja längst Ernst geworden. Der Ernstfall wird simuliert bis tief in die Nachtübung hinein. »Ob Junge oder Mädchen, der Unterschied verschwindet immer mehr . . . Flitter und Tand gibts statt Zucht und Disziplin. Abhärtung und Sport.« (WA 7, 109) Nicht nur die Männer werden in den Krieg ziehen, wenn es nach dem Willen der »Sportserscheinung« (WA 7, 118)[16] geht, »wir Frauen ziehen mit« (WA 7, 109). Die Lehrerin in *Jugend* doziert in NS-Propaganda-Deutsch (Horváth stellt diese Sprache des Oberplebejers bewußt aus, so oft sich Gelegenheit dazu bietet): »Wir berücksichtigen weder Flitter noch Tand, wir legen mehr Wert auf das Leistungsprinzip als auf das Darstellungsprinzip.« (40) Die mißleiteten Töchter der Eva werden zu rucksackschleppenden Venussen umerzogen in wehrsportlichem Spiel. Amazonen im Hinterland suchen einen weißen Pappkarton (*Jugend*) oder ein grellbunt bemaltes Holz (*Lenz*) im Verschollenen-Flieger-Spiel. Der Lehrer in seinem Zelt im Lager kann nicht einschlafen. Und er denkt, daß morgen der Ernst beginnt. »Ja, der Ernst. In einer Kiste neben der Fahnenstange liegt der Krieg. Ja, der Krieg.« (38)

Der totale Krieg!

III

Liebesbriefe, lyrische Gedichte, Tagebücher, sexuelle Neugier, erste Liebe haben in dieser paramilitärischen Tauglichkeitsideologie keinen Platz. Liebe ist sachlich, meinen die Buben, eine überschätzte Sache (eine gute Zigarette bedeutet ihnen mehr) – eine normale körperliche Funktion.

Und die Mädchen? Sie ziehen dahin in militärischer Ordnung.

Der Ich-Erzähler in *Jugend* sarkastisch: »Marschiert nur zu, Mütter der Zukunft.« (41) In *Lenz* drückt Dillinger aus der »Viererbande« die kritische Meinung Horváths zum dickbeinigen Mädchenvorbeimarsch so aus: ». . . die trainieren auf Mutter.« (*WA* 7, 103) Dieses Mutterbild steht hier für Nazi-Ideologie. Es wird auch lange nach dem Krieg zur Kennzeichnung von neonazistischer Einstellung wieder gebraucht, etwa von Franz Josef Degenhardt in seinem Lied *Hier im Innern des Landes* . . . [17]: »Wie oft hat man sie schon tot gesagt, doch, hier, im Innern des Landes, da leben sie noch; die gewaltigen Mütter mit Kübelhintern, Bewahrer der Sitten und Leittier den Kindern . . .«

Eigentlich ist es eine Motivkette, die in beiden hier erläuterten Texten Horváths immer wieder auftaucht: auf der einen Seite Liebe-Frau-Mutter, die marschierende Venus und die Amazone, auf der anderen das liebende Mädchen (Kitty/Eva, aber auch Else, Annie und ihre Freundin), das dieser militaristischen Vergewaltigung Widerstand leistet, ob als verwahrloste, liebende Jugendbandenchefin oder als Liebesbriefschreiberin oder lediglich in jungmädchenhafter Körperbezogenheit. Sie alle setzen in entscheidenden Momenten traditionelle Weiblichkeit (Liebes- und Zärtlichkeitsbedürfnis – trotz dabei gestohlener Uhr wie bei Kitty –, Weinen, Liebesbrieftransport) gegen angelernte »Männerhärte«.

Horváth ist in seinem Gesamtwerk auf der Seite der ausgebeuteten und vergewaltigten Frauen und ist in diesem Sinne Feminist. Als solcher muß er jede mißgeleitete Emanzipationsbestrebung geißeln, den Versuch, Mädchen so den Männern (Burschen) gleichzusetzen, wie das die neue Ideologie fordert. Er begegnet dieser Ideologie mit bitter-spöttischer Ironie: Muttertraining für den Krieg, denn der Oberplebejer braucht Soldaten. Für Horváth muß ein Keim des Widerstandes (Prinzip Hoffnung) sichtbar bleiben. Die rucksacktragenden Venusse haben den verschollenen Flieger nicht gefunden. Der Ich-Erzähler (Lehrer) in *Jugend* wäre fast draufgetreten. Wieder wird er, diesmal unfreiwillig, zum Voyeur: Zwei Mädchen sitzen erschöpft im Dickicht, mit geschwollenen Füßen und verschwitzten, fettigen Haaren. Und sie haben es satt: »Ich möcht mich waschen und kämmen und bürsten.« (44) »Flitter und Tand« sind also trotz aller Wehrertüchtigung nicht auszurotten.

Die Lehrerin, die das Liebesbriefe-Schreiben und das Schreiben lyrischer Gedichte als Subordination mit Hausarrest bestraft, gibt schließlich einen Brief, den sie abgefangen hat, selbst zur Post (*WA* 7, III). Die meisten ihrer Schülerinnen sind bereits verhärteter als sie selbst. Sie weint sogar im stillen Kämmerlein: »Auch die Lehrerin hat neulich heimlich geweint.« (44)

In *Lenz* wird der Liebe zwischen Kitty und dem sensiblen, geistvollen Peter von Horváth grundsätzlich positive Bedeutung zugemessen. Mag sein, daß diese Beziehung ursprünglich nur als Mittel dienen sollte, an Peters goldene Uhr zu gelangen. In der moralischen Endabrechnung aber stellt Kitty sich mutig vor ihn: gegen die Bande, gegen die Polizei. Aus Liebe.

In *Jugend* wird die Beziehung vom Ich-Erzähler, also vom Lehrer, zu Eva aufgebaut. Sie hat für einen Mittdreißiger sicher pubertäre Züge. Er beobachtet Eva voyeurhaft, nachts, im Mondlicht, als sie sich mit Z trifft: »Sie muß einen schönen Rücken haben. Ihre Augen möchte ich sehen – [. . .] Das Mädel ist nackt. [. . .] Sie ist sehr weiß. [. . .] Sie gefällt mir immer mehr. [. . .] Sie hat herrliche Beine. [. . .]« (73 f.) Eine heimliche Liebeserklärung mitten im Zeitalter der kalten Fische. Aber die Liebe höret nimmer auf . . .

Dem Lehrer in *Jugend*, dem Neger, kommen dann noch, nach dem Prozeß, eher herbstliche Liebesgedanken. Der Schnee, der in *Ein Kind unserer Zeit* alles zudeckt, ragt wie eine Gletscherzunge mitten in diesen seltsamen, noch vorkriegszeitlichen Frühsommer. Er verändert die sinnliche Liebe, es regt sich Horváths »soziales Mitleid«: »Ich möchte ihr helfen, damit sie nicht friert. Ich möchte ihr einen Mantel kaufen, Schuhe, Wäsche. Sie braucht es nicht vor mir auszuziehen –« (124) Der Lehrer möchte nur wissen, ob der Schnee kommen kann. Er möchte, daß es Eva gut geht. Mitleid töte jede Liebe, heißt es. Die Volksweisheit trifft auf Horváths Figuren hier nicht zu, denn der Lehrer sagt: »Aber nun liebe ich anders.« (123)

IV

Dieses »Anderslieben« ist also verbunden mit dem sozialem Mitleid. Die Motive, mit denen das soziale Engagement (bis hin zur Kapitalismuskritik im Zusammenhang mit den Herrschenden) seinen Ausdruck findet, sind bereits in der Vorstufe *Lenz* ausgeprägt (mit geringen semantischen Varianten): Brot (*WA* 7, 107; *Jugend*

23, 42, 43) Fabrik/Sägewerk (*WA* 7, 105 ff.; *Jugend* 48 ff.), Heimarbeit (*WA* 7, 107; *Jugend* 46), Einsamer Hof (*WA* 7, 114; *Jugend* 41), Höhle (*WA* 7, 100 f., 106; *Jugend* 64 f., in Z's Tagebuch).

Wie bereits gesagt: die aktuelle historische Wirklichkeit kann, im Gegensatz zu Axel Fritz' etwas voreiliger Kritik, gar nicht zur Debatte stehen. Horváth durchschaut den vorkriegszeitlichen Wirtschaftsaufschwung als trügerisch (Waffen-Großindustrie). Das kommende Elend ist auch für den Nichtökonomen abzusehen. Also wird in *Lenz* und *Jugend* die Kritik am Zeitalter der reichen Plebejer literarisch durch die Fiktion der fortbestehenden Wirtschaftskrise unterstrichen. Der optimistischen Demonstration wehrtüchtiger Stärke werden Arbeitslosigkeit, Heimarbeit zum Hungerlohn, aufgelassene Fabriken (der Sägewerkskonzern war nicht mehr rentabel), beginnende Verelendung wohl auch des Bauernstandes (trotz des noch vorhandenen Specks und Brots), das aus dieser Not resultierende verwahrloste, diebstahlbereite Außenseitertum entgegengesetzt. Die jugendliche »Viererbande« wählt sich ein verborgenes »Gegendorf«: die Höhle. Sie dient als Zufluchtsort, als Versteck für die gestohlenen Güter, als Stützpunkt für die jugendlichen Partisanen, als waffenloses, (fast) gewaltfreies Widerstandsnest.

Die Bande lebt in Anarchie. In der zufälligen Konfrontation mit den Buben aus der Stadt wird deutlich Bildungsfeindlichkeit artikuliert, bei Arbeitslosen, Chancenlosen, Verwahrlosten auch durchaus verständlich: »Lernen ist keine Arbeit.« (*WA* 7, 107) Das sagt jeder, der kein Brot hat. Die Bande holt sich das Brot dort, wo es noch eins gibt, in jenem einsamen Bauernhof, wo die blinde Alte leicht zu übertölpeln ist (*WA* 7, 114 f. und 41 f.).[18]

Weil sie nicht Heimarbeit leisten wollen für einen Schandlohn (der etwa so hoch ist wie die Arbeitslosen-»Unterstützung«, die sie gar nicht bekommen können), sondern sich das Brot nehmen, wo sie's finden, sind sie Unkraut. Bauer: »Es ist Unkraut und gehört vertilgt!« (42)

Wer hört da nicht den aktuellen Volksmund sprechen? Einsperren! Aufhängen! (Das hätt's unterm Hitler nicht geb'n!)

Lernen ist keine Arbeit. Die Höhlenkinder möchten lernen. Sie dürfen es nicht. Daher arbeiten sie gleich gar nicht (Hannes in *Lenz*). Hannes attackiert die Ausbeutung durch Heimarbeit: »Bei uns gibts nur Heimarbeiter – wir stellen Spielzeuge her, so kleine Puppen [noch kleiner und auch aus Holz werden sie dann für die

Winterhilfe hergestellt werden; d. Verf.] – meine Mutter näht die Röck, mein Vater schnitzt sie, meine Schwester malt sie an – lauter Prinzessinnen und Prinzen, aber wir gehen in Fetzen – manchmal hätt ich schon Lust und tät die ganzen Puppen zerhauen!« (*WA* 7, 107) Peter, der Sensible, versteht: »Heimarbeit wird natürlich miserabel bezahlt. Das ist ein hartes Brot.« (Ebd.)

In *Jugend* wird dieses wirtschaftliche Notstandsgebiet auf dem Land im Zusammenhang mit einem Besuch des Lehrers beim Dorfpfarrer beschrieben. »Die grauen Häuser stehen dicht beieinander. An den offenen Fenstern sitzen lauter Kinder mit weißen, alten Gesichtern und bemalen bunte Puppen. Hinter ihnen ist es schwarz. [. . .] Die Kinder sehen mich groß an, seltsam starr. Nein, das sind keine Fische, das ist kein Hohn, das ist Haß. Und hinter dem Haß sitzt die Trauer in den finsteren Zimmern. Sie sparen das Licht, denn sie haben kein Licht.« (46) Ein auch sprachlich wunderschönes Leitmotiv.

Der Pfarrer, ein luzider Kritiker, kennt auch die Ursache der Not. Sie »besteht nicht darin, daß mir der Wein schmeckt, sondern darin, daß das Sägewerk nicht mehr sägt. Unser Lehrer ist hier der Meinung, daß wir durch die überhastete Entwicklung der Technik andere Produktionsverhältnisse brauchen und eine ganz neuartige Kontrolle des Besitzes. Er hat recht.« (48) Hier wird klipp und klar mit der Kritik am Kapitalismus angesetzt, die unheilvolle Verbindung von Macht und Reichtum (s. o.) demonstriert. Das Sägewerk bringt keinen Profit mehr, also wird es aus Rentabilitätsgründen stillgelegt. Den Arbeitslosen bleibt die unterbezahlte Heimarbeit. Die Sägewerksaktionäre werden noch reicher, und die Kirche nimmt »in Zeiten wie diesen« die Partei der Reichen. Frage an den klugen Pfarrer: »Warum stellt sich die Kirche immer auf die Seite der Sägewerksaktionäre und nicht auf die Seite der Kinder in den Fenstern?« Antwort des Pfarrers: »Weil die Reichen immer siegen.« (51) Wen wundert es noch, daß die Heimarbeiterkinder in den Fenstern bei dieser Moral verhetzt wirken oder daß die Viererbande stiehlt? Sie sind nicht verhetzt, sondern sie haben nichts zum Fressen (vgl. 51).

Axel Fritz weist zu Recht darauf hin, daß die Kritik am Kapitalismus im Sinne der schon zitierten reichen Plebejer, die den Oberplebejer finanziell unterstützen, um im Waffengeschäft zu bleiben, in *Jugend* besonders deutlich ausfällt. Das zeigt auch der Besuch des Lehrers gegen Ende des Romans bei den Eltern des Mörders im vornehmen Villenviertel, wo der Vater des Buben als Konzernchef eine palastartige Villa besitzt (127 ff. und 143 f.). Hier verkehrt auch eine »göttliche« Filmschauspielerin X, die Freundin des Oberplebejers (128). Die totale Verbindung also von Reichtum und Macht. Und nicht zufällig fügt Horváth gerade hier sein Leitmotiv vom stillgelegten Sägewerk und den weißen, haßerfüllten Kindern an den Fenstern wieder ein (146, 148). Kontrapunktisch. Beweiskräftig. Hier wird Horváth doch noch einmal – 1937 – zum messerscharfen Kritiker seiner Zeit. Die Vercodungen sind so simpel, daß auch der mächtige Bücherverbrenner und »Kleinhäusler aus Braunau« (Ulrich Becher) bzw. seine Oberzensoren sich erkennen mußten.

V

Vom Fußball zum wehrsportlichen Drill, von der Neugier der ersten Liebe zur Liebe als einer überschätzten Sache, von der Fabrikstillegung über die ausbeuterische Heimarbeit hin zum stillen Widerstand reicht die Motivkette tief hinein in die aktuelle politische Situation Horváths. Brechts Prinzip der »Einmischung« mit künstlerischen Mitteln erscheint hier trotz aller Gegensätzlichkeiten auch von Horváth akzeptiert. Mit typisch Horváthschen Charaktermerkmalen immerhin. Vom Lehrer in *Jugend* wird ein letzter Ausweg aufgezeigt: der Fluchtweg über die Wasser zu den Negern. Die Frage ist nur, wie lange man es dort aushält.

1983

Anmerkungen

Originalbeitrag.
1 Traugott Krischke und Hans F. Prokop (Hg.), *Ödön von Horváth. Leben und Werk in Dokumenten und Bildern*, Frankfurt/Main 1972, S. 188.
2 Vgl. Axel Fritz, *Ödön von Horváth als Kritiker seiner Zeit*, München 1973, S. 99.
3 Fritz, S. 149.

4 Die Kritik von Axel Fritz zielt m. E. in diesem Punkt daneben (vgl. S. 88).

5 Das Tagebuch zählt für Horváth zum Intimsten. Der Lehrer in *Jugend* ist wohl auch deshalb zu feige, das Aufbrechen des Kästchens, in dem sich das Tagebuch befindet, einzugestehen (64 ff.). Er sagt erst vor Gericht die Wahrheit. Als Motiv findet sich das Tagebuch schon im *Fall E.*, aus dem Jahre 1930. Hier wird die Staatspolizei angeklagt, weil sie die Lehrerin Ella Wald aufgrund einer Tagebuch-Eintragung »kommunistischer Umtriebe« überführt und ein Berufsverbot veranlaßt. (Vgl. hierzu auch Jürgen Schröder, *Horváths Lehrerin von Regensburg. Der Fall Elly Maldaque*, Frankfurt/Main 1982.)

6 Traugott Krischke, *Ödön von Horváth. Kind seiner Zeit*, München 1980, S. 189.

7 Imre Madách (1823-1864), *Die Tragödie des Menschen*; erschienen 1861, Uraufführung 1883.

8 1935 entstanden mehrere Skizzen und Fragmente aus dem Themenbereich »Flucht aus der Gegenwart«. Vgl. Krischke, S. 283.

9 Siehe Ernst Schumacher, *Leben Brechts*, Berlin 1978, S. 49, Abb. 85.

10 Vgl. Herbert Jhering, *Die vereinsamte Theaterkritik*, Berlin 1928.

11 Dieter Roberg, *Theater muß wie Fußball sein*, Berlin 1981.

12 Siehe *Legende vom Fußballplatz* aus den *Sportmärchen*, in: *WA* 5, 30 ff.

13 *Theodors Tod*, in: *WA* 5, 110.

14 »Neulich hat er so ein bestimmtes Buch gelesen, heimlich – nein, kein erotisches, sondern ein nihilistisches. Es [. . .] ist streng verboten.« (Ebd.)

15 Vgl. Fritz, S. 198.

16 Den »Führer« des Bubenlagers in *Lenz* bezeichnet Horváth als »Sportnatur« namens Schmidt. Dieser Schmidt wird dann in *Jugend* zum Feldwebel a. D. mit (neuerdings) Dienstverpflichtung in der Heimat.

17 Mitschnitt von den Internationalen Essener Songtagen 1968, Polydor Nr. 249 268.

18 In *Jugend* kommt Brot auch noch in anderem Zusammenhang vor. Schüler nehmen einem anderen aus purem Mutwillen die Jausensemmel weg und werfen sie durch das Fenster in den Schulhof; der Lehrer greift ein (15). Im weiteren Sinne bangt der Lehrer um sein Brot und weigert sich, es wegen »Unbedachtsamkeiten« aufs Spiel zu setzen (Disziplinarverfahren; 23).

Alexander Fuhrmann

Der historische Hintergrund:
Schule – Kirche – Staat

I

Es gibt nur eine wahrhafte Zensur: das Gewissen! Und das dürfen wir nie
verlassen. Auch ich habe es verlassen, habe für den Film z. B. geschrieben
wegen eines neuen Anzugs und so. Es war mein moralischer Tiefstand.[1]

Ödön von Horváths Selbstverdikt über seine Zeit in Berlin, im
Jahre 1934. Dem zweiten der »nationalsozialistischen Revolution,
die geistesgeschichtlich (aber) erst an ihrem Beginn steht«, wie der
NSDAP-Ideologe Alfred Rosenberg feststellt, der zugleich eine
»neue Geschichtsschreibung« fordert.[2]

In der gleichgeschalteten Presse findet sie schon statt. Die sechs
deutschen Rundfunkgesellschaften, schon seit 1932 mit Pro-
grammbeiräten des NS-›Kampfbundes für deutsche Kultur‹
durchsetzt, werden nach politisch motivierten Massenentlassun-
gen, denen Verhaftungen vorausgegangen sind, im März des Jahres
zur ›Reichsrundfunkgesellschaft‹ zusammengeschlossen, dem
wichtigsten Medium des Regimes.

Der Film, für den Horváth tätig wird, hat noch gewisse Schwie-
rigkeiten, in den geforderten Gleichschritt zu verfallen. Ein paar
Hitlerjugend- und SA-Märtyrer sind, unter dem Druck des
Reichspropagandaministeriums, auf der Leinwand abgefeiert
worden, einige heroische Seestücke und Schützengräben-Epen des
Weltkriegs folgen. Wochenschau und Beiprogramme stellen die
Eselsbrücke zur nationalen Gegenwart her.

Der Film, »dessen Kraft so gewaltig ist, daß er den Zuschauer auf
Wege führt, denen er normalerweise nie folgen würde«[3], entsteht
erst; Leni Riefenstahls *Triumph des Willens*, die megalomane
Machtdemonstration des Nürnberger Reichsparteitags.

In der Filmproduktion der Berliner Horváth-Zeit haben noch die
Komödie, das Lustspiel, die Operette das Übergewicht. Das hat
wirtschaftspolitische Gründe; der deutsche Film ist auf Export an-
gewiesen. Zudem sind viele große Produktionsfirmen, die ›Tobis‹

z.B., durch Patente oder Beteiligungen an ausländisches Kapital gebunden.

Die Entflechtung, die systematische Verstaatlichung steht noch bevor. Der Staatsfilm formiert sich inzwischen durch Verbote, durch Zensur. Am 1. März ist das ›Reichslichtspielgesetz‹ in Kraft getreten, danach sind u. a. alle Filme von Emigranten verboten, sowie alle Filme von und mit Juden; Drehbücher müssen vor ihrer Realisierung dem Reichsdramaturgen zur Genehmigung vorgelegt werden.

Diesen Zensor meint Horváth, wenn er im Herbst resümiert: »Bei meinen sonstigen Filmen geht alles durcheinander. Den *Kuss im Parlament* hat er verboten, in Deutschland ist also damit nichts mehr zu machen.«[4]

Er schreibt weiter, er bearbeitet Anzengruber und Klassiker des Wiener Lustspiels wie Nestroy und Raimund für die ›Fox-Europa-GmbH‹. Er schreibt unter Pseudonymen; eines davon ist ›H.W. Becker‹.[5]

Ein Autor, der andere umschreibt und anonym bleiben muß oder will, wird im Argot der Filmbranche ›Neger‹ genannt, seine Tätigkeit ›negern‹.

Für Horváth, den Kleistpreisträger der Weimarer Republik, der nun an deutschen Bühnen nicht mehr gespielt wird, muß es deprimierend sein und seinem Selbstverständnis entgegenstehen, ›negern‹ zu müssen »für einen neuen Anzug und so«.

Hat er damit »das Gewissen verlassen«, hat er seinen »moralischen Tiefstand« erreicht, indem er tendenzfreie Volksstücke bearbeitet?

Ein anderer Versuch, im Berlin von 1934 zu überleben, entspricht der eingangs zitierten Selbstverurteilung eher. Am 11. Juli tritt Horváth in den ›Reichsverband Deutscher Schriftsteller E.V.‹ (RDS) ein.

Der RDS, seit Herbst 1933 der Reichsschrifttumskammer angegliedert, ist einer der vielen Zwangsverbände des Regimes, eine Nichtmitgliedschaft ist praktisch gleichbedeutend mit Arbeitsverbot.

Ein Versuch, sich opportunistisch zu geben, um vielleicht publizieren zu können (was Horváth dann doch nicht tut)? Schon im Januar 1935 stellt er die Beitragszahlungen an den RDS ein.[6]

In *Jugend ohne Gott*, 1936/37 in Henndorf bei Salzburg entstanden, ist es der Ich-Erzähler, der namenlos bleibende Lehrer, der dabei ist, das Gewissen zu verlassen. Durch schweigendes Beobachten und Registrieren einer Entwicklung macht er sich mitschuldig. Diesen moralischen Tiefstand erkennend, auch mit Hilfe anderer, gibt er seinen Opportunismus auf und damit zu, ein Andersdenkender zu sein; er muß, als Konsequenz, zu den »Negern« gehen, zu den als Außenseitern Diffamierten, wie in eine Emigration.

Die Haltung des Erzählers und seine Skrupel zeigen selbstreflektorische Züge des Autors.

Auch wenn Horváth meint, er habe in dem Roman »zum erstenmal den sozusagen faschistischen Menschen geschildert [. . .], an dem die Zweifel nagen«, so nimmt er das im Nachsatz wieder zurück, positiviert es: »[. . .] oder besser gesagt: den Menschen im faschistischen Staat.«[7]

Er bleibt weiter bei der Thematik, die auch seine persönliche ist, wie aus Skizzen der Henndorfer Zeit deutlich wird, in Notizen zu dem Roman *Auf der Suche nach den Idealen der Menschheit*. Zentrale Figur ist wieder ein Lehrer, der Besuch aus dem Ausland bekommt, mit dessen politischem System er sympathisiert.

Horváths Freunde leben im Ausland.

Der Lehrer, der wieder zur Religion zurückfindet, wendet sich mit einem Brief an die Regierung, unterschrieben von »einem unbekannten Dichter«.

Das ist Horváth als nicht mehr aufgeführter Bühnenautor, das war er als ›negernder‹ Filmeschreiber.

In Vorwortnotizen zu den *Idealen* . . . ist von Hoffnung die Rede, einer verzweifelten Hoffnung, die seiner eigenen entspricht (und bereits in *Jugend ohne Gott*, im Verhalten der ›Klub‹-Mitglieder, angesprochen wird):

. . . ich hab ein Buch für die Jugend geschrieben, die heute bereits wieder ganz anders aussieht, als die fetten Philister, die sich Jugend dünken. Aus den Schlacken und Dreck verkommener Generationen steigt eine neue Jugend empor. Der sei mein Buch geweiht! Sie möge lernen aus unseren Fehlern und Zweifeln.[8]

Für die Freunde und Kritiker, die *Jugend ohne Gott*, 1937 im Emigrantenverlag Allert de Lange (Amsterdam) erschienen, empfahlen und rezensierten (auch das in Emigrantenzeitschriften), waren die Horváthschen Verschlüsselungen der Vorgänge in den Jahren 1934/35, in denen der Roman spielt, leicht lesbar codiert. Sie alle hatten den täglichen Nationalsozialismus selbst erfahren, waren geflohen oder in die Emigration gezwungen worden, aus der sie betroffen und verstört weiterverfolgen mußten, wie sich das System von Terror und Verführung festigen konnte.

Für den heutigen Leser, für den die Geschichte der NS-Zeit mehr oder weniger auf abstrahierende Daten geschrumpft ist, wird sich *Jugend ohne Gott* neben seiner literarischen Stilistik eher wie ein »Querschnitt durch einen moralischen Weltzustand« ausnehmen, um die Meinung von Hermann Hesse zu zitieren.

Die Zeitbezüge sind meist verdeckt, werden in »Bildern« wiedergegeben, wie Horváth es nicht ohne Sarkasmus nennt: »Es ist der Vorteil der Zensur immer schon gewesen, daß der Zensurierte sich anstrengen muß, Bilder zu finden. Die Zensur fördert also die Bildbegabung.«[9]

Im folgenden soll der Versuch unternommen werden, diese Bilder und Umschreibungen in Zusammenhang mit der zeitgeschichtlichen Realität zu stellen, sie so transparenter zu machen.

II

Das nationalsozialistische Erziehungssystem, dessen erste Auswirkungen *Jugend ohne Gott* schildert, hat sein Manifest bereits 1923/24 in der Festung Landsberg erhalten, wo der dort inhaftierte Adolf Hitler *Mein Kampf* schrieb.

Der völkische Staat hat [. . .] seine gesamte Erziehungsarbeit in erster Linie nicht auf das Einpumpen bloßen Wissens einzustellen, sondern auf die Heranzüchtung kerngesunder Körper. Erst in zweiter Linie kommt dann die Ausbildung der geistigen Fähigkeiten. Hier aber wieder an der Spitze die Entwicklung des Charakters, besonders die Förderung der Willens- und Entschlußkraft, verbunden mit der Erziehung zur Verantwortungsfreudigkeit, und erst als letztes die wissenschaftliche Schulung.[10]

Die Charakterbildung wird von dem Partei-Ideologen Alfred Rosenberg genauer definiert: »[. . .] d. h. Stärkung jener Werte, die zutiefst im germanischen Wesen schlummern und sorgfältig hochgezüchtet werden müssen. Hier hat der Nationalstaat ohne jeden Kompromiß die Alleinherrschaft zu beanspruchen.«[11]

Es ist Alfred Rosenberg, der unmittelbar nach der ›Machtergreifung‹ Lehrmittel und Richtlinien für die Schulen überprüft, kontrolliert und neue initiiert mit dem Ziel, die Schule zum »Vollzugsorgan der Partei«[12] zu machen. Ihm zur Seite Philipp Bouhler, seit 1934 Chef der ›Kanzlei des Führers des NSDAP‹, und der ehemalige Studienrat Bernhard Rust, nunmehr Reichsminister für Wissenschaft, Erziehung und Volksbildung, der die Aufgaben der Schule umreißt: »Die Schule hat sich auszurichten nach dem Geiste unseres großen feldgrauen Heeres, und hat dafür zu sorgen, daß ein ganzes Volk in seiner Totalität auf diesen Gedanken hin erzogen wird.«[13]

Horváths Schuldirektor beruft sich auf solche Anweisungen, wenn er davon spricht, die Jugend »moralisch zum Krieg erziehen« zu müssen, auch wenn er sie (»ein herrlicher Schauspieler«) als »geheime Rundschreiben« deklariert.

Eine mögliche Opposition beamteter Pädagogen gegen die NS-Schulpolitik hat das ›Gesetz zur Wiederherstellung des Berufsbeamtentums‹[14] zum Schweigen verurteilt, danach sind politisch oder rassisch nunmehr Unerwünschte in den zwangsweisen Ruhestand zu versetzen.

Wichtigstes Glied bei der kompromißlosen Durchsetzung der NS-Richtlinien ist der bereits seit 1927 bestehende ›Nationalsozialistische Lehrerbund‹ (NSLB). Sein Initiator, der Bayreuther Pädagoge Hans Schemm, schon 1925 NSDAP-Gauleiter von Oberfranken, wird im April 1933 bayrischer Staatsminister für Unterricht und Kultus und versteht es, Bedenken gegen die neue Erziehungspolitik abzubauen, auch mit Hilfe von Besoldungsaufbesserungen; er faßt Zögernde und Verunsicherte in Schulungskursen des NSLB zusammen, der nunmehr den Rang einer Standesorganisation hat, um sie auf Parteikurs zu bringen, gleichzuschalten. Wie außerordentlich Hitler die Verdienste des Hans Schemm beurteilte, zeigt seine Reaktion auf Schemms Unfalltod im März 1935: »Wenn ich Deutschland verliere, kann ich es wiedergewinnen. Einer meiner besten aber ist unrettbar verloren.«[15]

Das sind in etwa die Voraussetzungen, unter denen sich Horváths Ich-Erzähler, Gymnasiallehrer und städtischer Beamter, an seinem 34. Geburtstag, ironisierend noch, entschließt, sich nicht zu »versündigen« durch Unzufriedenheit.

Das Aufsatzthema, das den eigentlichen Konflikt auslösen wird, der den Erzähler in eine opportunistische Haltung zwingt, ist den Erlassungen und Anweisungen zum Unterricht entnommen, die in den ersten Jahren des Regimes noch unregelmäßig ergehen, bis sie 1937/38 systematisch zusammengefaßt werden.[16]

Nach diesen Richtlinien ist es u. a. Aufgabe des Erdkundeunterrichts, den »Anteil der Deutschen an der Erforschung der Erdräume, die kolonisatorischen Leistungen unseres Volkes [. . .] und unseren Anspruch auf kolonialen Raum besonders herauszustellen«.[17]

Das Vokabular des Aufsatzes, so weit ihn Horváth zitiert, entspricht dem der Presse, des Rundfunks, der »lispelt . . . heult . . . bellt . . . girrt und droht«.

Das »allerwichtigste Massenbeeinflussungsmittel, das es überhaupt gibt«[18], agitiert seit dem Sommer 1933 über ein Billiggerät, den ›Volksempfänger‹. Er ist – so die Werbung – »Ausdruck des nationalsozialistischen Geistes, der sich am 30. Januar 1933 das Reich eroberte. Von diesem denkwürdigen 30. 1. kann er mit Recht seine Typenbezeichnung herleiten VE 301«.

Der Volksempfänger kostet mit Antenne 76 Reichsmark (die Preise üblicher Geräte liegen bei 200-400 RM) und ist für Mittelwellenempfang eingerichtet, d. h. es können praktisch nur die Reichssender empfangen werden. Die so gezielt verhinderte Information, z. B. durch deutschsprachige Sendungen des Auslands über Kurzwelle, feiert die Werbung als »nationale Tat: Durch ihn (den VE 301) soll der Rundfunk Nationaleigentum im besten Sinne werden«.

44 Prozent aller 1934 produzierten Rundfunkgeräte sind Volksempfänger, eine Gemeinschaftsarbeit von 28 zusammengeschlossenen Firmen.

»Ganz Deutschland hört den Führer mit dem Volksempfänger«, lautet der Slogan einer Plakataktion. Nicht immer ohne Druck, wie aus Berichten im Sommer 1934 hervorgeht:

In jedem Haus wurden durch Nazifunktionäre Vordrucke ausgeteilt, worin der Hauseigentümer bzw. Radiobesitzer verpflichtet wird, allen Hausbewohnern den Empfang der Hitlerrede zu ermöglichen [. . .]. Der Radiobesitzer [. . .] war verpflichtet einzutragen, ob die Hausbewohner bei ihm waren und die Rede angehört haben. War ein Hausbewohner nicht gekommen, so mußte eingetragen werden, warum er nicht kam (ob krank, verreist usw.). Diese Listen wurden später wieder abgeholt.[19]

Horváths Erzähler registriert, was das Radio sagt: »Recht ist, was der eigenen Sippschaft frommt.«

Die Originalentsprechung ist eine der von Hitler gern ›Schwertworte‹ genannte Parolen, die ständig und überall wiederholt werden: »Du bist nichts, Dein Volk ist alles!«

Auch den inkriminierenden Satz »Alle Neger sind hinterlistig, feig und faul« hat der Erzähler im Radio gehört. Nicht einen ähnlichen, »diesen Satz«, der aus dem Lautsprecher im Restaurant tönt.

Der Satz, die bewußte Verallgemeinerung der NS-Rassentheorie, kann durchaus das von Horváth gefundene Kürzel einer üblen Indoktrinationsrede sein, für die Julius Streicher, der vulgärste Rassenfanatiker der NS-Führung, bekannt ist.

Am 22. Juni 1935 spricht Streicher, Gauleiter von Franken und Herausgeber des antisemitischen Hetzblatts »Der Stürmer« zur Hitlerjugend. Er klärt »Buben und Mädel« darüber auf, warum die Juden nicht das ›auserwählte Volk‹ der Bibel sein können: »Ein auserwähltes Volk [. . .] geht nicht in die Völker hinein, um eure Väter arm zu machen und in die Verzweiflung zu treiben. Ein auserwähltes Volk schächtet und quält nicht Tiere zu Tode, ein auserwähltes Volk lebt nicht vom Schweiß der anderen.«[20]

Das daraufhin zu ziehende Fazit der Charaktereigenschaften von Nichtariern, den gläubigen Zuhörern in den Mund gelegt, stimmt noch in der Reihenfolge mit dem Neger-Satz überein: hinterlistig, feig, faul.

Wer das nicht ist, also wirklich auserwählt, sagt Streicher im nächsten Satz seiner Rede: die so angesprochene Jugend: »Ein auserwähltes Volk tritt in Reih und Glied derer, die da leben, weil sie arbeiten. Vergeßt das nie.«

Horváths Ich-Erzähler, demoralisiert von Drohung und Bespitzelung, schließt mit bitterem Sarkasmus: »[. . .] ich werde euch von nun ab nur mehr erzählen, daß es keine Menschen gibt, außer euch.«

In der vorangegangenen Aussprache Lehrer/Schuldirektor wird eine kenntnisreiche Lektion über Druck und Anpassung im Faschismus erteilt.

Der Schulleiter lehnt es ab, dem »Zeitgeist zu widersprechen«, er will die Altersgrenze erreichen, um in den Genuß der »vollen Pension« zu kommen. Diese steht in Frage, denn er hat »vor Jahren noch flammende Friedensbotschaften unterschrieben«, ein Verstoß gegen Paragraph 4 des erwähnten ›Berufsbeamtengesetzes‹, der mit Entlassung zu ahnden ist: »Beamte, die nach ihrer bisherigen politischen Tätigkeit nicht die Gewähr dafür bieten, daß sie jederzeit rückhaltlos für den nationalen Staat eintreten, können aus dem Dienst entlassen werden.«

Sie erhalten drei Monatsbezüge, danach nur noch Dreiviertel des ihnen zustehenden Ruhegeldes.

Der Fall des Direktors muß bei der Personalüberprüfung günstig beschieden worden sein – sonst wäre er nicht mehr im Amt. Er wird der Aufforderung des Untersuchungsausschusses nachgekommen sein und eine ›Ergebenheitsadresse‹ abgegeben haben, die hier – am Beispiel eines Verwaltungsbeamten – zitiert werden soll:

Wir können Ihnen [. . .] nur dann die versöhnende Hand bieten, wenn Sie beweisen, daß Sie Bekenner der deutschen Ehre und Friedensliebe sind. Das ist nur dann der Fall, wenn Sie sich ehrlich und freien Herzens verpflichten können, jederzeit für den nationalen Staat und seinen Führer Adolf Hitler einzutreten. Es wird Ihnen daher anheim gestellt, dem Stadtrat [. . .] eine diesbezügliche Erklärung abzugeben.[21]

»Merken Sie sich eines«, weist der Direktor den Lehrer zurecht, »es gibt keinen Zwang.« Es gibt nur Anpassung an die Zeit, wenn auch unter Druck, und als resignierende Rechtfertigung das Ausweichen in die Geschichte, in der auch »die Plebejer bereits wichtigste Staatsposten besetzt« haben.

Auf der anderen Seite scheut Horváth auch einen Kunstgriff nicht, um Unrichtigkeiten stimmig zu machen, weil er sie für sein »Bild« braucht.

Nach Julius Caesar, seinem gescheiterten Altphilologen, dreht sich die Erde in das ›Zeichen der Fische‹ hinein. Gemeint ist, wie auch der Kapitel-Titel ausweist, das ›Zeitalter der Fische‹, entsprechend der klassisch-babylonischen Astrologie, die ganze Zeitepochen von dem jeweils dominierenden Sternbild geprägt sah. Danach geht das Fische-Zeitalter seinem Ende zu; es ist zugleich das Zeitalter Jesu, hat mit seiner Geburt begonnen. Deswegen diente der Fisch den frühen Christen als Geheimzeichen, zugleich Wortsymbol, bildete doch das griechische Ichthys (Fisch) das Kürzel für die Glaubensformel der Verfolgten: *I*esous *Ch*ristos *T*heou *H*yos *S*oter = Jesus Christus, Gottes Sohn, Heiland. Mit Brot und Wein war der Fisch das Zeichen der Eucharistie; in frühen Darstellungen bildeten drei Fische auch das der Dreifaltigkeit.

Horváth löst das prekäre Problem mit einem einzigen Satz, den er Caesar, die gestrandete Existenz, wie eine Entschuldigung seinen Ausführungen voranstellen läßt: »Ich bin zwar nur ein Amateurastrolog . . .« Und kommt so zu seinem Fische-Bild, dem der undurchsichtigen Gleichförmigkeit, des nicht mehr erkennbaren, weil aufgegebenen Individualismus, dem der Maske, Kälte, Kühle auch. Ein Bild, das Horváth weiterhin benutzen wird.

Modell für den kauzigen Julius Caesar dürfte, nach Recherchen von Traugott Krischke, der Hauptlehrer Ludwig Köhler aus Murnau (Oberbayern) gewesen sein. Als »Köhler Ludwig« kommt er in Skizzen zu Horváths Romankonzept *Adieu, Europa!* wieder vor, in dem Fragment *Schlamperl* als unbekümmert beim ›Löwenwirt‹ zechender ›Ludwig‹.

Nach persönlichen Erinnerungen von Zeitgenossen[22] hatte sich ein Hauptlehrer a. D. Ludwig Köhler »in Murnau niedergelassen, ohne Kontakt mit den Ortslehrern aufzunehmen. Sein Umgang beschränkte sich mehr oder weniger auf einen Kreis, der im ›Hotel Post‹ seinen Stammsitz hatte«. Ein Kreis, zu dem auch Ödön von Horváth gehörte, wie Krischke ausführlich belegt[23], und der für ihn vor und während der Arbeiten zu *Jugend ohne Gott* von Henndorf bei Salzburg aus im ›kleinen Grenzverkehr‹ erreichbar blieb.

Sein detailliertes Wissen über die Situation der Schule zu Beginn der NS-Zeit wird ihm Ludwig Köhler vermittelt haben. Er ist, wie Julius Caesar, vorzeitig pensioniert worden, wie Julius Caesar eines Sittlichkeitsdelikts wegen, wie das örtliche Ondit noch heute wissen will.

Horváth behält diese Realität bei, um so eine originäre Möglichkeit zu haben, seinen Caesar, im Sinne des Romans auch zu den ›Negern‹ zählend, Gedanken von Freud und Weininger[24] frei variieren zu lassen, und über »jüdisch-marxistisches Gift« – um im NS-Jargon zu bleiben – Hitlers Marxisten-Phobie zu verhöhnen.

Der Rucksack ist für Hitler ein verächtliches, weil ziviles Relikt – im Gegensatz zum soldatischen Tornister. »Rucksack-Spartakisten«[25] beschimpft er die Linken schon in *Mein Kampf* und ruft als Reichskanzler seine SA und SS auf, »dafür zu sorgen, daß die nationale Revolution 1933 nicht in der Geschichte verglichen werden kann mit der Revolution der Rucksackspartakisten im Jahre 1918«.[26]

Das aber geschieht, durch Caesar, den Erotomanen, für den eine Venus nur ruhend, liegend oder posierend vorstellbar ist, indem er sich das groteske Bild einer rucksacktragenden, zudem marschierenden Venus vor Augen stellt: Sinnbild für seine, Hitlers Jugend, die Jugend der ›nationalen Revolution‹.

Eine Jugend, die einer Idee wegen Gott verlassen hat.

>Wir sind die fröhliche Hitlerjugend
Wir brauchen keine christliche Tugend
Denn unser Führer Adolf Hitler
Ist unser Erlöser, unser Mittler.«[27]

Die Schüler, die der Ich-Erzähler unterrichtet, haben – bis auf einen – keine Namen, nur Initialen. Horváth entindividualisiert sie so, »die Kinderchen«, um sie später, im Konflikt mit der Klasse, als Gruppe zu uniformieren, die ihre Individualität (ihre Namen) im Tod für eine Idee zurückzuerlangen sucht: »[. . .] doch noch lieber wären sie Munition: Bomben, Schrapnells, Granaten. Wie gerne würden sie krepieren auf irgendeinem Feld! Der Name auf einem Kriegerdenkmal ist der Traum ihrer Pubertät.«

Was sich wie eine literarische Übertreibung ausnehmen könnte, ist ein durchaus realistisches Fazit der Auswirkungen des heroischen Todes- und Totenkultes, mit dem die Gruppe – die Hitler-Jugend – aufwächst, des Fahne/Tod-Mythos, der selbst im Refrain ihrer offiziellen Hymne wiederholt wird: »[. . .] und die Fahne führt uns in die Ewigkeit, ja, die Fahne ist mehr als der Tod.«[28]

Die außerordentliche Faszination dieses Kults auf Jugendliche schildert eine ehemalige Führerin des BDM (Bund Deutscher Mädchen in der Hitler-Jugend). Sie erinnert sich an den nächtlichen Fackelzug am ›Tag der Machtübernahme‹ in Berlin, den sie als 15jährige miterlebt; sie wird Zeuge, wie ein SA-Mann einen Passanten niederknüppelt, der eine ironische Bemerkung gemacht hatte. Ein Bild, das sie zwar tagelang verfolgen wird, aber »in dem Grauen, das es mir einflößte, war eine winzige Zutat von berauschender Lust: ›Für die Fahne wollen wir sterben‹, hatten die Fackelträger gesungen. Es ging um Leben und Tod. Nicht um Kleider oder Essen oder Schulaufsätze, sondern um Leben und Tod. [. . .] Ich weiß, daß mich ein brennendes Verlangen erfüllte, zu denen zu gehören, für die es um Leben und Tod ging«.[29]

Nur für einen Schüler ist der Heroentod nicht der Traum seiner Pubertät – Horváth läßt ihn sterben, an einer Influenza, getröstet von seinen Idealen, von Erzählungen aus einer ihm unerreichbar gebliebenen Welt der Freiheit, der des internationalen Fußballs.

Die Jugendorganisation der NSDAP, 1926 gegründet, ist bis 1932 eher eine große Gruppe Jugendlicher innerhalb der Sturmabteilung, der SA, der sie auch untersteht. Offiziellen NS-Verlautbarungen zufolge hat sie 107 956 Mitglieder.[30] Ende 1934 sind es bereits über dreieinhalb Millionen, nach Altersgruppen erfaßt und organisiert in

HJ = Hitler-Jugend (Jungen von 14-18 Jahren)
DJ = Deutsches Jungvolk in der HJ (Jungen von 10-14 Jahren)
BDM = Bund Deutscher Mädel in der HJ (14-21 Jahre)
JM = Jungmädelbund in der HJ (10-14 Jahre)

Durch inzwischen erfolgte Verbote von Parteien (und deren Organisation), durch unter Druck erfolgte Selbstauflösungen oder Überführung von nationalistischen Jugendgruppen in die Hitler-Jugend, ist diese HJ das geworden, was der Reichsjugendführer Baldur von Schirach nach der ›Machtübernahme‹ forderte: »[. . .] die einzige Jugendorganisation«.

Wenige konfessionelle Jugendorganisationen haben kaum mehr Einfluß, sind Beschränkungen unterworfen, später Verfolgungen.

Noch Partei-Jugend, wird die HJ am 1. Dezember 1936 ›Staatsjugend‹ durch das ›Gesetz über die Hitler-Jugend‹, in dem es heißt: »Die gesamte deutsche Jugend ist außer in Elternhaus und Schule in der Hitler-Jugend körperlich, geistig und sittlich im Dienst des Nationalsozialismus zu erziehen.«

Die Kirche wird als Erziehungsfaktor nicht einmal mehr genannt.

Noch vor Kriegsbeginn, im März 1939, wird die ›Jugenddienstpflicht‹ verordnet, der Arbeits- und Wehrdienstpflicht gleichgestellt. Alle Eltern sind bei Androhung von Geldstrafen bis zu 150 RM oder Haft verpflichtet, ihre zehnjährigen Kinder zum Dienst in der Hitler-Jugend anzumelden.

Horváths Klasse, die ihren Lehrer haßt, ihn ruinieren will, nur weil er human, also »unvölkisch« denkt, ist der Parteijugend noch ›freiwillig‹ beigetreten. Wie diese Freiwilligkeit auch ausgesehen hat, soll an einem Beispiel von vielen dargestellt werden:

Schreiben des Kreisleiters der NSDAP Saarburg an alle Schulleiter des Kreises vom 18. Mai 1935:

Ich nehme [. . .] Bezug auf die vom Führer angesetzte Werbeaktion. [. . .] Ich übertrage Ihnen die Hauptaufgabe der Werbung deshalb, weil Sie als Lehrer und Erzieher das kostbarste Gut des deutschen Volkes zu verwalten haben, nämlich die deutsche Jugend. [. . .] Ich ordne hiermit an, daß die Werbung selbst auf dem Wege des Hausbesuchs zu erfolgen hat. [. . .] Aus besonderen Gründen wollen Sie diejenigen Familien aufführen, die die

Aufnahme ihrer Kinder in unsere Jugendorganisation ablehnen. Eine entsprechende Nachweisung liegt als Anlage bei.[31]

Als Vorbild für das ›Osterlager‹ dieser Jugend benutzt Horváth mit einiger Sicherheit zwei NS-Großveranstaltungen des Jahres 1934, die beide eine ihm bekannte starke Publizität erlangen.

Am 23. September findet in München das ›Sportfest des BDM‹ statt; beteiligt sind 20000 Mädchen, deren »disziplinierte und militärische Straffheit« auffällt. Besonders eine Münchner BDM-Gruppe, eine ›Luftschutzabteilung‹, die (erstmals) ihre Demonstrationen mit Gasmasken und Gasrettungsgeräten durchführt[32] – mögliches Modell für Horváths »Bild« im Kapitel ›Der verschollene Flieger‹. Wozu ergänzend zu sagen ist, daß die »Mädelarbeit« (NS-Jargon) des BDM erst um 1938 die »hauswirtschaftliche Ertüchtigung« stärker herausstellt.

Mit dem eigentlichen ›Osterlager‹, das Horváth nach seiner Topographie in das ihm bekannte Höllental südlich von Garmisch-Partenkirchen verlegt, ist das »Hochlandlager« der Hitler-Jugend am Herzogstand (Walchensee) gemeint, das 1934 mit dem üblichen propagandistischen Aufwand stattfindet, im Einzugsgebiet von Horváths Murnauer Informanten.

Auf einem Spruchband über dem »Thingplatz« dieses Lagers heißt es in Fraktur: »Wir sind zum Sterben für Deutschland geboren«.

Die Teilnahme von Lehrern als Aufsichtsperson an HJ-Lagern ist freiwillig, im Sinne der schon erwähnten ›Freiwilligkeit‹, abgesehen von Lehrkräften aus Schulen, deren Schülerschaft zu 90 Prozent der Hitler-Jugend angehört und die dafür mit der ›Ehrenfahne der Hitler-Jugend‹ ausgezeichnet werden.

Horváths geschilderte Wehrübungen im Lager gehören noch zum Programm, das zur Erlangung des gerade gestifteten ›Leistungsabzeichens‹ der Hitler-Jugend zu absolvieren ist, einer Entsprechung zum SA-Sportabzeichen. Das Programm umfaßt:

1. Leibesübungen (darunter Marschübungen),
2. Geländesport: Schilderung der Bodenformen, Kartenkunde, Beobachtungsübungen, Entfernungsschätzen, Meldewesen, Geländeausnutzung und Tarnung,
3. Kleinkaliberschießen,
4. weltanschauliche Schulung.

Sie sind die Vorstufe der ›Wehrertüchtigungslager‹ der Hitler-Jugend, die 1939 eingerichtet und in denen jährlich 150000 »Hitlerjungen [. . .] in mehrwöchigen Lehrgängen von fronterfahrenen Ausbildern der Wehrmacht und Führern der Hitler-Jugend bestens ausgebildet« werden.[33]

Das System der Erziehung im NS-Staat, das Horváth in den Anfängen darstellt, faßt Hitler – für Horváth nicht mehr erfahrbar – in ungewöhnlicher Offenheit zusammen:

Diese Jugend lernt ja nichts anderes als deutsch denken, deutsch handeln, und wenn diese Knaben mit zehn Jahren in unsere Organisation hineinkommen und dort oft zum ersten Male überhaupt frische Luft bekommen und fühlen, dann kommen sie vier Jahre später vom Jungvolk in die Hitlerjugend und dort behalten wir sie wieder vier Jahre. Und dann geben wir sie erst recht nicht zurück in die Hände unserer alten Klasse und Standeserzeuger, sondern dann nehmen wir sie sofort in die Partei, in die Arbeitsfront, in die SA . . . und so weiter. Und wenn sie dort zwei Jahre oder anderthalb Jahre sind, und noch nicht ganze Nationalsozialisten geworden sein sollten, dann kommen sie in den Arbeitsdienst und werden dort wieder sechs Monate geschliffen [. . .] und was dann [. . .] noch an Klassen- und Standesdünkel da oder dort vorhanden sein sollte, das übernimmt die Wehrmacht zur weiteren Behandlung auf zwei Jahre. Und wenn sie nach zwei, drei oder vier Jahren zurückkehren, dann nehmen wir sie, damit sie auf keinen Fall rückfällig werden, sofort wieder in die SA, SS und so weiter, und sie werden nicht mehr frei ihr ganzes Leben.[34]

IV

Der Pontifex der katholischen Kirche ist 1933 Pius XI., ein Papst, von dem das Wort geht, er sei notfalls bereit, selbst mit dem Teufel zu verhandeln, um auch nur eine Seele zu retten.

Der Vatikan verhandelt mit dem Deutschen Reich. Das Ergebnis ist das Reichskonkordat vom 20. Juli 1933, der erste bedeutende internationale Vertrag der Regierung Hitler, eine völkerrechtliche Vereinbarung, die die »Freiheit des Bekenntnisses und der öffentlichen Ausübung der katholischen Religion« sichert, den ungehinderten Religionsunterricht, die Errichtung von katholischen Privatschulen. Geistliche und Ordensleute werden von der Mitgliedschaft in politischen Parteien ausgeschlossen, die Bischöfe aber zu einem Treueid auf das Deutsche Reich verpflichtet.[35]

1933 ist etwa ein Drittel der Bevölkerung im Reich katholisch. Für Hitler bedeutet das Reichskonkordat eine rückhaltlose Anerkennung des Regimes. Das wird auch in offiziellen Adressen deutlich:

Für Deutschlands Ansehen nach Westen und Osten und vor der ganzen Welt bedeutet dieser Handschlag mit dem Papsttum, der größten sittlichen Macht der Weltgeschichte, eine Großtat von unermeßlichem Segen [. . .]. Uns kommt es aufrichtig aus der Seele: Gott erhalte unserem Volk unseren Reichskanzler. (Kardinal Faulhaber, Erzbischof von München-Freising, in einem Brief vom 24. Juli 1933[36])

Zur Wahl vom 12. November, die keine Wahl ist, weil es nur noch eine Partei gibt, die NSDAP, wirbt der Gau München mit einem Plakat, das den päpstlichen Nuntius in Bayern, Vasallo di Torregrossa, unter Hakenkreuzfahnen beim Handschlag mit dem ›Führer‹ zeigt und den Würdenträger zitiert: »Ich habe Sie lange nicht verstanden. Ich habe mich aber lange darum bemüht. Heute versteh’ ich Sie.« Das Werbeplakat folgert weiter: »Auch jeder Katholik versteht heute Adolf Hitler und stimmt am 12. November mit JA!«

Der Erzabt des Benediktinerklosters Beuron weigert sich mit seinem gesamten Konvent, an der Wahl teilzunehmen – unter Berufung auf die im Konkordat der Geistlichkeit auferlegte Enthaltung von jeder Politik. Er weigert sich auch, aus diesem Anlaß die Abtei zu beflaggen.[37]

Der ›Kirchenkampf‹, den Hitler durch den Bruch des Konkordats später führen wird, durch die Einführung der Gemeinschaftsschule, Schließung der Ordensschulen, das Verbot kirchlicher Organisationen, hat eigentlich schon begonnen.

Vor allem im katholischen Bayern, wo die rüden Rekrutierungsmaßnahmen der Hitler-Jugend auf den Widerstand der Geistlichkeit stoßen, die um den Weiterbestand der konfessionellen Verbände bangt. Deren Auflösung aber ist das erklärte Kampfziel. Am 23. April 1934 verbietet die Polizeidirektion München »zur Aufrechterhaltung der öffentlichen Ruhe, Ordnung und Sicherheit« das Tragen von einheitlicher uniformähnlicher Bekleidung sowie von Abzeichen, durch welche die Zugehörigkeit zu einer katholischen Jugend- oder Jungmänner-Organisation zum Ausdruck gebracht wird; sie droht Zuwiderhandelnden mit Haft bis zu sechs Wochen oder Geldstrafen bis zu 150 RM.

HJ-Appelle werden bewußt zur Zeit der Sonntagsgottesdienste, unter Einsatz von Fanfaren- und Trommler-Korps, vor den Kirchen abgehalten. Eine HJ-Gruppe durchsucht gewaltsam die Räume des Katholischen Jugendvereins in Bad Reichenhall, auf der Suche nach »verbotenen Fahnen«. In München gibt es Elternproteste, weil ein höherer HJ-Führer bei einem Appell das Kruzifix von der Wand nimmt und erklärt: »Unser Glaube sei Deutschland!«

Unzählige solcher Vorkommnisse, in städtischen und staatlichen Archiven registriert, »tragen in Bayern vielerorts dazu bei, der Hitler-Jugend das Image einer bewußt kirchenfeindlichen Organisation zu verleihen«.[38]

Noch bevor es wegen gravierender Übergriffe gegen die Glaubensfreiheit zu besorgten Hirtenbriefen der Bischöfe kommt, die spät begreifen, daß das Reichskonkordat für Hitler nur ein Papier ist, noch bevor der Reichsinnenminister Wilhelm Frick die »Entkonfessionalisierung des gesamten öffentlichen Lebens« fordert[39] und durchführen läßt, gehen eigenwillige Priester in Haft, üben andere, unter Berufung auf den Hl. Paulus (»Ein jeder unterwerfe sich der Obrigkeit«) den Kompromiß, ohne so die Gehorsamspflicht ihren Bischöfen gegenüber zu verletzen.

Der Pfarrer, dem Horváths Ich-Erzähler begegnet, ist – er selbst sagt es – gewissermaßen zwangsversetzt. Über den Grund läßt Horváth kaum Zweifel offen. Wiederholt wird, und mit der kategorischen Strenge Pascals, den er eingangs auch zitiert, eine verweltlichte Kirche der des Glaubens gegenübergestellt, wird der Staat an sich als gottgewollt definiert, nicht aber die staatliche Ordnung, das Produkt eines freien Willens.

Dieser Ordnung ist er, als Priester, durch das Konkordat unterstellt, das von den deutschen Bischöfen den Treueid fordert: »Ich schwöre und verspreche, die verfassungsmäßig gebildete Regierung zu achten und von meinem Klerus achten zu lassen. In der pflichtgemäßen Sorge um das Wohl und das Interesse des deutschen Staatswesens werde ich in Ausübung des mir übertragenen Amtes jeden Schaden zu verhüten trachten, der es [das deutsche Staatswesen] bedrohen könnte. [. . .]«[40]

Die anfangs verdeckt geäußerten Skrupel des Pfarrers münden in dem Satz: »Es ist gut, daß es der Kirche heutzutage [. . .] nicht gut geht. Gut für die Kirche.«

Damit sie sich auf ihre eigentliche Aufgabe besinnt, die Verkündigung des Wortes Gottes, an das man nicht mehr glaubt, weil ein anderer Glaube gefordert und indoktriniert wird. Wie es später der

Reichsleiter Dr. Robert Ley[41] in einem ›Adolf-Hitler-Gelöbnis‹, dabei eine katholische Doktrin benutzend, verkünden wird: »Wir glauben, daß der Nationalsozialismus der allein seligmachende Glaube für unser Volk ist.«[42]

Horváths Priester gehört zu den Geistlichen, die über die Bestimmungen des Konkordats und ihren Bruch durch die Nationalsozialisten in einen Gewissenskonflikt geraten sind, ihre Gehorsamspflicht verletzen und strafversetzt werden. Er ist der einzige Vertreter des Glaubens in Horváths Roman. Selbst er ein Nichtangepaßter, ein zum Außenseiter Deklarierter, der später dem wieder glaubenden Erzähler den Weg nach draußen ebnen wird.
»Der Neger fährt zu den Negern.«

1983

Anmerkungen

Originalbeitrag.

1 Ödön von Horváth, *Was soll ein Schriftsteller heutzutag schreiben?* Zit. nach: *WA* 8, 669.

2 Rede des Reichsleiters Alfred Rosenberg vor der internationalen Presse; zit. nach: Völkischer Beobachter 23. 2. 1933.

3 Der englische Filmkritiker Richard Roud; zit. nach: Overesch/Saal, *Das Dritte Reich 1933-1939, Droste Geschichts-Kalendarium. Chronik deutscher Zeitgeschichte. Politik, Wirtschaft, Kultur*, Band 2/I, Düsseldorf 1982, S. 159.

4 Ödön von Horváth am 16. 9. 1934 an Hans Geiringer; zit. nach: Traugott Krischke, *Ödön von Horváth. Kind seiner Zeit*, München 1980, S. 189.

5 Ebd.

6 Ebd.

7 Ödön von Horváth am 26. 10. 1937 an Franz Theodor Csokor; zit. nach: Wolfgang Lechner, *Mechanismen der Literaturrezeption in Österreich am Beispiel Ödön von Horváths*, Stuttgart 1978, S. 314.

8 Zit. nach: *Jugend ohne Gott*, S. 154.

9 Wie 1.

10 Zit. nach der 211.-215. Auflage, München 1943, S. 452.

11 Alfred Rosenberg, *Der Mythos des 20. Jahrhunderts. Eine Wertung der seelisch-geistigen Gestaltenkämpfe unserer Zeit*, München 1930.

12 Die treffende Bezeichnung stammt von Kurt-Ingo Flessau, *Schule der Diktatur. Lehrpläne und Schulbücher der Nationalsozialisten*, Frankfurt/Main 1979, S. 14.

13 Rede des Reichserziehungsministers am 24. 7. 1934; zit. nach: *Deutschland-Berichte der Sozialdemokratischen Partei Deutschlands (Sopade) 1934-1940*, 2. Jg., 1935, Salzhausen und Frankfurt/Main 1980, S. 201.

14 Erlassen im April 1933.

15 Veröffentlicht in der Zeitschrift des NSLB 1935; zit. nach: Max Domarus, *Hitler. Reden und Proklamationen 1932-1945. Kommentiert von einem deutschen Zeitgenossen*, Wiesbaden 1973, S. 489.

16 *Erziehung und Unterricht in der höheren Schule*, Amtl. Ausgabe des Reichs- und Preußischen Ministeriums für Wissenschaft, Erziehung und Volksbildung, Berlin 1938. Bei den Erlassen handelt es sich um Amtsblätter (der Kultusministerien) oder um das ›Reichsministerialamtsblatt Deutsche Wissenschaft und Volksbildung‹.

17 Zit. nach: *Erziehung und Unterricht in der Volksschule*, Halle a.d.S., Breslau o. J. Die Verfügung für höhere Schulen entspricht der zitierten, ist nur ausschweifender.

18 Joseph Goebbels in Mitteilungen der Reichsrundfunkgesellschaft, 30. 3. 1933.

19 Wie 13.

20 Zit. nach: *Nürnberger Dokumente*, in: Raul Hilberg, *The Destruction of the European Jews*, New York 1961, S. 12.

21 Dokument im Stadtarchiv München; zit. nach: Martin Broszat u. a. (Hg.), *Bayern in der NS-Zeit III*, München 1981.
Das Wort »Friedensliebe« ist in jenen Monaten (Ende 1933) eine häufig wiederkehrende Floskel. Es soll propagandistisch den Austritt aus dem Völkerbund verbrämen, von dem Hitler befürchtete, er könne militärische Maßnahmen nach sich ziehen.

22 Private Mitteilung an Traugott Krischke durch den Murnauer Rektor a. D. Dr. Leopold Huber. Vgl. auch *Jugend ohne Gott*, S. 165.

23 Siehe Krischke, S. 238 ff.

24 Otto Weininger (1880-1903, Tod durch Selbstmord), seine genialischen, aber wirren Thesen über seelische und sittliche Werte fanden in seinem vielbeachteten Buch *Geschlecht und Charakter* (1903) ihren Ausdruck.

25 Der ›Spartakusbund‹ war eine revolutionäre Vereinigung, 1917 von Karl Liebknecht und Rosa Luxemburg gegründet; er forderte in der Novemberrevolution von 1918 das ›Rätesystem‹. 1918/19 in ›Kommunistische Partei Deutschlands KPD‹ umbenannt.

26 Nach: Völkischer Beobachter, 11./12. 3. 1933.

27 Die erste von vier Strophen eines HJ-Liedes; Dokument im Diözesanarchiv Eichstätt; nur rhythmisch veränderte Fassung in *Nürnberger*

Dokumente (AIM-PS 3751), die (nach Joseph Wulf, *Literatur und Dichtung im Dritten Reich*, Berlin 1966) auf dem Reichsparteitag 1934 gesungen wurde.

28 Text von Baldur von Schirach (1907-1974), 1931 Reichsjugendführer der NSDAP, 1933-1940 Jugendführer des Deutschen Reiches. In Nürnberg wegen Verbrechen gegen die Menschlichkeit zu 20 Jahren Gefängnis verurteilt.

29 Nach: Melita Maschmann, *Fazit. Kein Rechtfertigungsversuch*, Stuttgart 1963.

30 Günter Kaufmann, *Das junge Deutschland*, Berlin 1943.

31 Zit. nach: Franz-Josef Heyen, *Nationalsozialismus im Alltag*, Boppard 1967, S. 218.

32 In: *Deutschland-Berichte*, 1. Jg., 1934, S. 559.

33 Zit. nach: *Die HJ im Kriege*, September 1934.

34 Rede Hitlers am 2. 12. 1938 in Reichenberg; zit. nach: Völkischer Beobachter, 4. 12. 1938.

35 Konkordatsbestimmungen, zit. nach: Walter Hofer, *Die Diktatur Hitlers bis zum Beginn des Zweiten Weltkrieges*, Konstanz 1960.

36 Als Dokument zit. in: Ingke Brodersen u. a. (Hg.), *1933 – Wie die Deutschen Hitler zur Macht verhalfen. Ein Lesebuch für Demokraten*, Reinbek bei Hamburg 1983, S. 32 u. 40.

37 Zit. nach: Overesch/Saal, *Das Dritte Reich 1933-1939*, S. 98.

38 Fakten und Fazit nach Arno Klönne, *Jugendprotest und Jugendopposition in Bayern in der NS-Zeit*, Bd. IV, München 1981, S. 544.

39 Rede Wilhelm Fricks am 7. 7. 1935 in Münster.

40 Artikel 16 des Reichskonkordats; zit. nach: Reinhard Kühnl, *Der deutsche Faschismus in Quellen und Dokumenten*, Frankfurt/Main ⁵1980, S. 220 f.

41 Robert Ley (1890-1945, Selbstmord in alliierter Haft), Leiter der ›Deutschen Arbeitsfront‹, einer NS-Organisation, die die verbotenen freien Gewerkschaften »ersetzen« sollte.

42 Aus einem Schulungsbrief der NSDAP, 4. Jg., 1937, zit. nach dem Faksimile in: *Faschismus. Renzo Vespignani*, hg. von der Neuen Gesellschaft für Bildende Kunst und dem Kulturamt Kreuzberg, Berlin 1976, S. 85.

Adolf Holl

Gott ist die Wahrheit
oder: Horváths Suche nach der
zweiten religiösen Naivität

Die erste religiöse Naivität steht auf der ersten Seite des Romans *Jugend ohne Gott*, im Brief der alten Eltern an den Lehrer: »Gott, der Allmächtige, gebe Dir Gesundheit, Glück und Zufriedenheit.« Die Eltern sind fromm, sie gehen jeden Sonntag in die Kirche. Der Lehrer hingegen hat Gott verlassen, im Krieg. »Es war zuviel verlangt von einem Kerl in den Flegeljahren, daß er begreift, daß Gott einen Weltkrieg zuläßt« (46). Dem Lehrer ist es nicht mehr möglich, den Gottesnamen in der schlichten Weise seiner Eltern zu gebrauchen. Der Lehrer hat seine theologische Unschuld verloren, jene naive Spontaneität des Aussprechens der heiligen Namen, ohne die es keine Religion gibt.

Der Lehrer Horváths hat den Gott seiner Eltern mit abgerücktem Blick betrachten gelernt; in einer von religiösen Konventionen immer noch geprägten Gesellschaft ist er ein Fremder.

Der Lehrer lebt im Deutschland der Jahre 1934 und 1935, was seine Lage nicht eben leichter macht. Der Spitzname, den ihm seine Schüler gegeben haben, bezeichnet seine Außenseiterposition in Hitlers Reich: ›der Neger‹ nennen sie ihn, weil er im Unterricht gesagt hat, daß auch die Neger Menschen seien.

Über seine Umgebung macht sich Horváths Lehrer im übrigen keine Illusionen. Er weiß, daß in ihr einzig und allein das Geld regiert. Aktionäre und Aufsichtsräte sind ihm widerwärtig, auch ärgert es ihn, daß die Kirche immer auf der Seite der Reichen steht. Der Vater des Schülers, von dem wir am Ende erfahren, daß er der Mörder ist, leitet einen Konzern. Der Lehrer könnte einmal ein Sozi gewesen sein. Jetzt ist er ein vorsichtiger, ironischer Zeitgenosse, ein Junggeselle ohne Anhang. Zufrieden ist er wahrlich nicht.

Der Verlust der ersten religiösen Naivität ist in der Industriekultur eine nicht eben seltene Erfahrung. Auch Horváth hatte sie gemacht, als Gymnasiast.[1] In seinem literarischen Werk finden sich ihre Spuren durchaus, als Kritik an den Formen bürgerlicher Religion.[2] Der Mittelstandsgott, der Schutzgott der kleinen Betriebe[3] ist für Horváth im Jahr 1930 eine soziologische, nicht eine theologische Größe, jedenfalls kein Gegenstand der Verehrung.

Sieben Jahre später, in *Jugend ohne Gott*, stellt Horváth den Verlust der religiösen Unbefangenheit nicht als befreienden, eher als schmerzlichen Vorgang dar. Der Lehrer im Roman ist kein Voltaire, er hat den Gottesverlust seiner Flegeljahre mitnichten bewältigt.

Zwar ist es ihm nicht mehr möglich, das »Gott behüt« einer alten Frau, ohne sonderliche Betonung gesprochen, unreflektiert hinzunehmen (94), unbefangen wie seine Eltern. Aber er hat seine Mühen mit den Signalen einer intakten Sprachwelt, die nicht mehr die seine ist. Er muß sie, wie unter einem Zwang, nach Bedeutungen abklopfen, er muß sie interpretieren, auslegen, kritisieren. Die Sintflutgeschichte der Bibel transportiert für ihn keinen Trost, sie ist fragwürdig, aber er muß an sie denken (15; 79), ebenso wie an die Erzählung von Adam und Eva (74). Aber »die Geschichten sind viereckig geworden« (55).

Dem Pfarrer, mit dem er ein langes Gespräch hat, leistet der Lehrer gereizt Widerstand, »auf der Suche nach den Idealen der Menschheit« (47). Der Pfarrer ist verteufelt gescheit, denkt sich der Lehrer, aber er hat nicht recht. Er zitiert Pascal und Anaximander, nicht die Bibel. Er behauptet, daß die Reichen immer siegen. Er bedauert die Freiheit des Willens. Man darf Gott nicht vergessen, sagt der Pfarrer, auch wenn wir es nicht wissen, wofür er uns straft. »Gott ist das Schrecklichste auf der Welt«, sagt der Pfarrer (52).

Das katholische Prinzip, eine Art weintrinkender Fatalismus, wird den Lehrer durch den ganzen Roman begleiten, wie eine kontinuierliche Baßbegleitung. Zuletzt wird der Lehrer, wenn auch mit innerem Vorbehalt, die Einladung des Pfarrers annehmen und nach Afrika fahren, um an einer Missionsschule zu unterrichten.

Horváth hat den Pfarrer in einer gewissen Zweideutigkeit belassen. Wir erfahren weder, warum er strafversetzt wurde (49 f.), noch, warum seine Strafzeit gegen Ende des Romans vorbei ist und was es bedeutet, daß er Zivil trägt (124). Ist er ein »zweifelhafter Fall«, wie der Pater Paneloux in der *Pest* von Camus? Die Partie zwischen Lehrer und Pfarrer bleibt jedenfalls unentschieden, beide werden durch den Gang der Handlung des Romans relativiert, auf verschiedene Weise. Die Reichen siegen nicht immer, einerseits (130), immerhin gibt es am Schluß des Romans einen Bösen weniger (146 f.). Andererseits glaubt der Lehrer schlußendlich an Gott, was der Pfarrer sehr wohl bemerkt (125). Die Art und Weise, wie der Lehrer an Gott glaubt, kann der Kirche im Grund gleichgültig bleiben.

Daß die Neger auch (nur) Menschen sind, glauben beide, Lehrer und Pfarrer (126), in diesem Punkt befinden sie sich im Widerspruch zu den Nazis. So vertrackt also kann für einen linken Intelligenzler die Lage unter Hitler sich darstellen; gegen ihn wird die reaktionäre Kirche zu einer potentiellen Verbündeten, während der Zeit der Verdunklung. Horváths entschiedener Antiklerikalismus ist in *Jugend ohne Gott* schwankend geworden.

Am Beginn des Romans *Jugend ohne Gott* treffen zweierlei Gottlosigkeiten aufeinander – die des Lehrers und die seiner Schüler. Die Gottlosigkeit der Hitler-Jugend wird im Titel signalisiert, im Text ist von ihr kaum die Rede. Was Horváth zu den Nazis einfällt, bedarf keiner theologischen Begriffe, da ist von Verbrechern und Narren die Rede, von Divisionen der Charakterlosen unter dem Kommando von Idioten.

Vielmehr kommt Gott deshalb ins Spiel, weil der Lehrer seiner bedarf, um der Hitlerei standhalten zu können.

Am Geburtstag des »Oberplebejers« – die Stadt hängt voller Fahnen und Transparente, es wird viel marschiert – denkt der Lehrer an einen »höheren Herrn« (113). Alsbald tritt der Effekt des verkehrt an die Augen gesetzten Fernglases ein, die politische Realität schrumpft zusammen. »Wie entfernt ist alles geworden! Wie winzig sind plötzlich die großen Gebieter und wie arm die reichen Plebejer! Wie lächerlich« (113).

Solch neue Heiterkeit (125) verdankt der Lehrer der schlichten Tatsache, daß er im Mordprozeß die Wahrheit gesagt hat, ohne Rücksicht auf die nachteiligen Folgen, die dann auch prompt eintreten, durch die Suspendierung vom Schuldienst. Der Lehrer ist zum Wahrheitszeugen geworden, »der einzige Erwachsene, [. . .] der die Wahrheit liebt« (118). Das sagen die vier Jugendlichen, die einen geheimen Klub »für Wahrheit und Gerechtigkeit« gegründet haben und verbotene Bücher lesen.

Die Entwicklung des Lehrers vom resignierten Linksliberalen zum Zeugen der Wahrheit, im faschistischen Szenario, verläuft

nach einem sehr alten literarischen Muster, dem der Bekehrungs-
geschichte, in der auch Stimmen und Visionen nicht fehlen. Horváths Stil, ein expressives Stakkato, Ausdruck einer aufgeregten
Zeit, gestaltet einen recht unmodernen Stoff, den der Heiligenle-
gende.

Deren wichtigstes Element, überkommen aus der hellenistischen,
also außerchristlichen Antike[4], ist das der Plötzlichkeit, der Dis-
kontinuität, des Überwältigtseins des Subjekts von Kräften, mit
denen es nicht rechnen konnte. So ergeht es auch dem Lehrer, es
handelt sich um zwei Schocks innerhalb eines halben Jahres, einen
im Frühjahr, einen im Herbst. Der Lehrer, zwischen den beiden
Schocks: »Die Zeit, in der ich an keinen Gott glaubte, ist vorbei.
Heute glaube ich an ihn. Aber ich mag ihn nicht. Ich sehe ihn noch
vor mir, wie er im Zeltlager mit dem kleinen R spricht und den Z
nicht aus den Augen läßt. Er muß stechende, tückische Augen haben – kalt, sehr kalt. Nein, er ist nicht gut« (94).
   Die Gotteserscheinung (*parousia, epiphaneia* hätte man in der
Antike gesagt), von der hier die Rede ist, wird von Horváth in realistischer Weise erzählt, im Kapitel »Der letzte Tag« (80-82). Es
fängt so an: »Am letzten Tage unseres Lagerlebens kam Gott. Ich
erwartete ihn bereits.«
   Nur der Lehrer sieht diesen Gott. Es handelt sich um den Gott
des Pfarrers, den strafenden Gott, dem der Lehrer einen Strich
durch die Rechnung machen wollte: »Ich wollte uns alle retten,
aber wir waren bereits ertrunken. In dem ewigen Meer der Schuld«
(78).
   Die Erschütterung des Lehrers am Tag der Entdeckung des Mordes wird von Horváth als Theophanie stilisiert, als Auftritt eines
Gottes, der überhaupt nicht lieb ist, sondern eben das Schrecklichste auf der Welt. Er gehört zu einer Wirklichkeit, in der die Vernunft nicht mittanzt, wie im Kapitel »Der Dreck« (57 f.) zu lesen
steht. Während einer einsamen Nachtwache vorm Zeltlager der
Schüler formieren sich die ratlosen Gedanken des Lehrers zu einem
vornehmen Ball im Mondlicht. Die Vernunft hat sich besoffen, sie
speit alles voll, über das Ausgekotzte wird hinweggetanzt. Die
Musik dazu hat den Titel: »Der einzelne im Dreck.«
   Max Horkheimer, wie Horváth ein kritischer Zeitgenosse des
Hitlerfaschismus, hat die Vernunftlosigkeit seiner Epoche ebenfalls konstatiert, in der Sprache des Philosophen, unter dem Titel:

Die Verfinsterung der Vernunft. [5] In diesem Buch, das den Inhalt von Vorlesungen wiedergibt, die Horkheimer im Jahr 1944 an der Columbia University hielt, ist von der Fähigkeit die Rede, zwischen Wahrheit und Wirklichkeit zu unterscheiden. Die führenden Religionen und Philosophien, sagt Horkheimer, haben diese Unterscheidung stets getroffen. Ohne sie gibt es keine Personalität, wird der einzelne eine Beute seiner atavistischen Antriebe. Er versinkt im Dreck, wie Horváth es ausdrückt. Erst wenn er gelernt hat, der schlechten Wirklichkeit im Namen der Wahrheit zu widerstehen, wird er mit sich selbst identisch. Auf einen Menschen, der dazu imstande ist, fährt Horkheimer fort, kommen tausende, die an dieser Aufgabe scheitern.

Der Schüler T, der Mörder des N, der »Fisch«, wie ihn Horváth wiederholt nennt, verkörpert das Versagen im Umgang mit Wirklichkeit und Wahrheit. Das Verdikt, das über ihn gesprochen wird, trifft den Kern des Problems: »seine Liebe zur Wirklichkeit war nur der Haß auf die Wahrheit« (146).

Die Unterscheidung zwischen Wahrheit und Wirklichkeit ist das theologische Thema des Romans *Jugend ohne Gott.* Horváth hat den Trick durchschaut, mit dem die amtlich zugelassene katholische Philosophie und Theologie dem Problem eines Gottes zu entgehen versucht, der letzte Wahrheit und letzte Wirklichkeit zumal ist. Das Problem: Wenn die Wirklichkeit schlecht ist, wo bleibt dann Gott? Der Trick: Die schlechte Wirklichkeit ist durch eigene Schuld so, wie sie ist, Gott bleibt davon unberührt. Der erste Schritt Horváths gegen diese Theologie besteht darin, daß er Gott böse werden läßt: »Nein, er ist nicht gut.« Damit ist die Barriere zwischen Gott und Welt, aufgerichtet von der (im wörtlichen Sinn) herrschenden Theologie, zunächst einmal niedergelegt, die Negativität der Wirklichkeit an Gott festgemacht. Der traditionell katholische Dualismus zwischen böser Welt hier, gutem Gott dort gilt für den Lehrer nicht mehr. Nicht die Scheidung zwischen Gott und Welt ist der springende Punkt, sondern die Unterscheidung zwischen Wahrheit und Wirklichkeit. Bald wird der Lehrer lernen, diese Unterscheidung zu treffen.

Seine entscheidende Gottesbegegnung erfährt der Lehrer im Herbst, während der Mittagspause im Mordprozeß. Der Ort der Offenbarung ist ein kleines Zigarettengeschäft, das von einem alten Ehepaar betrieben wird (94-96). Hier vernimmt der Lehrer eine Stimme, die nicht der alltäglichen Wirklichkeit entstammt: »War das noch die Stimme des Alten? Nein, das war nicht seine – das war eine andere Stimme. Wer sprach da zu mir? Ich dreh mich nicht um« (95).

Die Stimme fordert den Lehrer auf, als Zeuge im Mordprozeß jene Wahrheit preiszugeben, die er bislang verschwiegen hat, obwohl sie ihn belastet. Er soll sagen, daß er das Kästchen des Z, der den Mord gestanden hat, ohne ihn begangen zu haben, heimlich aufgebrochen hat, um das darin befindliche Tagebuch zu lesen. Der Lehrer gehorcht der Stimme und macht die entsprechende Aussage, die dem Prozeß eine völlig neue Richtung gibt. Das Mädchen Eva, unter dem Eindruck der Wahrhaftigkeit des Lehrers, widerruft ihre früheren Aussagen und entlastet den Z, worauf sich der Verdacht gegen sie richtet. Der Lehrer hinwiederum, von ihrer Unschuld überzeugt, wird das letzte Drittel des Romans mit der Suche nach dem tatsächlichen Mörder beschäftigt sein.

Neben solchen äußeren Folgen zeitigt die Bekehrung des Lehrers auch innerseelische, wie bereits angedeutet. Der Lehrer wirkt heiterer, er hat keine Angst mehr vor seinem leeren Zimmer, er braucht sich nicht zu betrinken, der Nazi-Spuk wirkt auf ihn plötzlich lächerlich, das drohende Ende seiner beruflichen Laufbahn läßt ihn kalt, auch die ungewisse Zukunft, die ihm bevorsteht, macht ihm keine Sorgen.

Die theologisch interessanteste Veränderung im Wesen des Lehrers wird im Kapitel »Zwei Briefe« (121-123) mitgeteilt. Er schickt sich an, einen besorgten Brief seiner Eltern zu beantworten und schreibt: »Macht Euch keine Sorgen, Gott wird schon helfen.« Dann schämt er sich, daß die Eltern denken könnten, jetzt, da es ihm schlecht geht, schreibt er von Gott, er, der doch nicht an ihn glaubte, und zerreißt den Brief. Immer wieder setzt er zu einem neuen Brief an, aber: »Ich bringe es nicht über das Herz, das Wort Gott niederzuschreiben.«

Ein Rückfall in die frühere Skepsis?

Tatsächlich bekommt der Lehrer plötzlich wieder Angst vor seiner leeren Wohnung. In der Bar, die er aufgesucht hat, trinkt er ein paar Gläser und schreibt dann doch den Brief, so wie er ihn ursprünglich formuliert hatte. »Und ich zerreiße den Brief nicht wieder. Oder schrieb ich ihn nur, weil ich getrunken habe? Egal!«

Horváth hat offensichtlich Bedenken, seinen Lehrer kerzengerade in die neugewonnene religiöse Naivität zu entlassen. Klar ist, daß der Lehrer das Wort Gott mit anderer Bedeutung niederschreibt als seine Eltern. Die Eltern verkörpern die erste, die unerleuchtete, die illusionäre religiöse Naivität. Zu ihr kann der Lehrer nicht zurückkehren. Wenn er sich gleichwohl überwindet, die naive Formel »Gott wird schon helfen« zu verwenden, dann deshalb, weil er sie mit einer für ihn neuen Bedeutung aufzuladen vermag, als Ergebnis seiner Bekehrung zum Wahrheitszeugen. Das ist die zweite religiöse Naivität. Sie bleibt eine Privatangelegenheit des Lehrers, weil die Verwendung der Formel keinerlei Auskunft darüber erteilt, in welchem Sinn sie gebraucht wurde.

Horváth läßt offen, ob erst der Alkohol den Durchbruch zur zweiten Naivität möglich gemacht hat. Ohne Alkohol würde der Lehrer in Gefahr geraten, wie ein neubekehrter Sektierer dreinzuschauen, was sicherlich nicht in der Absicht des Autors lag. Deshalb läßt Horváth den Lehrer seinen Brief in einer zweifelhaften Umgebung schreiben, einer außenseiterischen, sogar mit aufkeimender Sehnsucht nach – »Verkommenheit« (122). Man soll ihn nicht mit einem Moralapostel verwechseln.

»Egal« ist die Frage der Mitwirkung des Alkohols beim Entschluß zum Gebrauch des Gottesnamens zuletzt deshalb, weil der Brief unzerrissen bleibt. Man darf annehmen, daß ihn der Lehrer am nächsten Morgen zur Post tragen wird, in wiederum nüchternem Zustand.

Die Hemmung des Lehrers, das Wort Gott in Gebrauch zu nehmen, ist auf den ersten Blick eine moderne Erscheinung, sie gehört nicht ins Mittelalter. Als Typ ist der Lehrer das Produkt des bürgerlichen Zeitalters der letzten 200 Jahre, mit seinen industriellen und wissenschaftlichen Umwälzungen. Die sozusagen analphabetische Frömmigkeit der bäuerlich geprägten Welt von einst wurde im scharfen Licht der Aufklärung zum Aberglauben, die Gebildeten begannen sich zu genieren, in den überlieferten Formen der Religion weiterhin zu leben, sie wurden zu deren »Verächtern«.[6]

Der zerrissene Brief des Lehrers an seine Eltern läßt sich jedoch mit einem noch älteren Erbe in Verbindung bringen als dem der bürgerlichen Aufklärung. Das Verbot im Gesetz des Moses, den Namen Gottes »in unnützer Weise« zu verwenden[7], steht am Beginn der biblischen Auflehnung gegen die Götterwelt. Die Juden halten sich bis heute so strikt an diese Weisung, daß sie jedes Mal, wenn sie beim Lesen der Bibel auf die vier Buchstaben des Gottesnamens (JHWH) stoßen, eine bestimmte Ersatzformel aussprechen. In der Geschichte der Religionen ist das ein völlig einmaliger Vorgang.

Der Lehrer wiederum weiß, daß der Gott seiner Eltern nicht der seine ist. Beim Lesen des Briefs, den ihm die besorgten Eltern geschrieben haben, muß der Lehrer an Gott denken: »Ich glaube, er wohnt noch immer nicht bei ihnen, obwohl sie jeden Sonntag in die Kirche gehen« (121).

Der Gott, den der Lehrer für sich neu gefunden hat, ist zunächst nur eine »andere« Stimme. Sie fordert ihn auf, die Wahrheit zu sagen, und verändert damit sein Leben. Wie soll sich der Lehrer dagegen schützen, diesen seinen Gott mit dem Konventionsgott verwechseln zu lassen?

Indem er seinen Brief an die Eltern, mit der Formel »Gott wird schon helfen«, zerreißt. Der Lehrer müßte verzichten, den Gottesnamen zu gebrauchen.

Warum tut er es schließlich doch noch, indem er einen neuen Brief schreibt?

Horváth läßt uns hierüber im unklaren, und sich selber wohl auch.

Der Gott, den die Eltern des Lehrers im Munde führen, der schreckliche Gott, der dem Lehrer im Frühjahr erschienen ist, der Gott, dessen Stimme der Lehrer im Zigarettengeschäft hört, sind von Horváth so dargestellt, als ob sie nur den Namen gemeinsam hätten.

Über den Gott im Elternhaus äußert sich die »andere« Stimme zum Lehrer:

»Soll ich dir deine Kindheit zeigen?«

»Meine Kindheit? Die Mutter keift, der Vater schimpft. Sie streiten sich immer. Nein, hier wohnst du nicht. Hier gehst du nur vorbei, und dein Kommen bringt keine Freude – Ich möchte weinen« (96).

Über den Gott des Pfarrers, »das Schrecklichste auf der Welt«, sagt der Lehrer am Schluß des Romans: »Einst dachte ich, er hätte tückische, stechende Augen – Nein, nein« (148).

Und fährt fort:

»Denn Gott ist die Wahrheit.«

Der zuletzt gefundene Gott ist mit der Wahrheit identisch. Die überwundenen Gottesvorstellungen dagegen sind Teil einer Wirklichkeit, die von der Lüge beherrscht wird, sie wirken an diesem Täuschungszusammenhang sogar mit. Diese theologische Pointe hat Horváth in der schließlichen Lösung des Kriminalfalles insofern versteckt, als sich der anfänglich verdächtigte (und auch geständige) Schüler Z als schuldlos erweist, obwohl Gott seine Überführung bewerkstelligt hat, am Tag der Entdeckung des Mordes (81 f.). Dieser Gott hat den Unschuldigen ins Gefängnis gebracht, und dazu noch gelächelt.

Die Unterschiede zwischen den drei Gottesbegriffen in *Jugend ohne Gott* sind klar genug. Horváths Problem besteht darin, ein und dasselbe Hauptwort für dreierlei Gott verwenden zu müssen.

Der Schwierigkeit, zwischen dem Gott einer schlechten Wirklichkeit und dem Gott der Wahrheit zu unterscheiden, begegnet Horváth mit einer sprachlichen Wendung, die in der abendländischen Theologiegeschichte eine lange Tradition hat – der Rede von der Andersartigkeit Gottes gegenüber allem nichtgöttlichen Seienden.[8] Horváth setzt das Wort »anders« dann, wenn er die Differenz des Gottes der Wahrheit zur lügenhaften Weltwirklichkeit signalisieren will. Erstmals geschieht dies im Zigarettengeschäft, als sich für den Lehrer die Stimme des Alten in eine »andere Stimme« verwandelt (95). Später, bei Gelegenheit der Reflexionen des Lehrers zum Führergeburtstag: »Vergiß es nicht, daß du mit einem höheren Herrn gesprochen hast! Du lebst noch im selben Haus, aber in einem höheren Stock. Auf einer anderen Ebene, in einer anderen Wohnung« (113). Zuletzt, im Kapitel »Das Gespenst«: »Die Augen, Herr Lehrer, die Sie anschauten, waren nicht die Augen des Mädels. Das waren andere Augen« (142). Diese Stelle ist besonders aufschlußreich, weil sie zusammen mit einer anderen den theologischen Schluß des Romans vorbereitet. Die Augen des Mädchens Eva haben während des Mordprozesses auf dem Lehrer geruht, »still wie die dunklen Seen in den Wäldern meiner Heimat« (102). So meint es jedenfalls der Lehrer erlebt zu haben, aber er wird belehrt, daß das Mädchen Eva keine Augen wie Seen hat, sondern »richtige Diebsaugen« (142). Es können also gar nicht ihre Augen gewesen sein, die auf ihm geruht haben, sondern eben »andere« Augen. »Andere?« fragt der Lehrer. »Ja« (142). Im vorletzten Kapitel, da ist schon alles klar, der Mörder endlich identifiziert, fühlt sich der Lehrer wiederum angeschaut, diesmal von der Mutter des Schülers T:

Nein, das war doch nicht sie – Das waren nicht ihre Augen – Still wie die dunklen Seen in den Wäldern meiner Heimat. Und traurig wie eine Kindheit ohne Licht. So schaut Gott zu uns herein, muß ich plötzlich denken (148).

Das Kapitel, in dem diese schönen Sätze stehen, heißt »Die anderen Augen«. Gottes Augen haben etwas mit der Kindheit des Lehrers zu tun, sie haben auch etwas mit der Mutter zu tun, denn beide Male sind es die Augen von Frauen, die sich in die »anderen« Augen verwandeln. Und beide Male, in denen sich der Lehrer mit diesen »anderen« Augen angeschaut fühlt, ist es der Augenblick nach dem Aussprechen der Wahrheit.

Der Sehnsuchtsort Kindheit, im Kapitel »Geh heim« (45-47) eindringlich beschworen, verschmilzt am guten Ende des Romans, im Nu des Angeblicktwerdens von jenen stillen, dunklen, anderen Augen, mit der Gottesgewißheit.

Gegen die Versuchung, dies Heimfinden des Subjekts zu seinem wahren Selbst mit der verblaßten Schrift des »Religiösen« zu etikettieren, sollte man nach der Lektüre des Romans *Jugend ohne Gott* immunisiert sein.

1983

Anmerkungen

Originalbeitrag.

1 Vgl. Traugott Krischke, *Ödön von Horváth. Kind seiner Zeit*, München 1980, S. 22 f.

2 Ebd., S. 23 f. Vgl. auch Hansjörg Schneider, *Ödön von Horváth – Dichter der Zwischenkriegszeit*, in: *stm ÖvH*, S. 22 ff.

3 Ebd., S. 181.

4 Vgl. A.D. Nock, *Conversion*, London 1974.

5 Max Horkheimer, *Eclipse of Reason*, New York 1947.

6 Vgl. Friedrich Schleiermacher, *Über die Religion. Reden an die Gebildeten unter ihren Verächtern*, erstmals anonym erschienen 1799, Stuttgart 1969.

7 Exodus 20, 7.

8 Vgl. den Artikel *Analogia entis*, in: *Lexikon für Theologie und Kirche*, Band 1, Freiburg 1957, Sp. 468-473.

Wolfgang Müller-Funk

Faschismus und freier Wille
Horváths Roman »Jugend ohne Gott« zwischen Zeitbilanz und Theodizee

> Ich unterrichte Geschichte und Geographie.
> Ich muß die Gestalt der Erde erklären und ihre Geschichte deuten.
> Die Erde ist noch rund, aber die Geschichten sind viereckig geworden.
> [. . .]
> Es ist wahr: mein Beruf freut mich nicht mehr. (55)[1]

Ödön von Horváths Spätwerk (voran seine beiden Romane *Jugend ohne Gott* und *Ein Kind unserer Zeit*) hatten es bei der westdeutschen Literaturkritik bislang schwer. Der Verdacht liegt nahe, daß die Umstände, unter denen Horváths Werk mehr entdeckt als wiederentdeckt wurde, den Zugang zu seinem Spätwerk verstellt haben und überdies auch seine »klassisch« gewordenen Werke, die »Volksstücke« und den *Spießer*-Roman, in einer einseitigen und etwas vordergründigen Perspektive erscheinen lassen. Der Horváth der Volksstücke etwa wurde zum marxistisch orientierten Gesellschaftskritiker seiner Zeit stilisiert.[2] Demgegenüber mußten seine späteren Arbeiten mit ihrer Vorliebe fürs Irreale und Metaphysische als enttäuschend oder gar »beunruhigend« erscheinen.[3]

Was nicht in den Raster dieser gesellschaftskritischen Lesart paßte, rückte gar nicht erst ins Blickfeld. Zu sehr waren Interpretatoren und »Inszenatoren« auf die vorgegebene sozialkritische Deutung seiner Werke im Sinne einer marxistischen Kritik am Kleinbürgertum und seinen präfaschistischen Dispositionen fixiert, als daß sie Horváths Selbstinterpretation seiner Stücke als literarische Modelle des »ewigen Kampfes« »zwischen Bewußtsein und Unterbewußtsein« überhaupt in Betracht gezogen hätten.[4]

Aus dem gemeinsamen Grundmuster der Horváth-Kritik der 70er Jahre ergaben sich gegenüber dem Spätwerk mehrere Reaktionsmöglichkeiten: entweder man ignorierte das lästige, weil (angeblich) zu wenig kritische Spätwerk oder man versetzte ihm den Todesstreich dadurch, daß man es mit dem Hinweis auf dessen symbolische Ausdrucksweise, die man als »Rückfall« in den Expressionismus kritisierte, literarisch erledigte.[5]

Die freundlichste Rezeption war jene, beispielsweise *Jugend ohne Gott* auf Gesellschaftskritisches hin abzuklopfen und die religiösen Dimensionen im Werk lediglich metaphorisch zu deuten.[6]

Jürgen Schröder, dessen Aufsatz über das Spätwerk Horváths einen Einschnitt in der Horváth-Kritik markiert, gelangte unter Zuhilfenahme von biographischen Annahmen und psychoanalytischen Begrifflichkeiten zu dem letztlich für Horváth und das Spätwerk vernichtenden Schluß, daß es nicht anders denn als literarischer Ausdruck persönlicher und politischer Regression zu deuten sei. Die Ursache für diese Regression ortet Schröder in dem unbewältigten Weltkriegstrauma Horváths, das unter den deprimierenden Umständen des Exils erst richtig zum Vorschein gekommen sei.[7] Auch wenn Schröder in seinem Aufsatz beteuerte, daß er Horváth nicht habe entlarven wollen, so bleibt von Horváths Œuvre kaum mehr übrig als interessante literarische Manifestationen eines »im Adornoschen Sinn« psychisch beschädigten Menschen.[8]

Schröder ging in seiner Analyse noch einen Schritt weiter, indem er – entgegen der bisherigen Antinomie des kritisch-realistischen Horváths der »Volksstücke« und des metaphysisch-zurücksteckenden des Spätwerks – eine Kontinuität festzustellen meinte, dergestalt, daß Horváths Werken schon zuvor »eine entschiedene gesellschaftskritische Perspektive und Kraft« gefehlt habe. Das negative Urteil über das Spätwerk wurde so explizit auf die bisher unangefochtenen Stücke Horváths übertragen.[9]

Soweit der Stand der Diskussion, von dem jeder neuerliche Interpretationsversuch, jedes ›literarische Degenfechten‹ um Horváths Spätwerk auszugehen hat. Bei einem solchen Versuch sieht sich der Verfasser folgendem Dilemma gegenüber: So sehr ich auch die Notwendigkeit der Aktualisierung linksrepublikanischer Literatur für die Kultur bei uns und in unseren Nachbarländern als notwendig erachte, so sehr wohnt einer solchen Betrachtungsweise die Gefahr ahistorischer Vereinfachung inne. Gerade die Erforschung der Weimarer Republik und des Exils standen in den letzten Jahren immer in der Gefahr, eigene politische Perspektiven und literaturhistorische Deutung vordergründig und vorschnell zu vermengen.

Möglicherweise ist aber diese Antinomie gar nicht so dramatisch, und am Ende könnten die bisher unterbelichteten Aspekte in Horváths Werk in ihren politischen Implikationen auch etwas zu unseren heutigen Diskussionen beitragen, die sich seit der Entdeckung Horváths nicht ganz zufällig verschoben haben. Vielleicht gibt es zwischen der Entwicklung im Horváthschen Werk und der heutigen Diskussion, die sich ebenfalls durch eine Wiederentdeckung und Neubewertung ethischer und religiöser Fragestellungen kennzeichnen läßt, Berührungspunkte, ja sogar Parallelen.

Entgegen den oben skizzierten Deutungen von Horváths Spätwerk möchte ich meinen gewiß sehr vorläufigen Deutungsversuch von *Jugend ohne Gott* mit folgender These beginnen: Zumindest Horváths beide Romane aus der Zeit des Exils (*Jugend ohne Gott, Ein Kind unserer Zeit*) bezeichnen gegenüber seinen »Volksstücken« einen gewaltigen literarischen Fortschritt und sind Beleg für die Überwindung einer literarischen Schaffenskrise, die zeitlich ungefähr von 1933-1936 anzusetzen wäre (möglicherweise schon früher). Diese produktive Entwicklung sehe ich auf mehreren, sich wechselseitig bedingenden Ebenen angelegt: in der literarischen Verdichtung durch eine ebenso konsequente wie originelle Bildhaftigkeit, in der Miteinbeziehung des poetischen Subjektes in den Prozeß ästhetischer Wahrnehmung, in der Mehrschichtigkeit der Sinnebenen und gleichzeitig in der Verallgemeinerbarkeit der Aussage, die freilich mit einer Distanzierung und Verfremdung der empirisch-»realen«, historischen Welt einhergeht. Das allein schon macht es fragwürdig, den Roman lediglich als eine literarische Kritik nationalsozialistischer Herrschaft zu verstehen.

Ich vermag auch in der Hinwendung zu religiösen Problemen nicht eine wie auch immer geartete »Regression« zu erblicken, sondern sehe darin viel eher den Versuch einer Vertiefung ethisch-moralischer Probleme, die bereits in seinen früheren Stücken – oft latent – angelegt war. Die gesellschaftskritische Perspektive erfährt dadurch keinen Abbruch, sondern wird vielmehr in diesen neuen Sinnhorizont eingebettet. Insgesamt möchte ich behaupten, daß beide Romane, *Jugend ohne Gott* ebenso wie *Ein Kind unserer Zeit*, die gewiß runderen, eindeutigeren und leichter faßbaren Stücke an Gewichtigkeit und formeller Kompositorik übertreffen.

Beginnen wir mit dem Titel des Romans, der in einem entscheidenden Punkt irreführend ist: Natürlich spielt die »Jugend ohne Gott« im Roman eine nicht unwesentliche Rolle. Aber der Titel suggeriert, was der Roman nicht vornimmt: eine objektive Bestandsaufnahme der Jugend in einem kollektivistisch-militaristischen Staat, der zwar einige Ähnlichkeiten mit dem Hitlerschen Nationalsozialismus aufweist, aber keineswegs deckungsgleich mit ihm ist und sich auch auf andere – zeitgenössische wie nachzeitige – Diktaturen beziehen läßt.[10] In jedem Fall läßt sich der Roman auch dann verstehen, wenn der Leser keine Referenz zu historischen Geschehnissen herstellt, sondern den Roman rein als fiktives *Modell* liest.

Die dargestellte Welt im Roman ist durch die Perspektivik des Lehrers und Ich-Erzählers sowie seine Identitätsprobleme geprägt. Der Titel *Jugend ohne Gott*, soll er mehr sein als der symbolische Ausdruck moralischer Verurteilung, bekommt ja nur dadurch Sinn, daß der Lehrer im Verlauf des Romans – im Unterschied zu den Schülern (mit Ausnahme der Gruppe um B) – Gott entdeckt. Ja, man kann sogar so weit gehen zu sagen, daß er Gott entdeckt, weil die Jugend, seine Schüler, ohne Gott lebt. In jedem Fall sind die inneren Probleme des Lehrers Dreh- und Angelpunkt des Romans. Durch ihn erfährt der Leser die Geschehnisse, die *histoire*. Und zudem gibt es keine übergeordnete Perspektive, höchstens einige korrigierende Seitenansichten wie die des Pfarrers oder »Julius Caesars«. Anders als in den Theaterstücken sind es nur die Worte des Lehrers, die die Einsamkeit des Raumes füllen. Im *Kind unserer Zeit* wird Horváth diese Unheimlichkeit der Sprache noch um einiges steigern. Das allein schon verändert die perspektivischen Verhältnisse: Der Lehrer wird dadurch zum »Medium«, zum Sprachrohr der Zeitkritik, ebenso aber zum Mittäter in einer unheilvollen Zeit. Die Doppelbödigkeit der Lehrerfigur hat ihren Niederschlag – unbewußt – auch in den diversen Interpretationen gefunden. Zum einen wird der Autor gern in die Nähe des Lehrers gerückt (mit ganz verschiedenen Argumenten, im Hinblick sowohl auf seine kritische Perspektive als auch auf Horváths »faule« Kompromisse in den Anfangsjahren von Hitlers Diktatur), zum anderen aber als eine vom realen Autor verschiedene Figur angesehen, als ein Demonstrationsgegenstand für Horváths freilich nun abgeschwächte Zeitkritik.

Dem entspricht auch die Zweideutigkeit von Horváths Selbstinterpretation, die gern zur Absicherung der eigenen Interpretation zu Hilfe genommen wird, wonach er in *Jugend ohne Gott* den »sozusagen [. . .] faschistischen Menschen (in Person des Lehrers) geschildert« habe, »an dem die Zweifel nagen – oder besser gesagt den

Menschen im faschistischen Staat.«[11] Die Briefpassage mit ihrem offenkundigen Suchen nach dem richtigen Ausdruck für die eigene Intention ist recht merkwürdig, macht es doch zunächst einmal einen erheblichen Unterschied, ob jemand ein faschistischer Mensch ist oder ein Mensch in einem faschistischen Staat.

Aber genau in dieses *moralische* Spannungsverhältnis rückt Horváth seine Hauptfigur. Dem entspricht der »doppelte Boden« der Erzählperspektive: Als »faschistischer Mensch« wird er – wenn auch nicht sehr glaubwürdig für die Mehrzahl der faschistisch eingestellten Schüler – in seinem konformistischen Handeln nach außen vorgestellt; Mensch im faschistischen Staat in einem mehr erleidenden Sinn ist er insofern, als er mit innerer Distanz die Geschehnisse um sich herum erlebt. Der Lehrer ist somit gar nicht primär eine »reale« Person (im Sinn eines gegenständlichen Realismus), sondern viel eher eine Spiel- und Modellfigur, deren vornehmlicher Sinn es ist, Selbsterfahrung – Widersprüche, Konflikte und Bewußtseinsprozesse – voranzutreiben, sie transparent zu machen. Und überdies ist es in einem Roman, dessen Historie so offenkundig symbolisch überlagert ist, legitim, das im Roman dargestellte Mißverhältnis zwischen Lehrer und Schüler als Paradigma für das gestörte Verhältnis von (Exil-)Autor und (nationalsozialistisch konditioniertem) Leser zu betrachten. So wie die Botschaft des Lehrers von den »Idealen der Menschheit« den Schülern nicht vermittelbar zu sein scheint (mit Ausnahme schließlich der Gruppe um den Schüler B), so liegt auch dem Roman die störende Erfahrung zugrunde, daß Autor und Leser, das einsame Ich und die Masse des (potentiellen) Publikums, einander nicht verstehen. Der Lehrer ist nicht einfach das literarisch-fiktive Alter ego des biographisch faßbaren Autors Horváth, sondern gleichermaßen ein Mittel der Selbstverständigung (auf Horváth bezogen) wie der Mitteilung (für den Leser). Dem Wunsch des Lehrers, die Geschichte zu deuten, seinen Schülern etwas beizubringen, entspricht die Aufklärungsabsicht des Romanes.

Für unsere These, den Lehrer nicht so sehr als eine realistische Figur anzusehen, gibt es auch noch einige andere Indizien, so etwa die geringe Ausgestaltung von Leben, Gestalt und differenzierten inneren und äußeren Wesensmerkmalen, eine Beschränkung auf leitmotivisch wiederkehrende Erlebnisse und durchgängige Lebensprobleme – eine Technik, die Horváth bereits in seinen frühen Stücken angewandt hat, wie Schröder zu Recht angemerkt hat. Zu dieser reduktionistischen Personenbeschreibung gehört auch die Namenlosigkeit des Lehrers und die der Schüler, von denen wir lediglich den ersten Buchstaben des Nachnamens erfahren, was wohl neben der ganz offenkundig skurrilen Freude des Lehrers am reinen Buchstaben auf den Umstand zurückzuführen ist, daß die Jugendlichen ja keine Individuen sein wollen, sondern aufgehen möchten im namenlosen Kollektiv, was umgekehrt die Einsamkeit, die Außenseiterproblematik des Lehrers nur noch verstärkt. Nur als Individuum, als Gegensatz zum bewußtlosen Kollektiv, kann sich der Lehrer der moralischen Verantwortung stellen. Und nur in der Doppelbödigkeit von falschem Handeln und ›richtigem‹ Bewußtsein, einer Doppelbödigkeit, die auf Grund der daraus resultierenden Rollendistanz naturalistisch nicht übermäßig glaubwürdig wäre[12], läßt sich die Klärung der moralisch-ethischen Probleme, die sich für den Lehrer als einen Außenseiter in einer zutiefst inhumanen Gesellschaft stellen, vorantreiben.

Jürgen Schröder hat zwar Recht, wenn er meint, daß im Exil eine Rückbesinnung auf humanistische Traditionen als Waffe im Kampf gegen den Nationalsozialismus festzustellen ist, allein im Falle Horváths läßt sich aufzeigen, daß schon ein Stück wie *Sladek* in seinen beiden Versionen ganz und gar von der Auseinandersetzung zwischen einem individual-ethischen »Idealismus« (wie ihn der pazifistische Redakteur Franz respektive Schminke vertritt) und einem kollektivistisch-amoralischen »Realismus« (in Gestalt des melancholisch-depressiven Militaristen Sladek) getragen wird. Franz, der keinen objektiven Marxismus vertritt, sondern für die individuelle Verantwortung des einzelnen Menschen kämpft, lehnt den »Realismus« des Hauptmanns und Sladeks ab, wonach der »Krieg ein Naturgesetz« und die Natur grausam sei. Er kämpft mit dem immanenten Widerspruch, daß er zwar an den »ewigen Frieden«, d. h. an seine Realisierung nicht glaubt, aber gleichwohl für ihn eintritt.[13] »Und wär es ein Naturgesetz«, daß es Mord und Krieg und keine Versöhnung und Gerechtigkeit gibt, so müsse man – so Franz gegen Sladek und den Hauptmann – die »Natur bekämpfen«.[14] Auch Sladek leidet unter diesem Widerspruch, weil er selbständig denken kann: »denn ich hab die Gerechtigkeit lieb, obwohl es sie nicht gibt.«[15]

Bei Franz ist auch jener rigorose Zug des Lehrers vorgezeichnet, das Böse zu entdecken, aufzuspüren (in einem durchaus kriminalistischen Sinn) und auszutilgen:

Der Glaube an die Unantastbarkeit jedes lebendigen Wesens führt in die Labyrinthe des Betruges. Es gibt nämlich Kreaturen, verfassungsmäßig organisierte Kreaturen, die moralisch derart verkommen sind, daß es selbst der liebe Gott aufgegeben hat, sie bessern zu wollen. Selbst er hat im Tempel sofort zur Knute gegriffen, ohne auch nur ein Wort für ihr Seelenheil zu verschwenden. [. . .] – sie gehören aus dem Tempel der Menschheit wie räudige Hunde mit Fußtritten verjagt, sie die das Heiligste verhandeln, sie gehören vernichtet, die zu verludert sind, um es sich auch vorstellen zu können, daß es auch anderes gibt.[16]

In diesem Sinn – so Franz vor Gericht – »muß« er »Terrorist« sein[17], muß er Sladek, ein kleines Rädchen im Getriebe des »Bösen«, stellen. Ganz ähnlich ist es um die Ermordung des Buchhalters durch den (ehemaligen) Soldaten in *Ein Kind unserer Zeit* und um die Jagd auf T bestellt, nach dessen Tod der Lehrer bekennt: »Und während ich so rede, fühle ich mich wunderbar leicht, weil es keinen T mehr gibt. [. . .] Denn trotz aller eigenen Schuld an dem Bösen ist es herrlich und wunderschön, wenn ein Böser vernichtet wird.« (146)

Wie sehr man auch die rigoristische Konsequenz solcher in der *Jugend ohne Gott* freilich weit differenzierter vorgetragenen ethischen Haltung in Frage stellen kann, so läßt sich doch bereits an dieser Stelle festhalten, daß Horváths Gesellschafts- und Zeitkritik – bei allen Anleihen vom Marxismus – schon in den 20er Jahren mehr von einem ethischen denn von einem objektivistisch-geschichtsphilosophischen Standpunkt aus erfolgt. Sein Pazifismus und Antikapitalismus mögen politisch sogar radikaler sein als der eines Brecht, aber die Horváthsche Kritik erfolgt aus einer ganz anderen Perspektive, deren unbedingter Vorzug darin besteht, die ethischen Prämissen eigenen Handelns schmerzhaft deutlich zu machen und nicht hinter objektiven Geschichtssetzungen (wie im Marxismus) zu verbergen. Zu diesem Bild paßt übrigens auch, daß Horváth Stammleser der »Weltbühne« war, jener linksrepublikanischen Wochenschrift, die einem ethisch geprägten Sozialismus das Wort redete.[18]

Als Gemeinsamkeiten zwischen dem frühen und dem späten Horváth lassen sich – ganz summarisch – folgende Merkmale festhalten: der radikale Versuch, das faschistische Bewußtsein von innen her zu ergründen, die unheimliche Spiegelbildlichkeit der einsamen Kontrahenten (im *Sladek* etwa zwischen der Titelfigur und Franz), die radikale Bildlichkeit der Sprache (man denke nur an

Kapitelüberschriften im *Sladek* wie »Immer noch unter der Erde«) und eben jenes ausgeprägte ethische Bewußtsein. So wie der Lehrer in *Jugend ohne Gott* eingreift, weil fünf Schüler einen einzigen verprügeln, so beginnt Horváths *Sladek* damit, daß vier »Hakenkreuzler« über den Redakteur Franz herfallen, in beiden Fällen Indiz dafür, daß Fairneß und das Gefühl für Anstand durch eine brutale A- und Antimoral ersetzt worden sind – Introduktion auch des Bösen, das im Stück bzw. im Roman noch folgen wird.

Für die in der Tat augenfälligen Parallelen zwischen dem Frühwerk, voran den beiden Versionen des *Sladek*, und den beiden Romanen (sowie unbedingt auch der Horváthschen Interpretation des Don Juan) bedarf es einer weiterreichenden Begründung, als sie die autorpsychologische These von der »Regression« bietet. Mir scheint, die handgreiflichste Ursache für das Wiederaufgreifen von Motiven und Fragekomplexen aus dem Frühwerk liegt in der historischen Parallelität der Situation zwischen 1920-1924 und der Zeit nach der Machtergreifung Hitlers. Was 1920-1923 Drohung, Gefahr, neues geschichtliches Phänomen war, wurde 1933 zur Wirklichkeit. Beide Male reagiert Horváth in einer ähnlichen Weise: Zuwendung zu zeitpolitisch bedingten Stoffen und Reflexion über die Bedingungen und Möglichkeiten politischen Handelns. In der Zeit relativer politischer Stabilisierung oder wenigstens Beruhigung treten diese beiden Aspekte zurück. Im ganz unmittelbaren Sinn sind die »Volksstücke« von daher viel weniger politisch als Früh- und Spätwerk.

Der wohl entscheidende Punkt, an dem sich *Jugend ohne Gott* von den bisherigen Stücken und Prosatexten Horváths unterscheidet, ist die grundsätzliche Wandlung der Hauptfigur. Nirgendwo vorher findet sich in Horváths literarischem Panoptikum eine bei allen Schwankungen, Rückschlägen und Ungewißheiten lernfähige, sich verändernde oder, um mit Angelika Steets zu sprechen, eine derart bewegliche Figur wie der Lehrer. Dieser innere Wandel ist begleitet von einer tief ausholenden metaphysischen Reflexion, die in eine unkonventionelle religiöse Haltung mündet und das Problem des Bösen in diesem Sinn erklärbar macht. Die äußeren Entscheidungen des Lehrers werden im Roman mehr und mehr im Zuge dieser Wandlung von einem zunächst rational begründeten zu einem religiös bestimmten Moralbegriff geprägt.

Dieses Ringen mit »Gott« nimmt seinen Ausgangspunkt von einem radikal ethischen Verständnis des Lehrers gegenüber der

Welt. Darum sagt der Schüler Z, der Besitzer des vom Lehrer erbrochenen Tagebuches, beim Prozeß, daß ihm die Ansichten des Herrn Lehrer »oft zu jung« erschienen seien, und begründet dies so:

Weil der Herr Lehrer immer nur sagte, wie es auf der Welt sein sollte, und nie, wie es wirklich ist. (90)

Was der Schüler Z, der »Realist«, richtig erkennt, ist das Spannungsverhältnis, in dem sich der Lehrer gegenüber der Welt befindet und aus der auch sein abstraktes und melancholisches Verhältnis der Welt gegenüber herrührt. Und es ist gerade dieser ethische Anspruch an sich selbst und die Welt, der den Lehrer an Gott zweifeln läßt:

Es war im Krieg, da habe ich Gott verlassen. Es war zuviel verlangt von einem Kerl in den Flegeljahren, daß er begreift, daß Gott einen Krieg zuläßt. (46)

Daß dies auch – zu Anfang des Romanes – noch der Einstellung des Lehrers entspricht, zeigt sich in der Diskussion mit dem Pfarrer, wenn er diesem entgegenhält:

Wie kann Gott durch jene Gasse gehen, die Kinder sehen und ihnen nicht helfen? (52)

Diese Grundfrage von Religion überhaupt, die auch in *Glaube Liebe Hoffnung* sowie im *Kind unserer Zeit* thematisiert wird, läßt sich grob gesagt so formulieren: Wie kann Gott das Böse in der Welt zulassen? Und ist nicht das Vorhandensein des Bösen ein Beweis gegen die Allmacht des Guten, das Gott verkörpert? Woher rührt aber dann das Gute?

Vor dem schmerzhaft erfahrenen historischen Hintergrund, der in einem durchaus biblisch-religiösen Sinn als Inkarnation, als »Sündflut« gedeutet wird, erfährt der Lehrer in ganz besonderer Weise die Antinomien seiner eigenen Position. Denn letztlich geht es ja um sein Verhalten gegenüber der Welt. Und sein Konformismus resultiert ja gerade – abgesehen von der materiellen »Bestechung« (sichere Stelle als Lehrer etc.) – aus seiner moralischen Krise, die eine Krise des Handelns ist: Wie soll sich der einzelne verhalten, der um das Gute weiß und doch beständig Zeuge des Bösen wird?

Aus dieser Einschätzung erklärt sich die radikale Ablehnung der Welt, die gepaart ist mit der Tendenz zur Handlungsunfähigkeit und Anwandlungen von Melancholie und Einsamkeit, wie sie in Barbesuchen und Alkohol ihren Ausdruck findet. Und so wenig die moralische Kritik an der Jugend am Ende des Romanes zurückgenommen wird, so ist doch andererseits ziemlich auffällig, wie abstrakt und pauschal sich das Verhältnis des Lehrers zu den Schülern am Anfang des Romanes darstellt.

Die ersten sieben Kapitel des Romanes beschreiben halb realistisch, halb modellhaft die äußere Situation, das »Zeitalter der Fische« wie auch die oben skizzierte innere Konfliktkonstellation des Lehrers. Mit dem Kapitel über das Zeltlager, das den bezeichnenden Titel »Der totale Krieg« trägt, wird die Romanhandlung erst in Gang gesetzt. Der Roman gerät nun zu einem mehrbödigen Kriminalroman, der Lehrer wird zum Detektiv, seine Schüler werden zu (potentiellen) Tätern. Auf der vordergründigen, durchaus spannenden Handlungsebene fahndet der Lehrer nach dem Inhalt eines Tagebuches, nach den Machenschaften der jugendlichen Verbrecherbande um Eva und schließlich nach dem Mörder des N. Gleichzeitig spiegelt sich aber darin noch einmal die Gestaltungsabsicht des Romanes, die Reflexion der detektivischen Tätigkeit literarischer Aufdeckung überhaupt. Und überdies symbolisiert das Geschehen im Zeltlager das crimen im kleinen, das Böse im großen. Die Jugendlichen »spielen« Krieg, veranschaulichen aber damit im Modell die Militarisierung einer ganzen Gesellschaft, die durch Unterdrückung jeglicher Individualität, durch Geringschätzung ethisch-zwischenmenschlicher Normen und durch eine scheinbar sinnlose Aggressivität gekennzeichnet ist. Der Lehrer, der am Anfang dieser Jugend nur abstrakt und ablehnend gegenübersteht, lernt aus seinen detektivischen Erforschungen nach und nach die Spielregeln der destruktiven Welt um sich herum begreifen. Durch die Geschehnisse im Zeltlager bekommen die Jugendlichen und deren innere Antriebe eine konkretere Gestalt.

Entdeckt wird aber in dieser Geschichte nicht allein die Physiognomie und Psychologie des Bösen, sondern vor allem »Gott«, der auf eine ganz merkwürdige Weise nun plötzlich in die Geschichte, genauer in die Geschichte des Lehrers kommt, und zwar am letzten Tag des Lagerlebens, als der ermordete N gefunden wird:

Am letzten Tag unseres Lagerlebens kam Gott. Ich erwartete ihn bereits. [. . .] Sein Erscheinen war furchtbar. Dem Feldwebel wurde es übel, und er mußte sich setzen. (80)

Daß die Detektivgeschichte und die ihr innewohnenden Elemente

(Detektiv, Täter, Indizien) zum Sinnbild einer erfolgreichen Gottessuche werden kann, hat in Horváths Roman freilich noch eine weitere Voraussetzung, nämlich das Streitgespräch zwischen Pfarrer und Lehrer, das ziemlich am Anfang des Geschehens im Zeltlager steht, jedenfalls *vor* den »kriminellen« Verwicklungen. Die Diskussion zwischen Lehrer und Pfarrer ist das geistige Zentrum wenigstens dieses Teils des Romans, wahrscheinlich aber des ganzen Romans. Die nachfolgende Kriminalgeschichte ist ihr gegenüber wie eine Probe aufs Exempel, wer im Sinne einer Wette recht behält.

Es ist überhaupt eine viel zu wenig beachtete Tatsache, wie sehr in der Welt im Roman den Handlungen ganz analog zur ›realen‹ Welt Bestätigungswert und Beweischarakter beigemessen werden. So gesehen ist die Kriminalgeschichte auch Antwort auf die Frage, wessen Deutung der Welt und des Bösen in ihr und welche sich daraus ergebenden Handlungsprämissen die richtigen sind, die des Lehrers oder die des Pfarrers.[19]

Der Ausgangspunkt der Diskussion ist, wie schon erwähnt, die Frage, ob nicht der Triumph des Bösen, wie er im Verhalten der Jugendlichen sichtbar wird, die Annahme Gottes schwierig, wenn nicht gar unmöglich macht. Der Lehrer sieht der Diskussion mit gemischten Gefühlen entgegen:

> Der Wein des Pfarrers schmeckt nach Sonne. Aber der Kuchen nach Weihrauch. (47)

Dem Lehrer und dem Pfarrer gemeinsam ist das Wissen um »Elend« und »Widersprüche« (57) des Lebens wie auch der Gesellschaft. Beide sehen die Ursache der Not in gesellschaftlichen Umständen. Der Pfarrer muß dabei – nicht ohne Sarkasmus – bekennen, daß die Kirche immer auf seiten der Reichen steht, weil immer die Reichen den Staat regieren. Der Staat, nicht aber die Staatsordnung, ist nach Ansicht des Pfarrers gottgewollt.

Obwohl der Pfarrer also die gegenwärtigen Verhältnisse ablehnt (was ja durch den Tatbestand der Strafversetzung noch unterstrichen wird), sieht er eine Verpflichtung der Kirche dem Staat gegenüber, auch wenn dieser das Böse verkörpert.

Das Böse – so der Pfarrer ganz im Sinne der jesuitischen Tradition – ist Ausdruck des freien menschlichen Willens, der sich zunächst in der Rebellion gegen Gott manifestiert.[20] Insofern fallen »Erbsünde« und freier Wille zusammen.

Der Pfarrer spricht zwar nicht die augenblickliche politische Situation an, aber seine Beurteilung der verwahrlosten Kinder weist darauf hin, daß er den Einbruch des Bösen in Gestalt des Faschismus als Ausdruck dieses freien Willens gegen Gott interpretiert. Daran schließt sich die völlig pessimistische Perspektive an:

Ja, die Reichen werden immer siegen, weil sie die Brutaleren, Niederträchtigeren, Gewissenloseren sind. Es steht doch schon in der Schrift, daß eher ein Kamel durch das Nadelöhr geht, denn daß ein Reicher in den Himmel kommt. (51)

Zu diesem düsteren Bild gesellt sich die Vorstellung des strafenden Gottes. Der freie Wille führt zur Verstrickung in Schuld und wird zum Verhängnis, führt zu Strafe: »Gott ist das Schrecklichste auf der Welt« (52), antwortet der Pfarrer dem Lehrer auf dessen Frage, wie denn Gott, der nach Ansicht des Pfarrers in »allen Gassen sei«, die Kinder hungern lassen könne. Der Gott des Pfarrers ist zunächst als strafende Instanz in der Welt anwesend, ist gewissermaßen der freie Wille, der gegen den Menschen zurückschlägt und die »Büchse der Pandora« öffnet. Die existentielle Grundsituation der Welt scheint so beschaffen, daß sich Gott zuerst im Negativen, im Schrecklichen offenbart.

Der Mensch kann sich aus dieser Verstrickung nicht heraushelfen – trotz oder gerade wegen seines freien Willens, was der Pfarrer unter Hinweis auf das berühmte Anaximander-Zitat noch unterstreicht (53). Gott bleibt – entsprechend dem leitmotivisch auftauchenden Zitat über die »Sündflut« (wie Horváth die »Sintflut« bemerkenswerterweise, den etymologischen Sinn herausstreichend, nennt) – ein strafender Gott, und nur der Glaube an die Gnade und Offenbarung bedeuten dem Menschen Rettung.

Der Lehrer teilt zwar die Ansicht, daß Gott »das Schrecklichste auf der Welt sei«, aber er interpretiert diesen Satz vollständig anders, indem er den schrecklichen Gott mit dem Teufel in eins setzt:

Komisch: ich glaube an den Teufel, aber nicht an den lieben Gott. (57)

Für den Lehrer wird die Welt von einem bösen Daimon beherrscht, womit der Lehrer natürlich (bewußt oder unbewußt) an uralte religiöse Traditionen der Gnosis anknüpft. Der Lehrer sieht daher im Gegensatz zum Pfarrer die einzige Chance darin, den freien Willen gegen den »teuflischen Gott« zu mobilisieren und zwar in doppelter Hinsicht: in der bewußten Leugnung seiner Existenz als Selbstbestätigung eben jenes freien Willens (womit der Lehrer aber schon ein Stück weit die Argumentation des Pfarrers übernimmt) und zum anderen, indem er selbst Schicksal spielen will. Er verschweigt, aus Scham und Feigheit, aber auch ganz im Sinne des Streitgespräches mit dem Lehrer, daß er das Kästchen des Z erbrochen hat und daß der Schüler Z von den Diebstählen Evas und der Jugendbande weiß:

Und ich werde den Z begnadigen. Und auch das Mädel. Ich lasse mich nicht unschuldig verurteilen! Ja, Gott ist schrecklich, aber ich will ihm einen Strich durch die Rechnung machen. Mit meinem freien Willen. (71 f.)

Noch befindet sich der Lehrer im Kampf gegen die Paradoxien der Welt. In Wirklichkeit ist er aber schon auf ganz eigentümliche Weise ein Schuldiger, ein Verurteilter. Sein Plan, dem Z und dem »Mädel« seine Mitwisserschaft zu bekennen und die Angelegenheit ansonsten dilatorisch zu behandeln, wird durch eine ganze Serie von Zufällen durchkreuzt. Das Verhängnis beginnt schon damit, daß der Lehrer das Schloß des Kästchens verdorben hat (69). Als der Lehrer seinen Plan in die Tat umsetzen will, mit den beiden zu sprechen, wird er bei der nächtlichen Beobachtung durch den Reiz von Evas Beinen, seinen erotischen Trieb also, davon abgehalten (74). Nun will er warten, bis das »Licht« kommt, doch übermannt ihn der Schlaf, als hätte ihn »der Teufel geholt« (79).

Als man überdies am nächsten Tag den ermordeten Z im Wald findet, hat sich die Ansicht des Pfarrers in prophetischer Weise bestätigt. In Gestalt des ermordeten, gräßlich anzusehenden Schülers N ist Gott gekommen. Der Lehrer, der mit seinem freien Willen gegen das Böse in heroisch-einsamer Manier ankämpfen wollte, ist mitschuldig geworden am Tod eines Menschen. Der Pfarrer hat recht behalten. Ausgangspunkt der Handlungsweise des Lehrers war seine Neugierde, die sich im symbolischen Akt des Erbrechens des Kästchens manifestiert. Er wollte das Geheimnis, das der Schüler offenbar als Rest von Individualität aufbewahrt hatte, ergründen. Der Lehrer ist also schon Detektiv, bevor das Geschehen zu einem Kriminalfall geworden ist. In gewisser Weise ist es der Lehrer, der diesen überhaupt erst in Gang setzt. Nicht erst der Handelnde, sondern gerade auch der Beobachtende macht sich dabei schuldig.[21]

Während des Prozesses und der nachfolgenden Suche nach dem wirklichen Mörder, den das eigentlich zuständige Gericht nicht dingfest machen konnte, erfährt die Einstellung des Lehrers weitere Wandlungen. Die Zeit ist vorbei, an der er an »keinen Gott glaubte«, aber es ist ein stummer Gott, der nicht gut ist (94). Er hat »stechende, tückische Augen« (ebd.).

Der Pfarrer hatte behauptet, Gott wohne in allen Gassen, das meint: Gott ist ganz radikal in der Welt. Daher sucht der Lehrer auch, wo Gott »wohnt«. Dabei kommt dem kurzen Gespräch mit dem »einfachen« Zigarettenhändler eine ganz entscheidende Bedeutung zu. Zwar wiederholt dieser im Grunde nur die Einsicht, daß alle Beteiligten, also auch der Lehrer, *moralisch* (nicht juristisch) an dem Tod des Schülers ihre Schuld tragen und daß in dem Mord »Gottes Hand« sichtbar werde. Aber er bewirkt doch auch im Lehrer, daß dessen Gewissen erwacht, die »Stimme«, die ihm rät, seine Schuld zuzugeben.

Für den Lehrer hat der Prozeß – wie schon der Kriminalfall – eine mehr hintergründige Bedeutung. Sein Geständnis entspringt keinem Kalkül, auch keiner politischen Hoffnung, sondern einem »ethischen Egoismus«; indem er seinem Gewissen folgt, findet er »Gott«. Gott ist in allen Menschen, wenn diese wahrhaftig handeln. Das Gewissen – so könnte man im Anschluß an romantische Vorstellungen interpretieren – ist das Organ Gottes im Menschen.

Das wird in den Augen der Menschen, die dem Beispiel des Lehrers folgen und die Wahrheit sagen, sichtbar: bei Eva und bei der Mutter von T. Eva hat zwar in Wirklichkeit »Diebsaugen«, aber in dem Moment, als sie dem Gericht die Wahrheit sagt, sind ihre Augen schön, weil sie die Augen Gottes sind. Und auch die Augen der Mutter verwandeln sich, als sie schließlich zugibt, daß ihr Sohn der Mörder des T war:

Das waren nicht ihre Augen – Still, wie die dunklen Seen in den Wäldern meiner Heimat. Und traurig, wie eine Kindheit ohne Licht. So schaut Gott zu uns herein, muß ich plötzlich denken. Einst dachte ich, er hätte tückische, stechende Augen – Nein, nein! Denn Gott ist die Wahrheit. (148)

Der wirkliche Prozeß ist für den Lehrer nur von sekundärer Bedeutung, weil es ihm um einen anderen Prozeß geht, der dem weltlichen Gericht unbegreiflich bleiben muß. Die Entdeckung »Gottes« gibt ihm auch die Kraft, die Wahrheit zu sagen, obwohl er damit seine Stelle verliert. Im Hinblick auf sein äußeres Ansehen ist sein Verhalten unklug, aber denen, die nicht »ohne Gott sind«, wird der Lehrer zum Vorbild. In der trostlosen Endzeit-Stimmung der »Sündflut« werden Hoffnungsschimmer sichtbar: die Aktion der Gruppe um B, die Aktivierung Caesars, das Geständnis Evas und der Mutter von T. Gleichzeitig verstrickt sich der Lehrer bei seiner Jagd auf T, die seine Gottessuche begleitet, abermals in Schuld, wie das Gespräch des Lehrers mit dem toten N sinnfällig macht, das ich als inneres Gespräch des Lehrers mit seinem Gewissen interpretieren möchte. Auch wer das Böse bekämpft, macht sich schuldig (vgl. die Geschichte vom Henker und vom Verbrecher, 140). Henker und Opfer verschmelzen ineinander als Gleichnis menschlicher Existenz.

Es ist im Anschluß an Schröders Aufsatz immer wieder davon gesprochen worden, daß T ein Doppelgänger des Lehrers sei, mehr noch, daß der Haß des Lehrers auf T Ausdruck eines Selbsthasses sei und in auffälligem Gegensatz zu dem Mitleid und Mitgefühl stehe, das der Lehrer nun statt des abstrakten Moralismus zu Anfang des Romanes seinen Schülern wie auch Eva entgegenbringe.

Tatsächlich bestehen auffällige Parallelen zwischen dem Lehrer und T. Beide sind Außenstehende, Beobachtende, Einander-Beobachtende, Neugierige, wiewohl auch hierbei die Unterschiede nicht vergessen werden dürfen. Das Beobachten des Lehrers ist – innerlich wie äußerlich – ein erzwungener Zustand des Nicht-Handeln-Könnens. Es ist begleitet von Melancholie und innerem moralischen Protest. T hingegen ist gefühlskalt, seine Neugierde ist Selbstzweck. Insofern ist er das genaue *Gegenteil*, das kompositorische Gegenstück zum Lehrer. Der Lehrer quält sich mit der Frage, wie es sein sollte, warum die Wirklichkeit so elend ist, wie sie ist, während T nach Aussagen Bs wie der Prostituierten Nelly »immer nur wissen« möchte, wie es »wirklich ist«.[22]

Das Motiv für die Neugierde ist verschieden, und doch ist es ja gerade der durch den »freien Willen« in Gang gesetzte Erkenntnisdrang des Lehrers, der zu seiner schuldhaften Verstrickung führt (vgl. dazu auch das Adam-und-Eva-Motiv, Problem der Erbsünde). Der dämonisch-symbolisch angelegte T, der ebensowenig realistisch gestaltet ist wie die anderen Schüler, aber durch seinen »Lebensextremismus« besonders unwirklich, unheimlich erscheint, läßt sich, wie Birgit Bohse zu Recht festgestellt hat, innersubjektiv im Sinne C.G. Jungs deuten, als ein Aspekt im Lehrer, den es zu überwinden gilt.

Die Jagd auf T, den kalten Fisch, das Sternzeichen der faschistischen Epoche, ist sogleich die Erkundung des Bösen schlechthin, somit auch im Lehrer und seiner bisherigen Einstellung. Durch die schrecklichen Geschehnisse im Zeltlager erlebt der Lehrer eine Wandlung, die auch während des Prozeßgeschehens weitergeht. Die Suche nach Gott und die nach dem Bösen sind komplementär. Beide führen in den Innenbereich des Menschen, in sein Gewissen. T verkörpert das Böse insofern schlechthin, als er absolut gewissenlos ist. Von daher rührt auch das Aussehen seiner kalten Augen. Das fehlende Gewissen aber ist Indiz der völligen Gottferne. Neben dem rigorosen Wunsch, die Schuld auf sich zu nehmen und ein Stück weit das Böse aus der Welt zu schaffen, ist die erfolgreiche Jagd auf T Bestandteil der inneren Veränderung des Lehrers.[23]

Die Aktivitäten des Lehrers beweisen freilich, daß sein Dilemma keineswegs völlig überwunden ist. In gewisser Weise dauert der schon am Anfang des Romanes so signifikante Schwebezustand von Rigorismus und Fatalismus, von Aktivität und Hinnahme an. Denn obwohl ja der Lehrer nicht mehr daran glaubt, mit seinem »freien Willen« Gott ein Schnippchen schlagen zu können, setzt er seine Aktivitäten in diesem Sinne fort. Ganz eigentümlich spiegelt die Jagd auf T noch einmal die detektivische Verhaltensweise des Lehrers im Zeltlager. Und auch seine Freude über das Ende von T – gleichgültig, ob man es bloß »real« oder auch in einem symbolischen Sinn versteht – ist kennzeichnend für den Wunsch nach Veränderung. Insofern bewegt sich der Lehrer trotz aller neuer Einsichten noch immer in dem gleichen Spannungsverhältnis. Freilich, sein Bewußtsein hat sich verändert. Aber der Widerspruch zwischen dem verändernden Willen, daß die Dinge anders sein müßten, und der Erkenntnis, daß sie nun einmal so sind, bleibt bestehen. Und hierin sehe ich tatsächlich einen durchgängigen Zug im Werk Horváths, daß einem extremen Fatalismus, bei dem die Menschen von vornherein keine Chance haben, ihrem Schicksal zu entkommen (z. B. in den *Geschichten aus dem Wiener Wald*), ein ebenso radikaler Rigorismus gegenübersteht und Horváths ganzem Werk den Grundton der schon erwähnten melancholisch-verlorenen, einsamen Stimmung gibt, Wissen um die Verlorenheit und Ausgeliefertheit des Menschen, das in der skeptischen Rezeption eines äußerst unorthodoxen Katholizismus eine neue Ausprägung erfährt.

Der Lehrer nimmt sein Schicksal in die Hand, agiert zusammen mit dem »Club«, setzt den Kampf gegen das Böse fort und beschließt, zu den Negern zu reisen. Im übrigen trägt auch der Pfarrer ambivalente Züge, wenn er einerseits – mehr resignierend und traurig-sarkastisch als wirklich überzeugt – behauptet, daß Kirche und Religion immer auf der Seite der Reichen stünden, andererseits aber erklärt, es sei gut, wenn es der Kirche schlecht gehe, gut auch und vor allem für die Kirche (51).

Sein Angebot an den Lehrer, zu den Negern zu fahren und diesen wirklich, d. h. nicht im Sinne einer wie auch immer gearteten »Mission«, die der Lehrer selbstredend ablehnt, zu helfen, spricht gegen seine ursprüngliche These, die Kirche könne den Armen nur im Himmel und beim Ertragen ihres Leides helfen.

Auf der anderen Seite ist der Lehrer ganz im Sinne seiner Lieblingsgeschichte aus dem Neuen Testament, der Geschichte vom Hauptmann, attentistisch. Der Hauptmann war als Täter bei der Kreuzigung Christi zugegen, er erkannte im Tod Christi die neue Zeit, aber er zeigt keinen Verkündigungsdrang, weil er weiß, daß die Zeit der Barbaren abgelaufen ist.

Ebenso weiß der Lehrer, daß trotz aller eigenen Bemühungen die »Sündflut« kommen wird. Er ist »über den Wassern«, wie es in der Überschrift zum letzten Kapitel heißt. Das Geschehen nimmt schicksalhaft seinen Lauf, und es erscheint dem Lehrer ebenso wie dem Hauptmann sinnlos, sich dagegen zu stemmen. Der Lehrer rettet sich materiell wie geistig in einem Akt ethischer Selbsterhaltung.

Das ist aber auch historisch zu erklären. Das politische Geschehen, das Horváth im Roman modellhaft beschreibt, der Triumph einer vorsätzlich amoralischen, militaristischen Diktatur, entwickelt eine ähnliche Eigendynamik wie die Ereignisse im Zeltlager. Dem Schriftsteller bleibt da nicht viel mehr (will er nicht heroisch untergehen) als das Exil, jene aus Flucht und Widerstand zusammengefügte Reaktionsweise. Sie ist die einzig mögliche, um die »Sündflut« zu überdauern:

Pack alles ein, vergiß nichts! Laß nur nichts da! Der Neger fährt zu den Negern. (149)

Ist *Jugend ohne Gott* der Roman eines »reifen Christenmenschen« (Schröder), ist die Heimkehr in die Welt der Religion eine infantile Zuwendung zur Kindheit? Und präsentiert sich Horváth in *Jugend ohne Gott* als ein katholischer, womöglich sogar konservativer Schriftsteller?

Die Heimat, nach der sich der Lehrer zurücksehnt, ist – und das sollte wohl stärker ins Blickfeld gerückt werden – keineswegs identisch mit der Heimat seiner Kindheit. Der Lehrer kehrt nicht in die Welt der Eltern und ihrer tradierten und konventionellen Religiosität zurück. Seine Entscheidung, beim Prozeß die Wahrheit zu sagen, ist zugleich eine entschiedene Absage an ihre Erwartungen (121). Die Heimat (»die dunklen Seen in den Wäldern meiner Heimat«, »eine Kindheit ohne Licht«, 148), die er in den Augen Evas und der Mutter von T sieht, sind eher metaphysisch zu deuten, als Ort der Identität, Wärme und Geborgenheit, Ort kindlicher Sehnsüchte und Gefühle. In diesem Sinn mag man, wenn man will, von »regressiven« Momenten sprechen (obwohl mir der Ausdruck nicht gefällt, weil er unterschwellig pejorative Assoziationen hervorruft). Die Frage, ob die religiösen Reflexionen im Roman sich als Kinderglauben abtun lassen, haben wir im Grunde schon mit unserem Interpretationsversuch verneint.

Gleichwohl wirkt die Konkretheit und Unmittelbarkeit, in der im Roman von Gott die Rede ist (ein Student in meinem Seminar hat bei der Figurenanalyse Gott als eine Figur im Roman interpretiert), irritierend und befremdlich, ist zugleich aber auch ein Gestaltungsmittel in einem Roman, der so gleichnishaft und symbolisch ist, daß man ihn stellenweise eine moderne Legende, ein politisches Märchen nennen könnte. Es wäre fatal, wollte man »Gott« wie auch die »Gespenster« und »Stimmen« in einem nur vordergründigen Sinn lesen. Andererseits ist die Unmittelbarkeit aber auch beredtes Zeugnis für eine Auffassung von »Gott« (was immer man darunter auch als Leser verstehen mag), die ihm eine *geschichtsmächtige* Rolle zuweist. Die Geschichte wird so also wieder in einen metaphysischen Rahmen eingespannt, der Gott als ganz präsent im menschlichen Leben erscheinen läßt.

Ich würde zögern, Ödön von Horváths *Jugend ohne Gott* ganz umstandslos als christlich-katholischen Roman zu bezeichnen, weniger wegen der darin enthaltenen Gesellschaftskritik, die sich ja mit einem linkskatholischen Standpunkt gut verträge, sondern vielmehr wegen des unkonventionellen, zum Teil auch überspitzten Rezeption christlicher Grundüberlegungen. In Horváths Roman wird über »Gott« von einem Standpunkt aus diskutiert, der den christlichen Glauben als unmittelbare Gewißheit hinter sich gelassen hat. Die Annäherung an bestimmte religiöse Traditionen, vor allem an die katholisch-jesuitische Tradition (hierzu böte Csokors Loyola-Drama *Gottes General* und René Fülöp-Millers

Macht und Geheimnis der Jesuiten interessantes Vergleichsmaterial[24]) erfolgt trotz aller »Heimat«, d. h. auch kindlichen Verwurzelung im Religiösen, durchaus von außen. Bis zu einem gewissen Maß läßt sich Horváths Haltung gegenüber dem Katholizismus mit der Oskar Maria Grafs vergleichen. Hinzu kommt, daß Horváth unter dem Eindruck des Nationalsozialismus in Deutschland wertkonservative Elemente des Österreichs der Jahre 1933-1938 aufnimmt, ohne freilich Parteigänger eines politischen Konservativismus zu werden. Mir scheint aber, daß bei der Diskussion um das Exil bislang weitgehend davon abstrahiert wurde, wie stark die Schriftsteller vom jeweiligen Asylland beeinflußt wurden bzw. daß sie auch ihr Exilland nach bestimmten Prämissen aussuchten. Für Österreich und auch die Schweiz läßt sich eine Renaissance konservativ-religiöser Denkweisen vermuten, die nicht ohne Einfluß auf die literarische Kultur und die einzelnen Schriftsteller geblieben ist. Hierzulande, wo man dazu neigt, Konservativismus und Faschismus in einen Topf zu schmeißen, wird das gern übersehen.

Wir hatten zu Anfang davon gesprochen, daß *Jugend ohne Gott* einen Fortschritt in Horváths Werk markiert. Diesen erblicke ich tatsächlich in einer Zunahme ethischen Problembewußtseins, in der Betonung der individuellen Verantwortung, in dem Eingeständnis, daß wir uns unserem Gewissen gegenüber tatsächlich schuldig machen und daß wir nicht so einfach besser sind als unsere – auch politischen – Kontrahenten. Und letztlich scheint mir auch bedeutsam, daß Ethik – ganz im Sinne des Lehrers – mehr ist als eine politische Erfolgsethik (so sehr der politische Erfolg zuweilen auch wünschbar ist).

Ins Politische übertragen, könnte das zum Beispiel bedeuten, daß wir naiv handeln, wenn wir unser Handeln nicht psychologisch und bzw. oder religiös-ethisch hinterfragen. Das »Böse« ist nicht einfach Hitler, nicht einfach die Atombombe, sondern sie ist das ausgelagerte Böse in uns, Destruktivkräfte einer ganzen Gesellschaft. Sie im Namen des Guten zu bekämpfen, ist zu wenig. T ist nicht der andere, T ist in uns.[25] Und womöglich ist die Geschichte ohne die Annahme eines »Bösen« (wie immer man es sich vorstellen mag) tatsächlich nicht befriedigend zu deuten.

1983

Originalbeitrag.

1 Horváths *Jugend ohne Gott* (siehe S. 7) und *Sladek oder Die schwarze Armee* werden nach dem 2. Band der *Kommentierten Werkausgabe in Einzelbänden*, hg. Traugott Krischke unter Mitarbeit von Susanna Foral-Krischke, Frankfurt/Main 1983 (suhrkamp taschenbuch 1052) zitiert.

2 Vgl. insbesondere Axel Fritz, *Ödön von Horváth als Kritiker seiner Zeit*, München 1969.

3 Jürgen Schröder, *Das Spätwerk Ödön von Horváths*, in: *stm ÖvH*, S. 125-155; bes. S. 125 u. S. 150: »[. . .] wenn sich hinter dem Erscheinungsbild eines linksorientierten und gesellschaftskritischen Schriftstellers und Menschen wie Horváth derart irrationale und regressive Strukturen und Tendenzen verbergen können, wie steht es dann mit uns? Welche Art von Aufklärung betreiben wir, und wie aufgeklärt sind wir über uns selbst [. . .]?«

4 Horváths Faszination für das Kleinbürgertum scheint mir auch darin begründet, daß bei dieser ›arglosen‹ Schicht die Differenz von Bewußtsein und Unterbewußtsein besonders anschaulich vorzudemonstrieren ist; vgl. Horváths *Gebrauchsanweisung, WA* 8, 659-665.

5 Vgl. hierzu die Kritiken von Marianne Kesting, Reich-Ranicki und Urs Jenny. Die letzten beiden Aufsätze wurden in *Über ÖvH*, S. 71 ff. und 83 ff. nachgedruckt.

6 Vgl. Wolf Kaiser, »*Jugend ohne Gott*« – *ein antifaschistischer Roman?*, S. 48-68 dieses Bandes.

7 Schröder, S. 131.

8 Ebd., S. 147.

9 Ebd., S. 134. Besonders verräterisch und trickreich, wie Schröder Rückgriffe auf alte literarische Stoffe Horváths und die von ihm ziemlich umstandslos aus dem Spätwerk herausgelesene psychische Regression miteinander vermengt und zu einem literarischen Urteil verquickt: »Ihre regressive Einfärbung erhalten diese Rückgriffe allerdings erst durch einen inneren Vorgang, auf den der psychologische Prozeß der Regression in seinem vollen [!] Sinne zutrifft« (Ebd.) Schröders Methode, zwischen Werk und Autor hin- und herzupendeln, ist überdies zirkulär: denn die Regressionsthese entnimmt Schröder mangels biographischen Materials den literarischen Texten und überträgt sie dann wieder auf diese. Außerdem: Ob ein Autor »regressive« Tendenzen in sich hat oder nicht, entscheidet nun einmal nicht über literarische Qualität und nicht einmal über die Rezeption seines Werkes.

10 Leider wird oft der gesamteuropäische, der – wenn man so will – internationale Aspekt des Faschismus übersehen, der heute durch die fatale Bedeutung des deutschen Nationalsozialismus überdeckt ist. Von daher erklärt sich auch, daß Ernst Noltes phänomenologische Analysen,

zumal sie sich weder mit der liberal-demokratischen Nationalsozialismusdeutung noch mit den linken Faschismusanalysen decken, oft zitiert, aber um so weniger diskutiert worden sind. Die Nolteschen Phänotypen der Epoche wie Ernst Jünger und Rosa Luxemburg haben einige Ähnlichkeit mit Horváths Protagonisten sowohl im *Sladek* wie in seinen beiden späteren Romanen.

Ganz allgemein zielt Horváths *Jugend ohne Gott* aber auf jedwede militaristisch-kollektivistische Diktatur modernen Zuschnitts; ob man die kommunistischen Staaten dazurechnen will, wie das im Anschluß an Aussagen Csokors geschah, läßt sich bezweifeln; zwar ist ein Abrücken von prononciert linken Ideen in den späteren Romanen zu spüren, was wohl auf das generell in den Romanen zum Ausdruck kommende Mißtrauen gegen den Kollektivismus zurückzuführen ist, aber sowohl in den Romanen wie auch vom Autor her läßt sich kein Beleg dafür finden, daß Horváth seinen Roman so verstanden wissen wollte. Die *bruchlose* Begeisterung für Nationalismus, Krieg und Militär widerspricht nun einmal dem Selbstverständnis kommunistischer Ideologie.

11 Ödön von Horváth, Brief vom 24. 11. 1937, *WA* 8, 677 f.

12 Selbstverständlich ließe sich diese innere Zwiespältigkeit auch realistisch auflösen. Was gegen eine solche These spricht, ist nicht nur das offenkundige Desinteresse an der psychologischen Dimension der Rollendistanz, sondern die *kompositorische* Funktion: Als der Lehrer innerlich schon ›seine‹ Wandlung vollzogen hat, erklärt er gegenüber den Reportern, daß der fragliche Mordfall eine Ausnahme in einer ansonsten tüchtigen Jugend sei, was natürlich seinen Einsichten vollkommen widerspricht. Durch die Steigerung der Distanz von Innen und Außen wird die Unhaltbarkeit der ethischen Situation deutlich. Und außerdem ist der Effekt der Leserlenkung nicht zu unterschätzen: Im Mund des Lehrers klingen die nationalistischen Phrasen besonders unglaubwürdig.

13 Vgl. *Sladek*, S. 58.

14 Ebd., S. 50.

15 Ebd., S. 53.

16 Ebd., S. 71.

17 Ebd.

18 Vgl. die Hinweise Krischkes in: *stm ÖvH*, S. 209. Es wäre lohnenswert, die »Weltbühne« als Stoff-, Ideen- und Wertelieferanten für Horváths Werk einfach einmal ›nachzulesen‹.

19 Ein anderes, weitgehend undiskutiertes »geistiges Epizentrum« im Roman ist das Gespräch zwischen Caesar und dem Lehrer. Auch hier verifiziert sich Caesars Perspektive durch das Erscheinungsbild der Mädchen im Zeltlager.

20 »Und die einzige Freiheit, die mir verblieb: glauben oder nicht glauben zu dürfen.« (*Jugend ohne Gott*, S. 57).

21 »Auch ich bin der Stein, über den er stolperte, die Grube, in die er fiel, der Felsen, von dem er herabstürzte –« (*Jugend ohne Gott*, S. 78).

22 Vgl. *Jugend ohne Gott*, S. 108-111. Was gegen die These vom bruchlosen Doppelgänger, wohl aber für die Projektion von T spricht, ist der Bericht des Schülers B, der seinen Mitschüler im Kontext des Romanes glaubhaft darstellt (ebd., S. 115-118 u. S. 118-120).

23 Vgl. Birgit Bohse, *»Jugend ohne Gott« und »Ein Kind unserer Zeit«. Untersuchungen zu Ödön von Horváths Romanen*, Hausarbeit Frankfurt/Main 1980, S. 40 (Sdi do. 050/Ö.v.Horváth-Archiv).

24 Vgl. René Fülöp-Miller, *Macht und Geheimnis der Jesuiten*, Leipzig 1929, das Horváth zumindest über den Umweg Csokors, der ja die Geschichte des Ordensgründers in seinem Drama *Gottes General* behandelt hat, kannte. Im Mittelpunkt von Fülöp-Millers Buch steht das Problem der Willensfreiheit, das – so Fülöp-Miller – die Diskussion zwischen den Jesuiten und ihren Gegnern (zu denen übrigens auch der in *Jugend ohne Gott* zitierte Blaise Pascal zählte) im 16. und 17. Jahrhundert prägt. Fülöp-Miller schreibt (S. 129) u. a.: »Eine der größten Schwierigkeiten des religiösen Lebens überhaupt tut sich hier auf. Einerseits verlangt das sittliche Grundempfinden des Menschen nach der Anerkennung der Willensfreiheit, denn diese scheint eine fundamentale Voraussetzung für jede ethische Bewertung menschlichen Handelns zu bilden. Auf der anderen Seite aber ist es zunächst ganz unbegreiflich, wie die Annahme des freien Willens mit dem Glauben an einen allmächtigen und allwissenden Schöpfer und Lenker der Welt vereinbart werden soll.«

Die Jesuiten erweisen sich gegenüber ihren Gegnern (Calvinisten, Jansenisten u. a.) als Vertreter des freien Willens, und zwar in seiner doppelten Bedeutung als »heiligende Kraft« des Menschen wie auch als eine dem Menschen innewohnende Möglichkeit, sich der Gnade Gottes aufs neue zu widersetzen (so der Jesuit Luis Molina).

Das Verhältnis Csokor – Horváth im Hinblick auf die Figur Loyolas stellt Csokor so dar, als hätte Horváth die Diskussion über dieses Thema zwischen ihnen initiiert: »Der Freund fragte, warum man heute zu Helden historischer Dichtungen statt Königen und Kriegern nicht Heilige lieber wähle? Da sei beispielsweise Jean de Dieu, Johann von Gott, der nach einem wilden Leben an eine organisierte Pflege von Verwundeten und Kranken, welcher Nation oder Rasse sie auch angehören mochten, dachte. Das erste ›Rote Kreuz‹ im Kriege, die erste methodische Spitalpflege, half er im sechzehnten Jahrhundert schaffen, und heute wirkt der Orden der Barmherzigen Brüder in seinem Geist. Und da sei der frühere Fähnrich Ignatius von Loyola, dem es gelang, das ganze Problem, das wir heute ›Reeducation‹ nennen würden in einem Satz für die Ewigkeit zu formulieren: ›Ich gehe mit jedem durch seine Türe hinein, um ihn durch meine Türe herauszuführen.‹« (Franz

Theodor Csokor, Nachwort [1949] zu *Gottes General*, in: *Zwischen den Zeiten*, Wien, 1969). Im Sinne einer streng religiösen Wandlung hat Susanne Feigl die Entwicklung des Lehrers in *Jugend ohne Gott* gedeutet; vgl. Susanne Feigl, *Das Thema der menschlichen Wandlung in den Romanen Ödön von Horváths*, Diss. Wien 1970, S. 62-116.

25 T lebt in uns, vor allem aber auch in dem in mehrerlei Hinsicht erfolgreichsten modernen Menschentypus, im Wissenschaftler. Sicher wollte Horváth nicht die Wissenschaft als solche ganz und gar verwerfen, als extremen Ausdruck unbeteiligter Wißbegierde, sondern einen innerlich ethisch bindungslosen Menschen, Indiz seelischer Krankheit. Das Fehlen von Mitleid, Reue und Gewissen bei einem Angeklagten wird gerichtspsychiatrisch jedenfalls so bewertet.

Nach KZ-Ärzten, Atombombenerfindern und Gen-Biologen kann man die Darstellung dieses Phänomens in der symbolischen Gestalt Ts schwerlich mit dem Verdikt der Dämonisierung abtun. Vielmehr sind die Dämonen in und unter uns.

Holger Rudloff

Zur Darstellung des Themas Schule und Faschismus in der deutschen Literatur

Ödön von Horváths Roman *Jugend ohne Gott* handelt von den Auseinandersetzungen eines Lehrers mit einem autoritären Staat, der unschwer als der des deutschen Faschismus zu erkennen ist. Will man dem Thema Schule und Faschismus in der deutschen Literatur näher nachgehen, so bietet sich eine Gliederung in drei Teilbereiche an. Wie wird das Thema *vor, nach* und *während* des Zeitraums 1933-1945 literarisch verarbeitet? Am ersten Teilbereich (historisch von ca. 1900-1933) kann untersucht werden, ob die dargestellten Lehrer und Schüler Verhaltensweisen widerspiegeln, die – neben ihrer Aussage über wilhelminisches Deutschland und die Weimarer Republik – auch als präfaschistisch zu bezeichnen wären. Der zweite Teilbereich beschäftigt sich mit Schulliteratur, die (im Exil) während des Faschismus geschrieben wurde. Der dritte Teilbereich umfaßt Werke, die nach 1945 zu einer literarischen Verarbeitung des Themas Schule in Hitlerdeutschland beigetragen haben.[1]

Thematisch sind diese Teilbereiche aufs engste verflochten und ihre Rubrizierung nach dem Entstehungsjahr der Werke ist problematisch. Erfolgt sie dennoch, so soll damit vornehmlich das Besondere der Zeichnung der Lehrer- und Schülergestalten in Horváths Roman (und denen seiner Zeitgenossenschaft) erkannt und zur historischen Wirklichkeit in Beziehung gesetzt werden.

I

Kaum etwas kennzeichnet die Lehrerfiguren der Literatur im wilhelminischen Deutschland so repräsentativ wie ein Ausschnitt aus den Erinnerungen von Willy Haas: »Obgleich es für jene Zeit um 1900 nicht ungewöhnlich ist, möchte ich hier doch noch einmal ausdrücklich feststellen, daß unsere sämtlichen Gymnasialprofessoren für mich entweder skurrile Narren oder arme Geistesgestörte oder pathologische Sadisten oder alles zusammen waren – mit einer einzigen Ausnahme.«[2]

Von diesen Ausnahmen ist in der Lehrerliteratur nur am Rande die Rede. Übereinstimmend oft bis in die Wortwahl hinein berichten die Autoren des frühen zwanzigsten Jahrhunderts von negativen Lehrerfiguren, die ihren Ahnvater in Heinrich Manns *Professor Unrat* haben. Kann dieser noch als tragische Karikatur eines inhumanen Pädagogen bezeichnet werden, so fällt die im 1. Kapitel des Romans *Der Untertan* gestaltete Lehrerfigur weit realistischer aus. Der Schulmeister wird zum Exponenten eines Zeitgeistes, der Pflichtbewußtsein, Disziplin und Gehorsam als oberste Werte an sich verkörpert. Die persönlichkeitszerstörende Rolle seiner Schulzeit ist u. a. Voraussetzung für die spätere Entwicklung des Untertanen Diederich Heßling. Leiden und Bewunderung prägen Diederichs Verhältnis zur Schule: »Denn Diederich war so beschaffen, daß die Zugehörigkeit zu seinem unpersönlichen Ganzen, zu diesem unerbittlichen, menschenverachtenden, maschinellen Organismus, der das Gymnasium war, ihn beglückte, daß die Macht, die kalte Macht, an der er selbst, wenn auch nur leidend teilhatte, sein Stolz war. Am Geburtstag des Ordinarius bekränzte man Katheder und Tafel. Diederich umwand sogar den Rohrstock.«[3] Die Identifikation mit dem Aggressor, die selbsterniedrigende Bewunderung der Macht, treibt Heßling dazu, selbst an ihr zu partizipieren. Er bespitzelt und verrät seine Kameraden und demütigt, »wie es üblich und geboten war, den einzigen Juden seiner Klasse«.[4]

Negative Helden wie Heßling, ausgestattet mit anpasserischer Feigheit und Gesinnungslosigkeit, kennzeichnen zwar die Masse der dargestellten Schüler, literarisch werden sie jedoch zu Nebenfiguren. Im Mittelpunkt steht der intelligente und sensible, oft frühreife Einzelgänger. Von seinen Leiden an der Autorität der Schule und der Erniedrigung durch verstockte Schulmeister ist in zahlreichen Erzählungen und Romanen von Hesse, Rilke, Werfel, Musil und Thomas Mann – um nur einige zu nennen – die Rede.

Nicht selten beendet erst der Selbstmord den Schulkonflikt. Emil Strauß' *Freund Hein* (1902), Hermann Hesses Hans Giebenrath in der Erzählung *Unterm Rad* (1905), Friedrich Torbergs *Schüler Gerber* (1930) stehen exemplarisch für viele Schülerschicksale. Wird Hesses Held Lust und Frohsinn der Knabenzeit geraubt, dem Schüler Hein die Freude des Musizierens kategorisch ausgetrieben, so geht es in Torbergs Roman gleichsam zusammenfassend darum, Gerbers Willen und Selbstbewußtsein zu brechen.[5] Am schulischen Modellfall, so reflektiert der Erzähler in *Unterm Rad*, können gesellschaftliche Grundmuster durchsichtig gemacht werden: »Und wie ein Urwald gelichtet und gereinigt und gewaltsam eingeschränkt werden muß, so muß die Schule den natürlichen Menschen zerbrechen, besiegen und gewaltsam einschränken; ihre Aufgabe ist es, ihn nach obrigkeitlicherseits gebilligten Grundsätzen zu einem nützlichen Gliede der Gesellschaft zu machen und die Eigenschaften in ihm zu wecken, deren völlige Ausbildung alsdann die sorgfältige Zucht der Kaserne krönend beendigt.«[6]

In den Volksschulen wurde diese »sorgfältige Zucht« durch körperliche Züchtigung vorbereitet[7], während die Gymnasiasten eher einem Psychoterror ihrer Lehrer ausgeliefert waren. Die Demütigungen, die der Schüler Gerber von Gymnasialprofessor Kupfer, »Gott Kupfer«, wie er genannt wird, einzustecken hat, vergleicht der Erzähler metaphorisch mit den Peitschenhieben auf ein wehrloses Pferd. Unzählige dieser psychischen Nadelstiche hat das Opfer zu erleiden. Kupfer, gestaltet als eine Mischung aus Sadist, Psychopath und Fachidiot, wird zum Erzieher einer innerlich leidenden und äußerlich opportunistisch angepaßten Schülerschaft. »Keiner will sich mit dem anderen auf die gleiche, letzte Stufe stellen, jeder will gerade der sein, dem die Schmach erspart bleiben wird.«[8] Der Erzähler bezeichnet die Schüler als »Marionetten«, die vom »Drahtzieher«[9] Kupfer betätigt werden. Das Prinzip des Guten und Menschenfreundlichen, gestaltet in der Figur des in den Ruhestand tretenden Professors Anton Prochaska, nimmt schon vor 1933 Abschied von der deutschsprachigen Schulbühne.

Gleiches Gestaltungsprinzip, anhand eines scheidenden Lehrers ein untergehendes – nurmehr zu besichtigendes – Zeitalter darzustellen, hatte schon Thomas Mann in der Hanno-Episode der *Buddenbrooks* angewandt. Der seit den Gründerjahren wehende neue Geist autoritären Preußentums findet seinen Exponenten im Direktor Wulicke:

Dieser Direktor war ein furchtbarer Mann. Er war der Nachfolger des jovialen und menschenfreundlichen alten Herrn, unter dessen Regierung Hanno's Vater und Onkel studiert hatten, und der bald nach dem Jahre einundsiebenzig gestorben war. Damals war Doktor Wulicke, bislang Professor an einem preußischen Gymnasium, berufen worden, und mit ihm war ein anderer, ein neuer Geist in die Alte Schule eingezogen. Wo ehemals die klassische Bildung als ein heiterer Selbstzweck gegolten hatte, den man mit Ruhe, Muße und fröhlichem Idealismus verfolgte, da waren nun die Begriffe Autorität, Pflicht, Macht, Dienst, Karriere zu höchster Würde gelangt, und der ›kategorische Imperativ unseres Philosophen Kant‹ war das Banner, das Direktor Wulicke in jeder Festrede bedrohlich entfaltete. Die Schule war ein Staat im Staate geworden, in dem preußische Dienststrammheit so gewaltig herrschte, daß nicht allein die Lehrer, sondern auch die Schüler sich als Beamte empfanden, die um nichts als ihr Avancement und darum besorgt waren, bei den Machthabern gut angeschrieben zu stehen . . .[10]

In der Hanno-Episode der *Buddenbrooks* sind bereits die verschiedensten Lehrer- und Schülertypen versammelt. Der Hierarchie innerhalb des Lehrerkollegiums entspricht egoistisches Schülerverhalten, das einen gescheiterten Schüler feindlich mißachtet.

Es ist sicher keine einseitige Totalisierung, die vielseitigen Belege aus der Schulliteratur vor 1933 als Studien zum autoritären Charakter anzusehen. Die Figur des Lehrers tritt vornehmlich als Tyrann auf und hat wesentlichen Anteil an der Zerstörung der Vernunft.

II

Diese Tradition der Schulliteratur wird auch nach 1945 weitergeschrieben. Alfred Anderschs' Erzählung *Der Vater eines Mörders* (1980) berichtet beispielsweise von einem Gymnasialdirektor, bei dessen Anblick die Schüler nur denken können: »jetzt sucht er sich ein neues Opfer«.[11] Erzählte Zeit ist das Jahr 1928. Der Direktor hat einen Sohn, der später als »der größte Vernichter menschlichen Lebens« in die Geschichte eingehen wird: Heinrich Himmler. Seine politische Karriere dürfte bekannt sein und wird auch nur mit einem Satz erwähnt. Der Vater, Mitglied der Bayrischen Volkspartei, verbietet das Tragen von Hakenkreuzabzeichen an seiner Schule, ist also kein Nazi. Dennoch ist die weltanschauliche Haltung des Sohns unschwer auf den Vater zurückzuführen, auf dessen in dieser Schulgeschichte vorgestellten grenzenlosen Zynismus. »Heinrich Himmler«, so schreibt Andersch in seinem *Nachwort für Leser*, ist »nicht wie der Mensch, dessen Hypnose er erlag, im Lumpenproletariat aufgewachsen, sondern in einer Familie aus altem, humanistisch fein gebildeten Bürgertum. Schützt Humanismus denn vor gar nichts? Die Frage ist geeignet, einen in Verzweiflung zu stürzen.«[12]

In den nach 1945 geschriebenen Schulgeschichten über den Faschismus ist von einer Behauptung humanistischer Gesinnung bei Lehrern nur in Ausnahmen zu lesen. Walter Jens z. B. schreibt autobiographisch von seinen Erlebnissen mit dem mutigen Lehrer Ernst Fritz, der den Schülern die Alogik des NS-Systems anhand der grammatikalischen Brüchigkeit der Hymnen darstellt.[13] Wolfdietrich Schnurre erzählt von einem Lehrer, der seine, eine Hakenkreuzfahne tragende Schule seinen Schülern als eine »fremde Schule« darstellt.[14] Die Regel bildete, den Erinnerungen Heinrich Bölls zufolge, eine politisch indifferente Lehrerschaft. Im katholischen Köln sind die Lehrer »hindenburgblind [. . .], national, nicht nationalistisch, schon gar nicht nazistisch«[15], eben »anständig«. Aber: »Die verhängnisvolle Rolle dieser hochgebildeten, ohne jede Einschränkung anständigen deutschen Studienräte machte letzten Endes Stalingrad und Auschwitz möglich: diese Hindenburgblindheit.«[16]

Sieht man sich die Erinnerungen deutscher Schriftsteller über ihre Schulzeit im Dritten Reich näher an, so fungieren die Lehrer objektiv als Stütze des Systems.

III

Die Lehrerliteratur der historischen Teilbereiche nach, aber besonders *vor* der NS-Zeit, läßt vermuten, daß die Exilliteratur die Figur des Lehrers aufgreift, um ihn als Steigbügelhalter des neuen Regimes darzustellen. Ein erster, im Jahr 1933 erschienener Exilroman stützt diese Vermutung ab. In Lion Feuchtwangers Roman *Die Geschwister Oppermann* knüpft der Lehrer Dr. Bernd Vogelsang an die Tradition der Kupfers und Unrats an. Er treibt einen jüdischen Schüler in den Selbstmord. Er »[. . .] war in seinem kleinen Bereich zum Ziele gelangt wie der Führer in seinem großen«.[17]

Ödön von Horváths Roman *Jugend ohne Gott* hingegen handelt von dem moralischen *Protest* eines Lehrers gegen den barbarischen Machtapparat. Anhand einer Lehrerfigur wird die Kernfrage problematisiert: Welche Schuld lädt der einzelne auf sich, wenn er durch Schweigen Unrecht und Unwahrheit duldet? Daß es sich bei dieser Frage weder um metaphysische Spekulation noch um Verdrängung sozialer Problematik handelt, legt eine Selbstaussage des

Autors nahe, die betont, der Roman habe »zum erstenmal die sozusagen faschistischen Menschen (in Person des Lehrers) geschildert [. . .], an dem die Zweifel nagen – oder besser gesagt: den Menschen im faschistischen Staat«.[18]

Warum wählt Horváth gerade die Person eines Lehrers, um die individuellen Zweifel eines Menschen im Faschismus darzustellen? Wie oben ersichtlich, ist es in der deutschen Lehrerliteratur dieses Jahrhunderts eher die Ausnahme, daß diese Figur als Exponent eines intakten moralischen Über-Ichs fungiert. Offensichtlich repräsentiert für Horváth der Lehrer eine Möglichkeit, humanistische Gedanken zu reflektieren und zu vermitteln und so zu einer Zukunft des sozialen Fortschritts und des Friedens beizutragen. Ein innerer Monolog des Lehrers macht eine Abwägung dieser Werte deutlich: »Lieber als Arzt wollte ich Lehrer werden. Lieber als Kranke heilen, wollte ich Gesunden etwas mitgeben, einen winzigen Stein für den Bau einer schöneren Zukunft.« (47) Im Schulsystem – stellvertretend für alle Institutionen in Hitlerdeutschland – kann auch nicht der geringste Keim von Humanität tradiert werden. Folgerichtig kommt der Lehrer zu dem Resultat: »Mein Beruf freut mich nicht mehr.« (47) Die Einsicht, daß eine *institutionelle* Vermittlung humaner Werte im Jahre 1937 weder möglich noch wirklich ist, führt Horváth zur Untersuchung der individuellen Moral. Wo die Frage nach Gerechtigkeit und Schuld aus der Öffentlichkeit verbannt ist, da kann sie einzig privat gestellt werden. Die subjektive Antwort auf die Barbarei wird künstlerisch weder als innere Immigration noch als organisierter Widerstand gestaltet. Sie führt zur Darstellung eines Konfliktes im einzelnen, der sich im Verlauf der Handlung dafür entscheidet, Moralbegriffe (Schuld, Gerechtigkeit) in sein praktisches Leben zu re-integrieren, auch wenn es der persönlichen Karriere schadet. Bekenntnis und Handeln der dargestellten Figur geben dem Lehrer in der deutschen Literatur seinen sozialen und individuellen Anspruch wieder, Moral und Sittlichkeit vertreten zu können.

Wie verhalten sich die anderen im Roman dargestellten Lehrer dazu? Ihre Funktion soll schrittweise untersucht werden: Neben der Hauptfigur tauchen der ehemalige Kollege Julius Caesar, ein nicht näher bezeichneter Dorfschullehrer und der Direktor des Gymnasiums auf. Einzig dieser Direktor dient zur Illustration einer rückgratlosen Gesinnung, die aus Sicherheitsstreben Unrecht duldet. Zwar kann er das Eintreten des Lehrers für rassisch Diskriminierte verstehen, pocht jedoch auf das Einhalten der formalen Dienstpflicht, auf das geheime Rundschreiben 5679 u/ 33 zur militärischen Ertüchtigung. Sein Hauptargument, mit dem Strom zu schwimmen, ist das eigene Versorgtsein: »Denn ich möchte die Altersgrenze erreichen, um die volle Pension beziehen zu können.« (20) Ohne die Existenzangst des einzelnen kann sich kein autoritäres System behaupten. Sie ist so manifest vorhanden, daß der Direktor Wahrheit und Erkenntnis opfert; er, von dem ausdrücklich bemerkt wird, er habe noch vor wenigen Jahren »flammende Friedensbotschaften« (ebd.) unterschrieben.

Für den Erzähler bedeutet Erkenntnis der Wahrheit, »Gott erkennen«. Die dargestellte kleinbürgerliche Mentalität kann zwar beides abstrakt benennen, es jedoch nicht sinnvoll in den eigenen Lebenszusammenhang integrieren. Um diesen Sachverhalt zu unterstreichen, taucht wiederholt das Bild des römischen Hauptmanns auf, der beim Anblick des Gekreuzigten zwar Gott erkennt, sich aber weiterhin ethisch indifferent verhält. In deutlicher Analogie zur Position des Direktors – und zum Kleinbürgertum – entlarvt der Erzähler satirisch die Spießer-Ideologie[19]: »Wurde er pensioniert? Lebte er in Rom oder irgendwo an der Grenze, wo es billiger war? Vielleicht hatte er dort ein Häuschen. Mit einem Gartenzwerg. Und am Morgen erzählte ihm seine Köchin, daß gestern jenseits der Grenze wieder neue Barbaren aufgetaucht sind.« (56)

Die Erkenntnis der Wahrheit bleibt ohne Konsequenzen; Gartenzwergideologie charakterisiert die Bewußtseinslage eines deutschen Gymnasialdirektors der 30er Jahre. Zwar ist er nicht der »Vater eines Mörders« (Andersch), kein offener Protagonist des autoritären Staates, aber Opportunist und Mitläufer, der es direkt ablehnt, dem »Zeitgeist [zu] widersprechen«. (20) Mit der Darstellung dieser subjektiven Reaktion auf den Faschismus schließt Horváth in seinem späten Roman direkt an das Selbstverständnis seiner Volksstücke an, Chronist der Zeit zu sein.[20] Denn: auch dem Zeitgeist nicht zu widersprechen, repräsentiert einen bestimmten Zeitgeist. Der staatsbürgerliche Privatismus entspricht dem Verzicht auf kritische Prüfung politischer und administrativer Beschlüsse. Die normative Autorität der Institutionen und ihrer geheimen Rundschreiben entlastet vom subjektiven Gebrauch von Vernunft und Moral. In der besonderen Figur des Direktors spiegelt sich epochal das Verhalten des millionenfachen Mitläufers, der von allem nichts gewußt hat und der immer nur seinen Anordnungen gefolgt ist. Ihm mangelt es primär an jener Tugend, die konterkarierend der Ich-Erzähler vertritt: Zivilcourage.

Aus christlicher Gesinnung beruft sich der fiktive Lehrer auf ein Widerstandsrecht, das wenige Jahre später (1944) der Theologe Dietrich Bonhoeffer real einklagt und mit dem Leben bezahlt. »Der Deutsche«, so Bonhoeffer, »hatte nicht damit gerechnet, daß seine Bereitschaft zur Unterordnung, zum Lebenseinsatz für den Auftrag mißbraucht werden könnte zum Bösen. Geschah dies, wurde die Ausübung des Berufs selbst fragwürdig, dann mußten alle sittlichen Grundbegriffe des Deutschen ins Wanken geraten. Es mußte sich herausstellen, daß eine entscheidende Grunderkenntnis dem Deutschen noch fehlte: die von der Notwendigkeit der freien, verantwortlichen Tat auch gegen Beruf und Auftrag.«[21] Fast wörtlich identisch sind die Ausführungen Bonhoeffers mit dem inneren Monolog des Lehrers. Die angesprochene »Bereitschaft zur Unterordnung, zum Lebenseinsatz für den Auftrag« findet sich im Roman wieder in der Frage: »Ist es nicht eine große Tugend, diese Bereitschaft zum höchsten Opfer?« (24) Ihren Mißbrauch »zum Bösen« identifiziert der Erzähler mit dem »Standpunkt des Verbrechers«. (Ebd.)

Das von Bonhoeffer aufgezeigte »Wanken« der sittlichen Grundbegriffe in der Berufsausübung durchzieht sukzessive die Fabel des Romans. Die Zivilcourage als Tugend kritischer Moral ist keineswegs a priori im Charakter des Lehrers festgelegt, sie entwickelt sich, indem er Positionen durchläuft, die beim Direktor als endgültig feststehen. Er reflektiert im 1. Kapitel: »Ich werde mich hüten, als städtischer Beamter, an diesem lieblichen Gesange auch nur die leiseste Kritik zu üben! Wenns auch weh tut, was vermag der einzelne gegen alle? Er kann sich nur heimlich ärgern!« (13)

Die Angst um das tägliche »Brot« (Überschrift des 4. Kapitels) zwingt auch ihn zur Anpassung. Er ist sich der Konsequenzen einer Überschreitung seiner Berufsrolle von Anfang an bewußt. Dieses Wissen paralysiert über lange Strecken sein aktives Handeln zur innerlichen Opposition. Allein die vom Ich-Erzähler benannte »Sehnsucht nach der Moral« (90), seine religiöse Motivation, transzendiert das an Konventionen gebundene Handeln zur, wie es bei Bonhoeffer heißt, »freien, verantwortlichen Tat auch gegen Beruf und Auftrag«.

Der immer wieder durch Fragen und Ausrufe unterbrochene Erzählfluß verdeutlicht den *Prozeß* der Entscheidungsfindung, das ständige Beraten mit sich selbst. Der Weg der kritischen Distanzierung, der Gewissensentscheidung, orientiert sich an den Prinzipien der »Wahrheit und Gerechtigkeit«. Ihre Entbindung erfolgt dialogisch mit einer »Stimme« (95), die strategisch Vor- und Nachteile abwägt und rechtfertigt. Der Geltungsanspruch ist keinesfalls der einer Privatmoral, er ist eben nicht monologisch einsam, da er auf Übereinkunft mit den verantwortungsethisch Denkenden zielt.[22] Auf mindestens zwei Ebenen wird das Verhalten des Lehrers angemessen wahrgenommen. Er wird zum Vorbild für die angeklagte Eva und für eine Gruppe oppositioneller Jugendlicher. Allein, er *organisiert* nicht diesen Widerstand, sondern löst ihn objektiv aus. Die Treue zum Prinzip der Wahrheit in der eigenen Tat und die positive Wirkung auf die Aussagen Evas kompensieren den absehbaren Verlust der beruflichen Existenz: »Man wird mich vom Lehramt suspendieren. Ich verliere mein Brot. Aber es schmerzt mich nicht.« (107) Auf die Dauer – das scheint dem Erzähler klar zu sein – ist für das moralische Individuum kein Platz im autoritären Staat. Kritik kann nur noch von außen praktiziert werden. Missionsarbeit in Übersee ist die neue Aufgabe des Lehrers.

Nur außerhalb des Bestehenden sei richtige Einschätzung möglich – diese Ansicht formuliert der Außenseiter Julius Caesar. Einst Altphilologe am Mädchenlyzeum, fristet er nun als Hausierer sein Dasein. Einer Anpassung an Beruf und Auftrag hält er entgegen: »Höchste Zeit, daß Sie sich mal mit einem Menschen unterhalten, der nichts mehr zu erhoffen hat und der daher mit freiem Blick den Wandel der Generationen unbestechlich begreift!« (27)

Er ist es, der das Symbol der »Zeitalter der Fische« (30) in die Erzählung einführt. Dieser Lehrer – allerdings nur ein vom Dienst suspendierter Lehrer – brandmarkt den Verlust moralischer Qualitäten und den Zustand seelischer Erstarrung im »Zeitgeist«.

Weitaus präziser und analytischer fällt das Urteil eines Lehrers über die geistige Situation der Zeit aus, der – bezeichnenderweise – nicht selbst im Roman auftritt: des Dorfschullehrers. Er wendet materialistische Kategorien an, um die Lage der arbeitenden Klasse zu erklären und ist »der Meinung, daß wir durch die überhastete Entwicklung der Technik andere Produktionsverhältnisse brauchen und eine ganz neuartige Kontrolle des Besitzes« (48).

An den *Erscheinungsformen* dieser ökonomischen Verhältnisse entzündet sich von Anfang an der moralische Protest des Erzählers. Nachdem er schon im 3. Kapitel festgestellt hat, daß die soziale Zusammensetzung der Schüler keine Arbeiterkinder zuläßt, durchzieht das Symbol der traurigen Augen der unterernährten Heimarbeiterkinder leitmotivisch das ganze Werk. Ein Kontakt zum Dorfschullehrer kommt aber nicht zustande. Horváth sah offensichtlich im Entstehungsjahr des Romans keine reale Chance einer Bündnispolitik mit den Kräften, die von den Eigentumsverhältnissen sprachen. Er thematisiert zwar die Gedanken der Arbeiterbewegung, gestaltet sie aber nicht als repräsentativ für den Zeitgeist.[23]

Auffällig ist, daß Horváth die Gegenüberstellung von moralischem und sozialistischem Protest gegen den autoritären Staat anhand zweier *Lehrer*figuren gestaltet: eines Gymnasiallehrers und eines Dorfschul- (Volksschul-)lehrers. Politökonomisch gehören beide derselben Klasse an. Es bestehen aber eine Reihe konkreter Differenzen zwischen Volksschullehrern und Lehrern an höheren Schulen, die sich bis heute weitgehend erhalten haben. Volksschulen sind für die unteren Schichten und Klassen der Gesellschaft vorgesehen, während im Gymnasium die Kinder der Mittelschichten und herrschenden Klasse zu finden sind. Dem entspricht die Verweigerung wissenschaftlicher Ausbildung für Volksschullehrer und die Reduktion ihrer Arbeitsinhalte auf den Charakter volkstümlicher Bildung. Die Hierarchie innerhalb der Lehrerschaft basiert auf unterschiedlicher Ausbildungsdauer und -intensität, auf Differenzen in Besoldung und Arbeitsbedingungen; nicht zuletzt drückt sie sich in unterschiedlichem gesellschaftlichen Prestige aus, das im Selbstverständnis der Beteiligten zur Ideologie berufsständischen Denkens verkommt.[24] In der hier gebotenen Kürze der Darstellung dieses Teilproblems läßt sich mit Freerk Huisken thesenartig formulieren: »Der gesellschaftliche Antagonismus von Lohnarbeitern und Bourgeoisie findet sein Pendant, wenn auch nicht in antagonistischer Form, in der Lehrerschaft. Von kurzen Perioden, wie z. B. von der gescheiterten bürgerlichen Revolution von 1848, abgesehen, hat sich die Spaltung der Lehrerschaft in Volksschullehrer und Gymnasiallehrer seit der offiziellen Einführung der Schulpflicht bis heute erhalten.«[25]

Empirisch betrachtet, bildet die von Horváth beschriebene Solidarität eines Dorfschullehrers mit den objektiven Zielen der Arbeiterbewegung die Ausnahme in der deutschen Geschichte der Erziehung.[26] Bei der poetischen Vertiefung des Ausdrucks des Romans erfüllt sie aber eine besondere Funktion. Faßt man – wie oben angedeutet – den Widerspruch in der Lehrerschaft als Teil des Klassenwiderspruchs, so kann folgende Kritik an den Verhältnissen deutlich werden: Die gesellschaftliche Spaltung der Klassen verhindert eine antifaschistische Einheitsfront, die sozialistische und bürgerlich-moralische Opposition integrieren könnte. In diesem historischen Augenblick rückt Horváth den Gewissenskampf des einzelnen ins Zentrum seiner literarischen Bemühungen.

IV

Kaum ein anderer Roman der deutschen Exilliteratur weist so viele thematische Berührungspunkte mit Horváths *Jugend ohne Gott* auf wie Alfred Döblins vierbändiger Romanzyklus *November 1918. Eine deutsche Revolution*. Die Hauptfigur ist der Studienrat Dr. Friedrich Becker. Als Altphilologe steht er in der Tradition des Humboldtschen Bildungsideals, das er wider den Zeitgeist im Ringen um christlichen Glauben einklagt. Erst nach langer Gewissensprüfung kann der aus dem verlorenen Krieg heimkehrende ehemalige Oberleutnant seinen Dienst an einem humanistischen Gymnasium in Berlin wieder aufnehmen. Er fühlt sich an den Greueltaten des Krieges mitschuldig. War es bei Horváth eine »Stimme«, die den Lehrer bedingungslos zur Wahrheit mahnte, so sieht sich Döblins Held religiösen Visionen ausgesetzt, die im mittelalterlichen Mystiker Johannes Tauler Gestalt annehmen und eine sittliche Lebenspraxis fordern. Von religiöser Hoffnung und humanistischer Überzeugung geleitet, kehrt Becker in den Schuldienst zurück. Während einer Diskussion über die Antigone des Sophokles muß er eine Erfahrung machen, die auch Horváths Lehrer in seinem Unterricht über »Die Neger« nicht erspart blieb: Die Schüler reagieren auf humanistisches Gedankengut mit Unverständnis und Widerwillen, sie wenden sich direkt gegen ihn und verweigern ihm die Mitarbeit. Die Antigone-Episode im 4. Band des Roman-Zyklus (geschrieben 1941, also vier Jahre später als Horváths Roman) spielt, wie der ganze Roman, im November 1918, einem Zeitpunkt der Wende von wilhelminischem Deutschland zu Weimarer Republik. Der monarchistisch-reaktionäre Kurs der Schüler, gegen den der Demokrat Becker anzusteuern versucht, signalisiert gleichzeitig einen gesamtgesellschaftlichen Entwicklungsprozeß, der in jenen Ereignissen gipfelt, die Horváths

Roman direkt thematisiert. Vergeblich versucht Becker den Schülern nahezulegen, daß ethische Gesetze über staatlichen Konventionen stehen können. Dem Allgemeinheitsprinzip der Aufklärung und einem kämpferisch christlichen Humanismus gleichermaßen verpflichtet, formuliert Döblins Lehrer die Grenzen der Macht der antiken Figur des Kreon: »Er stößt gegen das Übernatürliche. Von da kommen Gesetze, an denen niemand rütteln darf und die so stark sind, daß sie es sich erlauben können, aus dem Mund eines schwachen Mädchens zu sprechen. Denn diese unsichtbaren Mächte haben ihre Gesetze an dem sichersten Ort niedergelegt, in den Herzen der Menschen.«[27] Becker formuliert die Einsicht, daß den Toten des Krieges zu Ehren zukünftig auf jede Gewaltanwendung zu verzichten sei. Mit dem Tode habe jede Feindschaft aufzuhören. Ähnlich wie in Horváths Roman spricht auch hier ein deutscher Studienrat von der Schuld: der Kriegsschuld, der Schuld des einzelnen und der Erbschuld. Bis auf wenige Ausnahmen verstehen ihn seine Schüler nicht. Die als Produkt ihrer familiären und schulischen Sozialisation verinnerlichte Norm des bedingungslosen Gehorsams schiebt einen Riegel vor die Möglichkeit der Reflexion ethischer Fragestellungen. Der Generation nach dem Ersten Weltkrieg kann ein Lehrer nicht beikommen mit einem solchen »flauen Gerede«.[28] Für sie ist Antigone ein »Backfisch«, ein »Mädchen, das keine Ahnung von Staat und Nation«[29] hat. Ihr Ideal sehen sie in einer Interpretation von Kleists *Prinz von Homburg*, die die Aussage des Stückes auf Staatssouveränität und Gehorsamspflicht reduziert. In einem inneren Monolog fragt sich der Lehrer: »Diese Generation hat nichts gelernt. Wann würde sie wohl lernen? Wodurch? Wie tief mußte das Messer schneiden, bis sie Schmerz empfanden?«[30]

Diese Generation der Primaner des November 1918 – das formuliert der Erzähler im Jahre 1941 – war schon geistig durch die Vielzahl ihrer Lehrer auf einen neuen Krieg vorbereitet worden. In diesem geistigen Klima muß sich der Lehrer Becker, wie es heißt, »als Christ unter Heiden«[31] vorkommen. Letztlich zieht sein Eintreten für Schuldbekenntnis und pazifistische Gesinnung die Entlassung aus dem Schuldienst nach sich.

Seine weiteren Erlebnisse sind kurz erzählt: Er kämpft aus christlicher und sozialer Verantwortung gegen die reaktionären Freikorps, wird verhaftet, inhaftiert, versucht später seine demokratischen Grundsätze an Privatschulen weiterzureichen, scheitert erneut, diesmal an seinen konservativen pädagogischen Kollegen. Wieder wird er von Visionen heimgesucht, die ihn motivieren, die »Wahrheit Gottes« als Wanderprediger zu verbreiten, bis er vereinsamt als Landstreicher stirbt. Im Tode besiegt er durch seine christliche Hoffnung den leibhaftig auftretenden Satan, der meint, ihm die Sinnlosigkeit menschlichen Strebens aufzwingen zu können.

Döblins Held ringt zwischen sozialistischen und christlichen Ideen. Seine Entscheidung für das christliche Lebensideal zieht tragisches Scheitern nach sich. Ein humanes Dasein kann es in seiner Zeit nicht geben, es erscheint jedoch in der Erlösung durch Jesus Christus utopisch vor. Auch Horváths Held, der Lehrer und Ich-Erzähler, sagt der Inhumanität seiner Zeitgenossenschaft ab, indem er an einem anderen Ort praktisch-christliche Nächstenliebe praktizieren will. Beide Lehrerfiguren sehen in der Suche nach den christlichen Idealen einen Weg, sich von ihrer Schuld, an der Menschenverachtung der Zeit beteiligt zu sein, zu befreien.

Um diese Zeit näher ins Bild zu rücken, greifen Döblin als auch Horváth wiederholt auf biblische Themen zurück. Eine besondere Rolle spielt dabei die biblische Überlieferung von der Sintflut. Vom 2. Kapitel an durchzieht die Metapher der »Wasser der Sündflut« (15) Horváths Roman.[32]

Der Lehrer hat sich durch sein Verhalten in das »ewige Meer der Schuld« (78) gestürzt, die er durch Gottessuche und Selbstbestrafung zu sühnen hofft. Am Ende des Romans zeichnet sich ein Weg der Rettung (Erlösung) ab. Der Erzähler dokumentiert das durch die Wahl der Überschrift des letzten Kapitels: »Über den Wassern«. Daß er »soweit weg muß über das große Meer« (148), steht metaphorisch für die große Strecke, die er vor sich hat, den Sündenfall zu tilgen und zum Glauben zurückzufinden. Auch Döblins Lehrer Friedrich Becker identifiziert den Zeitgeist mit der Sintflut und setzt dem ein christliches Lebensideal gegenüber: »Ich konnte nicht ansehen, daß die Sintflut kommt und der Böse den Mund aufreißt und unwidersprochen sagt: Alle Mühe um den Menschen ist umsonst gewesen, ich bin allein der Herrscher der Welt.«[33] Die »Mühe um den Menschen« wird als Tat begriffen, Schuld zu sühnen, Übertretungen zurechtzuweisen. Religiöse Hoffnungen und radikale Gesellschaftskritik lassen sich in dieser Formel zusammenfassen. Sie dokumentieren eine Zuversicht, die sich zu der Überzeugung formt, daß die Erde »einen Ort in der Gerechtigkeit« habe. Im Streben nach »Gerechtigkeit« vereinen Döblins und Horváths Lehrerfiguren die Zielorientierung ihres Handelns. Die von ihnen praktizierten Tugenden mußten die Ausnahme in einer Schule bleiben, die bedingungslos Chauvinismus und Untertanengeist förderte.

V

Von Tugenden und Lehrern handelt auch ein Teil der im finnischen Exil geschriebenen *Flüchtlingsgespräche*[34] von Bertolt Brecht. Brecht konzipiert einen Dialog zwischen zwei deutschen Exilierten über die Vorteile der Schulerziehung. Der eine, der Intellektuelle Ziffel, hält die besondere Form schulischen Lernens für die beste Vorbereitung auf ein Leben in der Konkurrenzgesellschaft: »Es handelt sich um Unterschleif, Vortäuschung von Kenntnissen, Fähigkeit, sich ungestraft zu rächen, schnelle Aneignung von Gemeinplätzen, Schmeichelei, Unterwürfigkeit, Bereitschaft, seinesgleichen an die Höherstehenden zu verraten usw. usw.«[35] Der Lehrer, der »Unmensch«, hat »die Seelen der jungen Leute auszubilden und ihnen alle Formen des Unterschleifs beizubringen«.[36] Eine Schule, die diesen Prinzipien nicht verpflichtet ist, sondern Gerechtigkeit und Verständnis vermittelt, hält Ziffel für untauglich und lehnt sie ab. Warum?

Satirisch formuliert er ihre Unzulänglichkeit für die Schüler im späteren bürgerlichen Leben: »Alles, was sie in der Schule, im Verkehr mit den Lehrern, gelernt hätten, müßte sie draußen im Leben, das so sehr anders ist, zu den lächerlichsten Handlungen verleiten. Sie wären kunstvoll darüber getäuscht, wie sich die Welt ihnen gegenüber benehmen wird. Sie würden fair play, Wohlwollen, Interesse erwarten und ganz und gar unerzogen, ungerüstet, hilflos der Gesellschaft ausgeliefert sein.«[37]

Der Sinn ist klar: Wer das Postulat der Gerechtigkeit in praktischer Handlung einklagen will, der wird »hilflos der Gesellschaft ausgeliefert sein«. Von dieser Erfahrung ist ja auch das Leben der Lehrerfiguren in den Romanen von Döblin und Horváth gekennzeichnet. Auch der Erzähler der Flüchtlingsgespräche läßt Ziffel zu dem Ergebnis kommen, daß die schulisch vermittelten »Untugenden« keinesfalls ausreichten, »halbwegs passabel durchs Leben [zu] kommen«. Denn: »Eines Tages wurden plötzlich Tugenden verlangt.«[38] Mit diesen Worten schließt der Dialog der beiden mittellosen Flüchtlinge. Das Defizit an Tugenden und ihrer schulischen Vermittlung deutet sich den exilierten Disputanten an: Tugenden wären nötig gewesen, gesellschaftliche Bedingungen zu schaffen, die Flucht und Exil verhindert hätten.

1983

Anmerkungen

Originalbeitrag.

1 Vorliegende Arbeit kann auch nicht ansatzweise für sich beanspruchen, alle während der genannten Zeiträume erschienenen Erinnerungen und Erzählungen zur gewählten Thematik zu berücksichtigen. Die ausgewählten Werke sollen exemplarisch Grundlinien der Entwicklung andeuten.

2 Willy Haas, *Lateinlehrer Kyovsky*, in: Martin Gregor-Dellin (Hg.), *Deutsche Schulzeit. Erinnerungen und Erzählungen aus drei Jahrhunderten*, Bergisch Gladbach 1980, S. 317-320; hier: S. 317. Zum Thema Schriftsteller und Schulzeit vgl. zwei weitere aktuelle Anthologien: Volker Michels (Hg.), *Unterbrochene Schulstunde. Schriftsteller und Schule*, Frankfurt/Main 1972; Marcel Reich-Ranicki (Hg.), *Meine Schulzeit im Dritten Reich. Erinnerungen deutscher Schriftsteller*, Köln 1982.

3 Heinrich Mann, *Der Untertan. Roman*, München [8]1972, S. 8.

4 Ebd., S. 10.

5 Dieses Erziehungsziel hat Tradition in Deutschland; nicht zufällig sind Schulgeschichten eine deutsche Spezialität. Goethes Werther formuliert bereits die Quintessenz des heimlichen Lehrplans. Die Kinder, »sie, die unseresgleichen sind, die wir als unsere Muster ansehen sollten, behandeln wir als Untertanen. Sie sollen keinen Willen haben!« (Johann Wolfgang v. Goethe, *Die Leiden des jungen Werther*, in: *Goethes Werke in 12 Bänden*, 5. Band, Berlin und Weimar [3]1974, S. 32).

6 Hermann Hesse, *Unterm Rad. Erzählung*, Leipzig 1980, S. 40.

7 Vgl. exemplarisch die Biographie von Ludwig Turek, *Ein Prolet erzählt. Lebensgeschichte eines deutschen Arbeiters*, Frankfurt/Main 1975, S. 14: »In einer Turnstunde prügelte mich der Lehrer die Kletterstange hinauf, so weit er mit seinem langen Rohrstock reichte.« – Die Figur des Prügelpädagogen durchzieht besonders die Romane von Leonhard Frank, *Die Räuberbande* (1914), *Die Ursache* (1915), *Links wo das Herz ist* (1952).

8 Friedrich Torberg, *Der Schüler Gerber. Roman*, München [9]1981, S. 163.

9 Ebd., S. 215.

10 Thomas Mann, *Buddenbrooks. Verfall einer Familie,* in: *Gesammelte Werke in 12 Bänden,* Bd. 1, Frankfurt/Main 1960, S. 722.

11 Alfred Andersch, *Der Vater eines Mörders. Eine Schulgeschichte*, Zürich 1980, S. 58.

12 Ebd., S. 136.

13 Walter Jens, *Mein Lehrer Ernst Fritz*, in: M. Reich-Ranicki (Hg.), *Meine Schulzeit im Dritten Reich,* S. 103-112.

14 Wolfdietrich Schnurre, *Gelernt ist gelernt,* in: M. Reich-Ranicki (Hg.), *Meine Schulzeit im Dritten Reich,* S. 69-78.

15 Heinrich Böll, *Was soll aus dem Jungen bloß werden? Oder: Irgendwas mit Büchern,* Bornheim 1981, S. 43.

16 Ebd., S. 44.

17 Lion Feuchtwanger, *Die Geschwister Oppermann. Roman,* Frankfurt/Main 1981, S. 140.

18 *WA* 6, 534.

19 Reinhard Federmann sieht Horváths Roman *Der ewige Spießer* (1930) als »eine Art psychologischer Vorarbeit« zu *Jugend ohne Gott* an, ohne allerdings diese These anhand der Figurengestaltung näher zu belegen (ders., *Das Zeitalter der Fische. Ein Versuch über Ödön von Horváth*, in: Wort in der Zeit, 1962, H. 6, S. 6-14; hier: S. 12). Entscheidend an diesem Hinweis über die Gemeinsamkeit beider Romane ist nicht nur die sich abzeichnende Beziehung des Spätwerks Horváths zu den Werken vor 1933; entscheidend ist, daß die kleinbürgerliche Mentalität nicht nur *Reaktions*form auf den Repressionsapparat des Faschismus ist, sondern gleichzeitig als seine eigentliche Voraussetzung und Wurzel anzusehen ist.

20 Vgl. *WA* 1, 12; 8, 662.

21 Dietrich Bonhoeffer, *Widerstand und Ergebung. Briefe und Aufzeichnungen aus der Haft*, hg. E. Bethge, München [11]1962, S. 14.

22 Daß sich der Dialog *im* Lehrer und nicht in einer Kommunikationsgemeinschaft (Widerstandszelle) abspielt, signalisiert den Tatbestand der Zerschlagung einer öffentlichen Meinungsbildung und der antifaschistischen Organisationen. – In der Wirkungsgeschichte des Romans ist immer wieder von politischer Apathie die Rede. Der Ich-Erzähler – so der Vorwurf – finde keinen Zugang zu politischem Widerstand und halte sich nur im moralischem Protest des einzelnen auf. Hält man an der These fest, auch im Spätwerk schreibe Horváth als Chronist seiner Zeit, so spiegelt sich im Roman *Jugend ohne Gott* ein Widerstandspotential, daß der Organisation weitgehend beraubt ist. Offensichtlich sieht Horváth in diesem historischen Augenblick die ethisch bedeutsame Tat des einzelnen und ihre vorbildhafte Wirkung als wesentlich im Kampf gegen den Faschismus an. Für diese Vermutung steht auch das

weiter unten angedeutete Verhältnis des Ich-Erzählers zum Dorfschullehrer. In der Besinnung auf den Glauben statt auf antikapitalistische Sozialkritik (der Lehrer wendet sich ja dem Pfarrer und nicht dem Dorfschullehrer zu) scheint Horváth die stärkere Opposition gegen den Zeitgeist zu sehen. Schließlich legitimiert der Pfarrer durch seine Unterscheidung von gottgewollter Idee des Staates und Staat als Menschenwerk den Widerstand gegen einen amoralischen Staatszustand.

23 Zu ähnlichem Ergebnis kommt auch Wolf Kaiser, »*Jugend ohne Gott*« – *ein antifaschistischer Roman?*, S. 48-68 in diesem Band; hier: S. 59 f.

24 Ernst Toller beschreibt in seiner Biographie *Eine Jugend in Deutschland* (Reinbek [3]1978, S. 26) den Niederschlag der Hierarchie Ober-Mittel-Volksschule aufs Alltagsleben wie folgt: »Die Lehrer des Gymnasiums grüßen die Lehrer des Realgymnasiums niemals zuerst, selbst die Mädchen flirten lieber mit den Gymnasiasten.«

25 Freerk Huisken, *Anmerkungen zur Klassenlage der Pädagogischen Intelligenz*, in: ders./Elmar Altvater, *Materialien zur Politischen Ökonomie des Ausbildungssektors*, Erlangen 1971, S. 405-438; hier: S. 413.

26 Der Pädagoge Edwin Hoernle (1883-1952) sieht die Gründe einer Absonderung der Volksschullehrer vom Proletariat in einer Interessenorientierung an den Privilegien der Lehrer höherer Schulen. Der Volksschullehrer war »weit genug vom Proletariat abgetrennt, um sich für etwas Besseres zu halten und seine Zukunft nicht in der Kampfsolidarität mit den Arbeitern, sondern in der ›Gleichstellung‹ mit den ›Akademikern‹ zu suchen«. E. Hoernle, *Lehrer und Elternrat* (1922), in: *Schulkampf. Dokumente und Analysen*, Bd. 1, hg. Lutz von Werder und Reinhart Wolff, Frankfurt/Main 1970, S. 188.

27 Alfred Döblin, *November 1918. Eine deutsche Revolution*, Bd. 4: *Karl und Rosa*, München 1978, S. 201.

28 Ebd., S. 219.

29 Ebd., S. 221.

30 Ebd., S. 222.

31 Ebd., S. 223.

32 Die Sündflut-Metapher steht auch zum »Zeitalter der Fische« in enger Beziehung. In einer von den Wassern der Sintflut überschwemmten Welt können sich allein Fische bewegen. Der Schüler T, deutlichster Exponent der Welt des Bösen und des Hohns, erhält den Beinamen »der Fisch«. Bezeichnenderweise trägt das Kapitel, in dem der Lehrer und Julius Caesar ausziehen, den T zu überführen, die Überschrift »Im Netz«.

33 Alfred Döblin, *Karl und Rosa*, S. 657.

34 Bertolt Brecht, *Flüchtlingsgespräche*, in: *Gesammelte Werke in 20 Bänden*, Bd. 14, Frankfurt/Main 1967, S. 1401 ff. Der Text trägt bei Bertolt Brecht die Überschrift: *Über den Unmenschen/Geringe Forderungen*

der Schule Herrenreiter. – Die Anthologie von V. Michels, *Unterbro-chene Schulstunde*, übernimmt einen großen Teil dieses Textes unter der Überschrift *Geringe Forderungen der Schule*; M. Gregor-Dellin entscheidet sich für die Überschrift *Unser bester Lehrer*.

35 Bertolt Brecht, *Flüchtlingsgespräche*, S. 1402.

36 Ebd., S. 1404.

37 Ebd., S. 1404 f. Manfred Richter drückt diesen Sachverhalt wie folgt aus: »Wenn die Gesellschaft und das ihr korrespondierende Schulsy-stem identischen Bewegungsgesetzen, dem Prinzip des ungezügelten Eigeninteresses gehorchen, dann muß eine Organisation schulischer Lernprozesse, die von altruistischen Grundsätzen wie Wohlwollen und Verständnis geprägt ist, dysfunktional für die Individuen wie die Tota-lität ihrer Beziehungen werden.« (Ders., *Das Thema »Schule« als Gegenstand des Literaturunterrichts. Bertolt Brechts »Unser bester Lehrer«*, in: Juliane Eckhardt [Hg.], *Zeitgenössische Literatur im Deutschunterricht*, Braunschweig 1981, S. 129-140; hier: S. 130.

38 Bertolt Brecht, *Flüchtlingsgespräche*, S. 1405.

Juliane Eckhardt
»Jugend ohne Gott« im Literaturunterricht

In der didaktischen Diskussion der Bundesrepublik fanden die Werke Horváths bislang nur wenig Beachtung. Eine Ausnahme bildet Reinhold Jaretzkys und Helmut Taubalds Beitrag *Das Faschismusverständnis im Deutschlandroman der Exilierten*, in dem Horváths Roman *Ein Kind unserer Zeit* im Hinblick auf die Erstellung einer Unterrichtseinheit analysiert wird, die den Vergleich mit den Romanen *Das siebte Kreuz* von Anna Seghers und *Die Geschwister-Oppermann* von Lion Feuchtwanger zum Ziel hat.[1] Zu nennen sind in diesem Zusammenhang außerdem einige unter didaktischem Aspekt konzipierte Lesehefte und Materialiensammlungen, wie z. B. die von Dietrich Steinbach herausgegebenen Lesehefte zu Horváths Volksstücken *Italienische Nacht* und *Kasimir und Karoline* und die von Traugott Krischke herausgegebenen Materialienbände zu Horváths *Geschichten aus dem Wiener Wald*, *Kasimir und Karoline* und *Glaube Liebe Hoffnung*.[2] Differenziertere didaktische Untersuchungen zu *Jugend ohne Gott* liegen bislang nicht vor.

In den staatlichen Lehrplänen der Bundesrepublik werden die Werke Horváths ebenfalls selten berücksichtigt. Ausnahmen bilden in dieser Hinsicht z. B. der 1977 erschienene baden-württembergische Lehrplan für die 11. Klasse des Gymnasiums und der 1980 erschienene bayerische Lehrplan für die Jahrgangsstufe 10 des Gymnasiums. Im erstgenannten Lehrplan werden Horváths *Italienische Nacht* und *Geschichten aus dem Wiener Wald* als Unterrichtslektüre vorgeschlagen. Im genannten bayerischen Lehrplan finden sich Hinweise auf Horváths *Jugend ohne Gott*.[3]

Ohne daß an dieser Stelle die Ursachen für den didaktischen Wirkungsradius der Werke Horváths näher untersucht werden können, bleibt festzuhalten, daß deren geringe Beachtung in der didaktischen Literatur schon insofern nicht gerechtfertigt erscheint, als nicht wenige dieser Werke Probleme Jugendlicher thematisieren. Dies gilt insbesondere für den Roman *Jugend ohne Gott*, der direkt im ›Schülermilieu‹ angesiedelt ist.

Im Hinblick auf das im vorliegenden Beitrag zu entwerfende Unterrichtsmodell wird der Roman im folgenden zunächst unter literaturwissenschaftlichem Aspekt betrachtet (Abs. 1).[4] Anschließend folgen die Erörterung didaktischer Fragenkomplexe (Abs. 2) sowie Hinweise auf methodische Lösungsmöglichkeiten und Vorschläge für den konkreten Ablauf einer Unterrichtseinheit (Abs. 3).

1. »Jugend ohne Gott« unter literaturwissenschaftlichem Aspekt

Zentrale literatur- und wirkungsästhetische Faktoren des erstmals 1937 erschienenen Romans sind dessen Erzählhaltung, dessen Zeitgestaltung sowie dessen verfremdende und groteske Elemente. Sie bilden deshalb den Schwerpunkt dieser Analyse und zugleich die Grundlage für den unter gesellschaftlich-historischem Aspekt zu spezifizierenden Ideengehalt des Romans.

1.1 *Erzählhaltung*

Die Erzählhaltung des Romans ist geprägt durch einen in die erzählte Handlung verstrickten Ich-Erzähler. Dieser wird konkret als Gymnasiallehrer aus der Zeit des beginnenden Hitler-Faschismus in Deutschland erkennbar. Die mithin klare Konturierung der Erzählperspektive verschafft zum einen den direkten Einblick in die Gedankengänge der Erzählfigur und bewirkt zum anderen, daß dem Leser die subjektiv begründete Parteilichkeit der Darstellung stets bewußt bleibt. Dadurch wird sowohl eine bewußte Identifikation mit der vom Erzähler und dessen Charakter bestimmten Version des erzählten Geschehens als auch eine bewußte Distanzierung von der angebotenen Darstellung ermöglicht.

Die als subjektiv gekennzeichnete Erzählperspektive wird an einigen Stellen des Romans durch ›objektives‹ Material dokumentarischer Art ergänzt. So sind neben Elternbriefen an Schüler (62 f.) und Auszügen aus dem Tagebuch des Schülers Z (63 ff.) Zeitungsartikel im Zusammenhang mit dem Mordprozeß gegen Z (83 f.) sowie einzelne aus der Arbeit des ›Klubs‹ hervorgegangene Berichte (131) in den Erzählverlauf integriert. Der dokumentarische Anstrich derartiger Aussagen kehrt den Realitätsgehalt der Erzähleraussagen hervor und dient deren Beglaubigung.

Von den Konturen des Erzählers treten hauptsächlich diejenigen hervor, die dessen Charakter bezeichnen. Im Hinblick auf Denken und Verhalten des Erzählers fällt auf, daß dieser im Verlaufe des erzählten Geschehens eine erhebliche Entwicklung durchmacht. Während bis zu dem entscheidenden Wahrheitsbekenntnis des Erzählers im Zusammenhang mit dem Mordprozeß Eigenschaften wie Opportunismus und Feigheit dominieren (vgl. z. B. 13-14 und 71 ff.), werden danach zunehmend Ansätze für Mut und Zivilcourage erkennbar (100 ff.). Indem die charakterliche Entwicklung des Erzählers sich von moralisch negativen zu stärker positiven Eigenschaften vollzieht, kommt seiner Figur in bedingtem Umfang eine Vorbildfunktion zu.[5]

Die einzelnen Konturen des Erzählers sind zu ermitteln über dessen Verhältnis gegenüber anderen Figuren des Romans sowie über dessen Verhältnis zu gesellschaftlichen Zeiterscheinungen, das in zahlreichen in die Romanhandlung eingeflochtenen Reflexionen zum Ausdruck kommt.

Das Verhältnis des Erzählers gegenüber anderen Figuren des Romans ist besonders im Hinblick auf die gegensätzlichen Figurenkonstellationen aufschlußreich, wie sie durch gesellschaftlich angepaßte Gruppen einerseits (vertreten z. B. durch die Mehrheit der Schüler) und gesellschaftliche Außenseiter andererseits (vertreten z. B. durch Julius Caesar und die Mitglieder des ›Klubs‹) repräsentiert sind. Das Verhältnis des erzählenden Lehrers zu seinen gesellschaftskonform denkenden Schülern z. B. ist distanziert und kritisch; es steigert sich an einigen Stellen zur Verachtung. Formal wird diese Einstellung daran erkennbar, daß der Erzähler mit den Schülern keine konkreten Namen, sondern nur Initialen verbindet. Die Schüler erscheinen damit auch dem Leser als anonyme, entindividualisierte Masse. Als Ursache für die Distanz Lehrer-Schüler kristallisiert sich der Verlust der traditionellen humanistischen Wertvorstellungen unter den von faschistischer Propaganda manipulierten Jugendlichen heraus. Die Diskrepanzen Lehrer-Schüler erscheinen dabei als generationsbedingter Konflikt: »Ich rede eine andere Sprache. [. . .] Was wird das für eine Generation? Eine harte oder nur eine rohe?« (16)

Das Verhältnis des Erzählers zu den im Roman auftauchenden gesellschaftlichen Außenseitern ist dagegen prinzipiell positiv. So ist dessen Einstellung zu dem aus dem Dienst suspendierten Lehrer mit dem Spitznamen Julius Caesar von Anfang an vertrauter (erkennbar z. B. an der Benutzung des Possessivpronomens: »Es war unser Julius Caesar«, 27) und steigert sich im Verlaufe der Romanhandlung zur Bewunderung (»Ich sehe, daß Julius Caesar ehrfürchtig gegrüßt wird . . .«, 122). Positiv ist auch die Erzähler-einstellung gegenüber den Mitgliedern des ›Klubs‹ und deren Widerstandsaktivitäten (114 ff.). Als Ursache für das positive Verhältnis gegenüber den Außenseiter-Figuren kristallisiert sich das Unbehagen des Erzählers angesichts bestimmter gesellschaftlicher Mißstände heraus, die ihn an einer persönlichen Selbstverwirklichung hindern. Mit seiner eigenen Entwicklung zum gesellschaftlichen Außenseiter, die ihn zum Schluß zum ›Aussteiger‹ werden läßt (Auswanderung nach Afrika), flieht der Erzähler in diesem Sinne konsequent vor den inhumanen Folgeerscheinungen der faschistischen Ideologie.

Die kritische Einstellung des Erzählers gegenüber den durch Herausbildung und Etablierung des Faschismus geprägten gesellschaftlichen Verhältnissen ist an zahlreichen Gedankengängen ablesbar. Die Kritik richtet sich u. a. gegen negative Erscheinungen im Bildungswesen, in der Medienpolitik (Beginn der Rundfunk-Propaganda), gegen soziale Ungerechtigkeiten und gegen die affirmative Funktion der Kirche in diesem Wirkungszusammenhang.

Von den zahlreichen gesellschaftskritischen Gedankengängen des Romans fallen einige durch wiederholtes Auftreten besonders auf. Dies ist z. B. bei den Bildern vom Nebeneinander vornehmer und ärmlicher Stadtviertel (127 und 143) und von den zu Heimarbeit gezwungenen Kindern »mit den weißen alten Gesichtern« der Fall (46, 51 f., 141). Wiederholt wird auch die soziale Verelendung von Arbeitern infolge einer Fabrikschließung thematisiert (35 f., 48, 130). Bereits bei der ersten Konfrontation mit diesem Problem bezieht der Erzähler eindeutig Stellung gegen das Vorgehen des verantwortlichen Konzerns: »[. . .] ich merke, daß er [der Dorflehrer] mit den Aktionären und Aufsichtsräten nicht sympathisiert. Ich auch nicht.« (36) Beim erneuten Auftauchen dieser Fragestellung kommen außerdem sozialistische Perspektiven einer gesellschaftlichen Veränderung zur Sprache. Im Dialog mit dem Erzähler äußert der Pfarrer des von der Konzernentscheidung betroffenen Dorfes: »Unser Lehrer ist hier der Meinung, daß wir durch die überhastete Entwicklung der Technik andere Produktionsverhältnisse brauchen und eine ganz neuartige Kontrolle des Besitzes.

Er hat recht.« (48) Der Erzähler schließt sich dieser Auffassung indirekt an: »Darf man offen reden?« (48) Die sozialkritische Stoß-
richtung des Romans wird durch das leitmotivartige Wiederaufgreifen dieser Thematik besonders akzentuiert.

1.2 Zeitgestaltung

Im Hinblick auf die Zeitgestaltung des Romans ist eine Betrachtung der vorhandenen Zeitebenen aufschlußreich. Zwei wichtige
Zeitebenen des Romans sind 1. die mit dem erzählten Geschehen
zusammenhängende Zeitebene und 2. die aus der Erzählergegenwart (Schreibsituation) resultierende Zeitebene.[6] Als Folge
der Erzählhaltung und der damit verbundenen psychischen Logik
des Zeitablaufs (z. B. Einblendung von Erzählerreflexionen und
Erinnerungen[7]) sind diese freilich teilweise schwer voneinander zu
unterscheiden.

Die mit dem erzählten Geschehen verbundene Zeitebene beinhaltet in chronologischer Reihenfolge die vergangenen Ereignisse von
den Schulerlebnissen des Erzählers über die Zeltlagererlebnisse bis
hin zu den Geschehnissen im Zusammenhang mit der Aufdeckung
des Mordfalls. Die mithin in ihrem realistischen Ablauf dargestellte Handlung hält die ansonsten partiell auseinanderstrebenden
Zeitdimensionen zusammen und hat zugleich einen spannungser-
zeugenden Effekt. Die Handlungszeit des erzählten Geschehens
ist zwar nicht dokumentarisch nachzuvollziehen, jedoch in ihren
wichtigsten Dimensionen bestimmbar. Sie ergibt sich primär aus
Anspielungen auf historisch-authentische Ereignisse. So läßt die
Szene über die Propaganda-Kampagnen anläßlich eines Hitler-
Geburtstags (112 f.) darauf schließen, daß die Romanhandlung
deutlich nach der Machtergreifung der deutschen Faschisten im
Jahre 1933 anzusiedeln ist. Eine genauere zeitliche Fixierung erscheint möglich, wenn man die im Roman geschilderte Osterla-
ger-Veranstaltung mit den entsprechenden NS-Großveranstaltungen des Jahres 1934 in Verbindung bringt.[8] Während das Fehlen
exakter zeitlicher Einzelangaben (z. B. keine Jahreszahlen) eine
Generalisierung der im Roman angesprochenen sozialpsychologischen Bedingungszusammenhänge forciert, verhindert die historisch eindeutige Festlegung des erzählten Handlungszeitraums
eine beliebige Verallgemeinerung der daran festgemachten gesellschaftskritischen Momente.

Mit der Erzählergegenwart ist eine nur unscharf konturierte Zeitebene begründet, die sich zumeist mit der dominierenden Ebene der erzählten Zeit vermischt. Eine gesonderte Datierung dieser Ebene erfolgt nicht. Deutlich wird nur, daß der Erzähler aus der Rückschau berichtet. Die damit konstituierte Zeitebene ist insofern zeitlich nach der erzählten Zeitebene anzusiedeln. Greifbar wird die Gegenwärtigkeit des Erzählers vor allem im Anfangs- und Schlußkapitel des Romans. Im Anfangskapitel wird dies durch den tagebuchartigen Beginn der Darstellung (11) erreicht, der die Schreibintention als solche bewußt macht. Im Zusammenhang mit der in den Erzählverlauf eingebrachten Erzählervorstellung (Alter, Elternhaus, Beruf) und dem Tempusgebrauch (bis zu Beginn des 2. Kapitels Präsens) wird dem Leser suggeriert, er wohne der Erzählergegenwart bei. Durch die geschilderte Schreibsituation (am Schreibtisch) wird dieser Eindruck indirekt verstärkt. Die im Schlußkapitel erfolgende Rückkehr zu diesem Ausgangspunkt der Romanhandlung, die durch Wiederholung bestimmter Bilder und Vorgänge (Blumen auf dem Tisch, Elternbrief) hervorgehoben wird, unterstützt die Vorstellung von einer von der übrigen Handlung abgesonderten Erzählebene. Ähnliches gilt für die Einbeziehung der über die Erzählergegenwart hinausweisenden Erzählerzukunft (»Morgen fahre ich nach Afrika«, 148).

Andeutungsweise wird die (nachträgliche) Zeitebene des Erzählens auch in Erzählerreflexionen erkennbar, die aus den unmittelbar zum Handlungsablauf gehörigen Gedankengängen hinausstreben und von daher nicht eindeutig der erzählten Zeitebene zuzuordnen sind. So sind einige Erzählerreflexionen ausdrücklich der erzählten Vergangenheit zugewiesen (z. B. 51: »Dieser Pfaffe ist verteufelt gescheit, denke ich mir, aber er hat nicht recht! Und ich sage: [. . .]«); andere jedoch haben einen derart generalisierenden Charakter, daß sich in ihnen die Erzählergegenwart bemerkbar macht. Letzteres gilt vor allem für eine Reihe der gesellschaftskritischen Gedankengänge des Romans. Im Zusammenhang mit den bereits erwähnten Propaganda-Kampagnen anläßlich des Hitler-Geburtstags heißt es z. B.: »Divisionen der Charakterlosen unter dem Kommando von Idioten. Im gleichen Schritt und Tritt. Sie singen [. . .] von einem Feinde, den es eigentlich gar nicht gibt. So preisen die Schwachsinnigen und Lügner den Tag, an dem der Oberplebejer geboren ward.« (112) Der Tempusgebrauch (Präsens) unterstreicht den generalisierenden Gehalt derartiger zeitkritischer

Kommentare, die auf diese Weise in ihrer für die Erzählergegenwart andauernden Bedeutung kenntlich gemacht werden.

1.3 *Verfremdung und Groteske*

Die gesellschaftskritischen Momente des Romans treten oft in verfremdeter Form in Erscheinung, wobei einzelne Verfremdungseffekte ins Groteske übergehen. Erscheinungsweisen literarischer Verfremdung sind in diesem Roman u. a. der Herausfall aus der (sprachlichen) Norm und die heterogene bzw. kontrastive Fügung.[9] Eine sprachlich ›anomale‹ Darstellungsweise liegt z. B. vor, wenn im Zusammenhang mit der vormilitärischen Ausbildung im Zeltlager von der »sogenannten freien Natur« und vom Indianerspiel gesprochen wird (34). Ähnliches gilt für einige in der Mordprozeß-Szene auftauchende Wendungen, wie »geil auf Katastrophen«, Befriedigung »mit einem künstlichen Mitleid« usw. (87). Ein in diesem Sinne aus der Sprachnorm herausfallender Begriff ist der vom »Oberplebejer« (112). Die über vordergründige Komik provozierte kritische Haltung zielt in den genannten Beispielen gegen die Verharmlosungsstrategie der damaligen militaristischen Jugenderziehung, die Pervertierung menschlicher Erlebensfähigkeit und gegen die von den Nazis manipulativ benutzte sozialistische Terminologie (angebliche Arbeiterpartei usw.).

Verfremdung in Form heterogener Fügung taucht besonders gehäuft im Zusammenhang mit der Kritik an der Institution Kirche auf. Während der Erstbegegnung des Erzählers mit dem Pfarrer (45 ff.) fallen in dieser Hinsicht z. B. folgende Aussagen auf: »›Hier wohnen die Heimarbeiter‹, sagt der Pfarrer und blickt zum Himmel empor«; »Im Kirchturm läuten die Glocken, aus dem Rauchfang des Pfarrhauses steigt blauer Dunst«; »Dort stehen Kreuze, hier steht ein Gartenzwerg«; »Kein Stäubchen fliegt durch die Luft. Im Friedhof daneben wird alles zu Staub«. Wie bei der Verfremdung durch Herausfallen aus der Norm bewirken die angeführten Kontrastbilder als solche Komik, drängen jedoch durch die Art des gewählten Inhalts zur kritischen Reflexion. Gegenstand der Kritik sind hier u. a. unsoziale und spießbürgerliche Tendenzen, die dem christlichen Auftrag der Kirche entgegenstehen. Ebenfalls durch heterogene Fügung verschärft wird die Kritik an der traditionell herrschaftsstabilisierenden Funktion der Kirche, wenn im Zusammenhang mit den missionarischen Aktivitäten in der Dritten Welt festgestellt wird, daß die Kirche den Betroffenen »Gott als schmutziges Geschäft« bringt (126). Das Handeln der Institution Kirche und die christliche ›Gottesbotschaft‹ erscheinen auf diese Weise als Widerspruch. Dessen Lösung deutet sich perspektivisch in dem während der Romanhandlung entwickelten Gottesbegriff an, der als zentrales Moment die Wahrheitserkenntnis beinhaltet (vgl. 148: »Denn Gott ist die Wahrheit«).[10]

Übergänge von der Verfremdung zur Groteske finden sich an solchen Textstellen, an denen der mit der Verfremdung verbundene komische und konstruktiv-gesellschaftskritische Effekt mehr oder weniger zurückgedrängt wird angesichts einer perspektivlosen Dimension. Diese Wirkung geht zum einen von ganzen Szenen oder größeren Szenenteilen und zum anderen von bestimmten Bildern und Metaphern des Romans aus. Das Kapitel »Der Tormann« (30 ff.) hat z. B. einen durchgängig grotesken Grundzug. Während das Sterben mit dem »seligen Lächeln« angesichts des Tormann-Besuchs, für sich genommen, noch einen komisch-verfremdenden Anstrich hat (Herausfallen aus der Norm, weil der letzte Wunsch eines Menschen i. a. existentiell gewichtigeren Dingen gilt), geht von der Szene insgesamt jedoch eine stark resignative Tendenz aus. Der aktivierende Aspekt von Gesellschaftskritik, wie er für den Verfremdungseffekt typisch ist, wird dadurch weitgehend blokkiert. Die pervertierten Wertvorstellungen des Jugendlichen werden als unveränderbare Zeiterscheinung empfunden und als solche gestaltet, was auch daran erkennbar ist, daß in dieser Szene kein kritischer Erzählerkommentar erfolgt.

Ein zur Groteske tendierendes Bild wird z. B. durch die Vorstellung von der »besoffenen Vernunft« erzeugt, die »einen Moralischen« hat (58). Der damit verbundene komisch-verfremdende Effekt (heterogene Fügung, denn die »Vernunft« schluchzt: »Ich bin blöd«) wird hier dadurch relativiert, daß der Sieg des Irrationalismus als unaufhaltsam dargestellt wird und ein Kampf dagegen somit als aussichtslos erscheint.

Als eine Metapher mit grotesken Zügen erweist sich die leitmotivisch auftauchende Vorstellung vom »Fisch«, die teilweise mit dem Motiv der »Kälte« verknüpft ist.[11] Die komisch-verfremdenden Momente sind bei dieser Metapher am weitesten zurückgedrängt zugunsten des Unheimlichen und Unabwendbaren im zeitgeschichtlichen Entwicklungsprozeß. Die durch die »Fisch«-Metapher veranschaulichte Inhumanität und soziale Bindungslosigkeit der nach dem Ersten Weltkrieg aufgewachsenen Jugendlichen erscheint – infolge der von der faschistischen Ideologie forcierten Liquidierung humaner Wertvorstellungen – als zwangsläufiges und bedrohliches historisches Faktum.

Zusammengefaßt können an den erörterten Gestaltungsmitteln und deren Funktionen folgende *Aspekte des Ideengehalts* von *Jugend ohne Gott* festgemacht werden: Im Zentrum stehen psychische und intellektuelle Voraussetzungen, die Identifikations- und Distanzierungsprozesse unter den Bedingungen eines faschistischen Regimes, wie der Hitler-Diktatur, bewirken. Als Bedingungsfaktor der Identifikation kristallisiert sich im wesentlichen der Verlust humaner bzw. humanistischer Wertvorstellungen heraus. Der Titel des Romans zielt auf diese moralische Halt- und Bindungslosigkeit der damaligen jugendlichen Generation. Als Ursache für den Wertverlust können im Roman indirekt die negativen Auswüchse des kapitalistischen Gesellschaftssystems ausgemacht werden (21: »[. . .] es regiert einzig und allein das Geld«). Die Kirche erscheint dabei als Institution, die traditionell der Stabilisierung derartiger Erscheinungen dient (48: »Ich denke, daß die Kirche immer auf seiten der Reichen steht«).

Als Bedingungsfaktor der Distanzierung kristallisiert sich schlechthin der Besitz der traditionellen Wertvorstellungen heraus. An der Entwicklung des Erzählers wird ersichtlich, wie dieser, trotz vorhandener zynischer und opportunistischer Züge, zum Verfechter von Wahrheit und Gerechtigkeit wird, weil er in seinen moralischen Grundsätzen prinzipiell gefestigt ist. Das Engagement des Erzählers im Zusammenhang mit der Aufklärung des Mordes am Schüler N erweist sich dabei als moralischer Akt, der stellvertretend für den allgemeinen Kampf gegen die inhumanen Zeittendenzen steht (»Ach so, der N – den hab ich ganz vergessen«, 139).

Die Perspektive des Romans, wie sie sich im ›Aussteiger‹-Akt am Schluß andeutet, läßt keine realen Möglichkeiten einer Veränderung erkennen. Die Ursachen dafür sind zum einen in dem primär psychologisch-individualistischen Lösungsversuch und zum anderen in der konkreten historischen Situation zu sehen, in welcher der Roman angesiedelt ist. Angesichts der (vor allem zur Zeit der Romanniederschrift) fortgeschrittenen faschistischen Entwicklung in Deutschland und angesichts seines eigenen Schicksals (Entzug der Aufenthaltserlaubnis durch die Faschisten 1936) sah Horváth offenbar keine Chance eines wirksamen Widerstands. Die im Roman auftauchenden Hinweise auf gesellschaftliche Bedingungsfaktoren der negativen Zeittendenzen weisen jedoch indirekt über die individuelle Lösung hinaus. Dies gilt auch für die in die Romanhandlung einbezogenen Widerstandsaktivitäten (»Klub«, Julius Caesar), die zwar in ihrer politischen Dimension unscharf bleiben, jedoch durch die erklärtermaßen positive Parteinahme des Erzählers hervorgehoben werden. Die Tatsache, daß die auf konstruktive Gesellschaftskritik ausgerichteten Verfremdungselemente im Vergleich zu den primär resignativ ausgerichteten grotesken Elementen insgesamt überwiegen, verstärkt das damit verbundene Wirkungspotential.

2. »Jugend ohne Gott« unter didaktischem Aspekt

Im Hinblick auf die Erstellung eines Unterrichtsmodells zu Horváths *Jugend ohne Gott* sollen im folgenden die Frage nach der fachspezifischen und pädagogischen Relevanz des Romans (Bildungs- und Erziehungswert), die Frage nach möglichen Schwierigkeiten bei der Vermittlung sowie die Frage nach möglichen übergreifenden Unterrichts- bzw. Kurseinheiten (didaktischer Zusammenhang) erörtert werden, denen der Roman zugeordnet werden kann.

Die fachspezifische Relevanz von *Jugend ohne Gott* ergibt sich vor allem daraus, daß die Schüler mit einem international verbreiteten Werk von Horváth konfrontiert werden, das zu seiner Entstehungszeit viel diskutiert wurde und zunehmend auch von der gegenwärtigen Literaturwissenschaft beachtet wird. Durch die Kenntnis des Romans werden die Schüler in die Lage versetzt, an der Horváth-Diskussion teilzunehmen und sich ein fundiertes eigenes Urteil zu bilden. Auf diese Weise wird auch der kritische Umgang mit vorhandener Sekundärliteratur gefördert.

Die pädagogische Relevanz des Romans resultiert aus der darin verarbeiteten Problematik: den psychischen und gesellschaftlichen Voraussetzungen für die Herausbildung einer faschistischen Gesinnung sowie auch einer antifaschistischen Haltung. Angesichts der neofaschistischen Aktivitäten, wie sie in bestimmten Kreisen Jugendlicher gegenwärtig erkennbar sind, gewinnt die Behandlung des Romans im Unterricht einen besonderen Aktualitätsbezug.

Inhaltliche Schwierigkeiten können sich aus der historischen Dimension des Romans sowie aus den auftauchenden religiösen Gedankengängen (Gottesbegriff usw.) ergeben. Hier bieten die im vorliegenden Sammelband enthaltenen Beiträge, so z. B. diejenigen von Fuhrmann, Holl und Müller-Funk, wichtige Interpretationshilfen, die gegebenenfalls im Unterricht thematisiert werden können. Formale Schwierigkeiten resultieren aus den verfremdenden und grotesken Elementen des Romans, die eine bestimmte literarische Rezeptionskompetenz voraussetzen bzw. eine gesonderte Erarbeitung erforderlich machen. Da der Roman ansonsten jedoch keine größeren sprachlich bedingten Erschließungsprobleme bietet, durch seine spannende Handlung einen starken Motivationscharakter besitzt und durch seinen relativ geringen Umfang gut überschaubar bleibt, dürfte auch die mit Verfremdung und Groteske verbundene Gesellschaftskritik ohne größere Schwierigkeiten zu vermitteln sein. Die genannten Faktoren, die eine Erleichterung der Rezeption bewirken, lassen es als möglich erscheinen, den Roman bereits vom 10. Schuljahr an in den Unterricht einzubeziehen.

Jugend ohne Gott kann in verschiedene didaktische Zusammenhänge gestellt werden. Bei der Planung von Unterrichts- bzw. Kurseinheiten sind folgende Vorüberlegungen anzustellen, die teilweise einer wechselseitigen Kombination bedürfen:

– Sollen ausschließlich Romane Horváths oder sollen auch Romane anderer Autoren berücksichtigt werden?
– Sollen neben dem Roman weitere epische Textsorten oder auch Textsorten anderer Gattungen einbezogen werden?
– Soll ausschließlich die für Horváth relevante Literaturepoche oder sollen auch andere Literaturepochen thematisiert werden?
– Sollen die Produktionsbedingungen des Romans (Exilsituation) zum Ausgangspunkt für die Konzeption der Unterrichts- bzw. Kurseinheit genommen werden?
– Ist die Einbeziehung außerpoetischer Literatur eingeplant (z. B. Trivialliteratur, pragmatische Literatur)?
– Soll nur westdeutsche Literatur oder auch die Literatur anderer deutschsprachiger Länder oder auch übersetzte Literatur berücksichtigt werden?
– Wieviele und welche Themen sollen bei der auszuwählenden Literatur einbezogen werden?

Ferner ist zu bedenken, ob die jeweiligen Unterrichts- bzw. Kurseinheiten Teile eines fächerübergreifenden Projekts werden sollen oder können (z. B. mit den Fächern Politik, Geschichte, Kunst, Musik) und inwiefern dies Konsequenzen für die Textauswahl hat.

Die im folgenden angegebenen Literaturbeispiele für Unterrichts- bzw. Kurseinheiten verstehen sich in der Regel als alternative und nicht als additive Vorschläge. Es kann davon ausgegangen werden, daß innerhalb eines Schulhalbjahrs bzw. Kurssemesters nicht mehr als drei bis vier der angegebenen Texte vom gesamten Klassen- bzw. Kursverband erschlossen werden können, da es sich zumeist um Texte größeren Umfangs handelt (Romane, Dramen usw.). Die Anzahl der in die Unterrichts- bzw. Kursthematik aufzunehmenden Literatur kann sich allerdings durch die Einbeziehung thematisch geeigneter kürzerer Texte (epischer Kurzformen usw.) erhöhen. Eine Vergrößerung des Textangebots wird auch durch den Einsatz von arbeitsteiliger Gruppenarbeit und Schülerreferaten möglich. Die historisch orientierte Anordnung der angeführten Literaturbeispiele ist insofern variabel zu verstehen, als im Hinblick auf die konkrete Klassen- bzw. Kurssituation zu entscheiden ist, ob bei der unterrichtlichen Erschließung chronologisch, also dem Erscheinungsjahr bzw. der literaturgeschichtlichen Herkunft der Texte folgend, oder nach pädagogischen Gesichtspunkten (z. B. Ausgang von Schülererfahrungen, Gegenwartsliteratur) vorgegangen werden soll. Im übrigen ist zu beachten, daß die Zuordnung der Literaturbeispiele zu bestimmten Unterrichtsbzw. Kursthemen nicht absolut aufzufassen ist, da die einzelnen Werke jeweils mehrere Inhaltsaspekte enthalten und von daher mehreren Themen zugewiesen werden können. Da im Rahmen des vorliegenden Beitrags auf eine nähere Erläuterung der einzelnen Kurseinheiten verzichtet werden muß, werden ergänzend diesbezügliche Literaturhinweise angeführt.

Vorschläge für Unterrichts- bzw. Kursthemen, in deren Rahmen »Jugend ohne Gott« behandelt werden kann [12]

I.   *»Zeitkritik in den Romanen Horváths«*

Literaturbeispiele

– *Der ewige Spießer* (1930)
– *Ein Kind unserer Zeit* (1938)

– *Wie ich ein Neger wurde* (Filmfassung von *Jugend ohne Gott;* 104 Min., Verleih: Atlas, Filmverlag der Autoren, Tengstr. 37, 8000 München 40).

Sekundärliteratur (neben den in diesem Band enthaltenen Beiträgen)
Wolfgang Heinz Schober, *Die Jugendproblematik in Horváths Romanen*, in: Kurt Bartsch, Uwe Baur, Dietmar Goltschnigg (Hg.), *Horváth-Diskussion*, Kronberg 1976, S. 124-137.
Jürgen Schröder, *Das Spätwerk von Ödön von Horváth*, in: *stm ÖvH*, S. 125-155.
Angelika Steets, *Erzähler und Erzählsituation bei Ödön von Horváth*, in: *stm ÖvH*, S. 87-124.
(Denkbar ist auch eine Ausweitung des Themas auf weitere epische Texte Horváths, wie z. B. die »Erzählungen und Skizzen«, erschienen 1922-1938).

II. *»Das Gesellschaftsbild in den Werken Horváths«*

Literaturbeispiele

– *Italienische Nacht* (Drama, 1930)
– *Geschichten aus dem Wiener Wald* (Drama, 1931)
– *Glaube Liebe Hoffnung* (Drama, 1932)

Sekundärliteratur
Hellmut Himmel, *Ödön von Horváth und die Volksstücktradition*, in: *stm ÖvH*, S. 46-56.
Traugott Krischke (Hg.), *Materialien zu Ödön von Horváths »Geschichten aus dem Wiener Wald«*, Frankfurt/Main ²1978.
Traugott Krischke (Hg.), *Horváths »Geschichten aus dem Wiener Wald«*, Frankfurt/Main 1983.
Traugott Krischke (Hg.), *Materialien zu Ödön von Horváths »Kasimir und Karoline«*, Frankfurt/Main 1973.
Traugott Krischke (Hg.), *Materialien zu Ödön von Horváths »Glaube Liebe Hoffnung«*, Frankfurt/Main 1973.
Wendelin Schmidt-Dengler, *Ödön von Horváths »Geschichten aus dem Wiener Wald« und der triviale Roman der zwanziger Jahre*, in: *stm ÖvH*, S. 57-66.
Dietrich Steinbach (Hg.), *Ödön von Horváth: Italienische Nacht*, Stuttgart 1979.
Dietrich Steinbach (Hg.), *Ödön von Horváth: Kasimir und Karoline*, Stuttgart 1980.
(Denkbar ist hier die Einbeziehung des dramatischen Fragments *Der Lenz ist da! Ein Frühlingserwachen in unserer Zeit*, entstanden etwa

1934. Bei entsprechender Ausweitung des Themas ist außerdem die Einbeziehung der von Schmidt-Dengler angesprochenen Trivialromane möglich.)

III. »*Individuum und Gesellschaft als Thema der Literatur von der Restauration des 19. Jahrhunderts bis zum Faschismus*«

Literaturbeispiele

– Wilhelm Raabe, *Abu Telfan* (Roman, 1868)
– Frank Wedekind, *Frühlings Erwachen* (Drama, 1891)
– Heinrich Mann, *Der Untertan* (Roman, 1918)
– Erich Maria Remarque, *Im Westen nichts Neues* (Roman, 1929)
– Ödön von Horváth, *Der Lenz ist da! Ein Frühlingserwachen in unserer Zeit* (dramatisches Fragment, 1934)
– Klaus Mann, *Mephisto* (Roman, 1936)

Sekundärliteratur
Wolfgang Emmerich (Hg.), *Heinrich Mann: »Der Untertan«. Text und Geschichte. Modellanalysen zur deutschen Literatur*, Bd. 2, München 1980.
Hermann Helmers, *Über Wilhelm Raabes Sprache*, in: *Jahrbuch der Raabe-Gesellschaft 1962*, S. 9-21.
Ingeborg Reiners-Woch, *Heinrich Mann: Der Untertan. Unterrichtseinheit 7*, Köln o. J.
Hubert Rüter, *Erich Maria Remarque, Im Westen nichts Neues. Ein Bestseller der Kriegsliteratur im Kontext*, Paderborn 1980.
Eberhard Spangenberg (Hg.), *Karriere eines Romans. Mephisto, Klaus Mann und Gustaf Gründgens. Ein dokumentarischer Bericht aus Deutschland und dem Exil 1921-1981*, München 1982.
Gerd Witzke, *Das epische Theater Wedekinds und Brechts. Ein Vergleich des frühen dramatischen Schaffens Brechts mit dem dramatischen Werk Wedekinds*, Bamberg 1972.
Jürgen Wolff (Hg.), *Materialien Heinrich Mann »Der Untertan«*, Stuttgart 1981.
Spielfilm *Der Untertan* (Regie: Wolfgang Staudte). Unidoc-Film GmbH., Dantestr. 29, 8000 München 19.

IV. »*Antifaschistische Exilliteratur*«

Literaturbeispiele

– Lion Feuchtwanger, *Die Geschwister Oppermann* (Roman, 1933)
– Anna Seghers, *Die Rettung* (Roman, 1937)

– Bertolt Brecht, *Der aufhaltsame Aufstieg des Arturo Ui* (Drama, 1941)
– Oskar Maria Graf, *Anton Sittinger* (Roman, 1941)
– Carl Zuckmayer, *Des Teufels General* (Drama, 1946)

Sekundärliteratur

Wolfgang Dietz, Helmut F. Pfauner (Hg.), *Oskar Maria Graf. Beschreibung eines Volksschriftstellers*, München 1974.

Hermann Helmers, »*Die Rettung*« *von Anna Seghers*, in: *Lehrerband zum Lesebuch »Lesestücke 8«*, Stuttgart 1977, S. 112-116.

Reinhold Jaretzky, Helmut Taubald, *Das Faschismusverständnis im Deutschlandroman der Exilierten. Untersucht am Beispiel von Anna Seghers: Das siebte Kreuz, Lion Feuchtwanger: Die Geschwister Oppermann, und Ödön von Horváth: Ein Kind unserer Zeit, einschließlich eines Vorschlags für die Behandlung im Unterricht*, in: Uwe Naumann (Hg.), *Sammlung 1. Jahrbuch für antifaschistische Literatur und Kunst*, Frankfurt/Main 1978, S. 12-36.

Bernhard Keller, *Die Auseinandersetzung mit dem Nationalsozialismus im Drama. Vergleichende Analyse von Zuckmayers Drama »Des Teufels General« und Brechts »Arturo Ui«*, in: Uwe Naumann (Hg.), *Sammlung 1*, S. 147-158.

Burkhardt Lindner, *Bertolt Brecht: »Der aufhaltsame Aufstieg des Arturo Ui«*, München 1982.

Siegfried Mews (Hg.), *Zuckmayer, Des Teufels General. Grundlagen und Gedanken zum Verständnis des Dramas*, Frankfurt/Main ²1979.

ZDF (Hg.), *Fernsehfilm »Die Geschwister Oppermann« von Egon Monk*, Frankfurt/Main 1982.

(Bei geplanter Ausweitung des Themas auf gegenwärtige Exilliteratur kann u. a. der Band *Chilenische Erzählungen*, Darmstadt und Neuwied 1977, herangezogen werden. Bei geplanter Ausweitung des Themas auf historisch zurückliegende Exilliteratur bietet sich die Bezugnahme auf Dichter des Vormärz, so Büchner und Heine, an).

V. »*Antifaschistische Literatur von der Weimarer Republik bis zur Gegenwart*«

Literaturbeispiele

– Thomas Mann, *Mario und der Zauberer* (Novelle, 1930)
– Anna Seghers, *Die Gefährten* (Roman, 1932)
– Franz Carl Weiskopf, *Souvenir* (Anekdote, 1954; dabei Bezugnahme auf das darin angesprochene Bild »Guernica« von Picasso)
– Martin Walser, *Eiche und Angora* (Drama, 1962)
– Johannes Mario Simmel, *Alle Menschen werden Brüder* (Roman, 1967)

– Kurt David, *Die Überlebende* (Novelle, 1972)
– Peter Weiss, *Die Ästhetik des Widerstands* (Roman, 3 Bde., 1975-1981)

Sekundärliteratur

Sigrid Bock, *Historische Bilanz mit dem »Schreibzeug von heute«. Zum Roman »Die Gefährten« von Anna Seghers*, in: Uwe Naumann (Hg.), *Sammlung 3*, Frankfurt/Main 1980, S. 18-30.

Juliane Eckhardt, *»Souvenir« von Franz Carl Weiskopf*, in: *Lehrerband zu »Lesestücke 9«*, Stuttgart 1981, S. 124-127.

Juliane Eckhardt (Hg.), *Kurt David, Die Überlebende. Leseheft mit Materialien*, Stuttgart 1981; vgl. dazu die literarische, didaktische und methodische Analyse in: *Lesehefte-Lehrerband VII*, Stuttgart 1981, S. 40-68.

Günter Grosche, *Antifaschismus in Bestsellern. Unterrichtseinheit über Johannes Mario Simmels Roman »Alle Menschen werden Brüder«*, in: Uwe Naumann (Hg.), *Sammlung 1*, S. 158-175.

Karl-Heinz Götze, Klaus R. Scherpe (Hg.), *Die ›Ästhetik des Widerstands‹ lesen. Über Peter Weiss*, AS 75, Berlin 1981.

Gert Sautermeister, *Thomas Mann: »Mario und der Zauberer«. Text und Geschichte. Modellanalysen zur deutschen Literatur*, Bd. 5, München 1981.

Anthony Waine, *Martin Walser*, in: *Autorenbücher 18*, hg. Heinz-Ludwig Arnold und Ernst-Peter Wieckenberg, München 1980.

(Bei diesem Kursthema ist eine Akzentverlagerung denkbar, die auf eine vergleichende Einbeziehung profaschistischer Literatur zielt, wie z. B. Texte von Jünger, »Landser«-Hefte, profaschistische Liedertexte, Plakate, Flugschriften.)

VI. *»Jugend und Faschismus als Thema der Literatur von 1933 bis zur Gegenwart«*

Literaturbeispiele

– Ernst Toller, *Eine Jugend in Deutschland* (Autobiographie, 1933)
– Max von der Grün, *Wie war das eigentlich? Kindheit und Jugend im Dritten Reich* (Autobiographische Reportage, 1979)
– Peter Härtling, *Nachgetragene Liebe* (Roman, 1980)
– Christoph Meckel, *Suchbild. Über meinen Vater* (Roman, 1980)
– Heinrich Böll, *Was soll aus dem Jungen bloß werden? Oder: Irgendwas mit Büchern* (Autobiographie, 1981)

Sekundärliteratur

Dieter Bongartz, *Kindheit und Jugend im Faschismus. Zu neuen Büchern von Deutschkron, Finckh, Koehn und von der Grün*, in: Uwe Naumann (Hg.), *Sammlung 3*, S. 235-241.

Uwe Naumann, *Erinnerungen, an die Zukunft gerichtet. Tendenzen literarischer Faschismuskritik 1979/80*, in: ders. (Hg.), *Sammlung 3*, S. 117.

Klaus Schröter, *Was soll aus dem Jungen bloß werden? Heinrich Böll in den Dreißiger Jahren*, in: Uwe Naumann (Hg.), *Sammlung 5*, Frankfurt/Main 1982, S. 71-82.

(Bei diesem Thema bietet sich die vergleichende Einbeziehung pro- und antifaschistischer Kinder- und Jugendbücher an.)

3. Methodische Vorschläge zur unterrichtlichen Behandlung von »Jugend ohne Gott«

Die methodischen Vorschläge beziehen sich im folgenden aus Platzgründen ausschließlich auf den Roman *Jugend ohne Gott*. Der Vergleich mit den übrigen Texten der jeweiligen Unterrichts- bzw. Kurseinheiten erfolgt am besten über mündliche und schriftliche Leitaufgaben (Arbeitsbogen).

Mögliche methodische Lösungswege zur Erarbeitung des Romans sind die Erschließung durch Leitaufgaben, das freie Besprechen und das Erspielen bzw. das darstellende Spiel. Diese Methoden können zwecks Erhaltung der Schülermotivation miteinander kombiniert werden. Sie setzen grundsätzlich die häusliche Lektüre des Romans durch die Schüler voraus.

Leitaufgaben können sowohl schriftlich (Arbeitsbogen) als auch mündlich gestellt werden. Ihr Einsatz empfiehlt sich (wenn keine diesbezüglichen Schülerreferate o. ä. eingeplant sind) bei der Erschließung der biographischen, historischen und rezeptionsgeschichtlichen Bedingungsfaktoren des Romans. Je nach den in Klasse oder Kurs vorhandenen Lernvoraussetzungen bieten sich weitere Leitfragen zur Erschließung der Gestaltungsmittel und der damit verbundenen Wirkungsaspekte an (so vor allem zur Erschließung der verfremdenden und grotesken Elemente und deren Funktionen).

Sobald bestimmte Vorkenntnisse bei den Schülern vorausgesetzt werden können, sollte im Hinblick auf die Förderung der Selbständigkeit bei der Textinterpretation das freie Besprechen an die Stelle der Leitaufgaben treten. Das freie Besprechen bzw. das freie Unterrichtsgespräch erscheint, zumindest auf Teilstrecken des Unterrichts, auch bei der Bezugnahme auf die subjektiven Schülererfahrungen und -interessen angebracht (z. B. bei der Anknüpfung an gegenwärtige neofaschistische Erscheinungen).

Das Erspielen liegt bei Horváths Roman schon wegen des vorhandenen dramatischen Vorentwurfs nahe. Soll das dramatische Fragment zum Vergleich mit herangezogen werden, bietet sich eine szenische Darstellung desselben an. Die im Roman enthaltenen dramatischen Elemente (ausgedehnte Dialoge usw.) lassen es außerdem als möglich erscheinen, bestimmte Szenen in Dramenform umzuschreiben und spielerisch zu realisieren. Die Frage nach den für die Dramatisierung geeigneten Szenen führt dabei zur Diskussion wichtiger gestalterischer Aspekte (z.B. Überlegungen hinsichtlich der Funktion ›undramatischer‹ Elemente, wie der Erzählerreflexionen). Eine für das Erspielen geeignete Szene ist die Gerichtsverhandlung im Zusammenhang mit dem Mordprozeß, da hierbei alle Schüler (zumindest als ›Zuschauer‹) an der Darstellung mitwirken können und außerdem die wichtigste Etappe in der Verhaltensänderung des Erzählers zum Ausdruck gebracht werden kann. Soll die gesamte im Roman ausgeführte Gerichtsverhandlung gespielt werden (88-93 und 96-107), ist eine Einteilung in vier Szenen möglich: 1. Szene [Kap. »Schleier«]: Vernehmung des mordverdächtigen Schülers Z; 2. Szene [Kap. »Der Kompaß«]: Vernehmung von Zeugen und Angehörigen; 3. Szene [Kap. »Das Kästchen«]: Vernehmung des Erzählers; 4. Szene [Kap. »Vertreibung aus dem Paradies« und »Der Fisch«]: Vernehmung von Eva.

Abgesehen von den für die literarische Rezeption relevanten methodischen Lösungswegen ergeben sich weitere Erschließungsmöglichkeiten durch die Einbeziehung mündlicher und schriftlicher Gestaltungsaufgaben. Denkbar ist in diesem Zusammenhang neben der Anfertigung von Interpretationsaufsätzen oder -vorträgen die Abfassung von Inhaltsangaben, Erörterungen und Rezensionen. Themen für einen Interpretationsaufsatz oder -vortrag ergeben sich aus den Leitaufgaben zur Erschließung der Gestaltungsmittel des Romans und deren Funktionen (Beispiel: »Charakterisieren Sie den Erzähler des Romans und erläutern Sie die Ursachen für dessen Verhaltensänderung«). Je nach den Lernvoraussetzungen kann ein solcher Aufsatz zur Erschließung (am Beginn der Unterrichtseinheit) oder zur Vertiefung bzw. Lernkontrolle (am Ende der Unterrichtseinheit oder bestimmter Unterrichtsphasen) eingesetzt werden.

Auch die Inhaltsangabe kann in unterschiedlichen Abschnitten der Unterrichtsarbeit gefordert werden. Wird sie zu Beginn der Erschließung eingeplant, ermöglicht sie eine gezielte Verständniskontrolle (Frage nach den von den Schülern gesetzten Schwerpunkten). Eine zeitlich spätere Plazierung der Inhaltsangabe ist sinnvoll, wenn diese in einen besonderen Funktionszusammenhang gestellt werden soll, die über die speziell auf den Roman gerichtete Behandlung hinausgeht. So können die Schüler z. B. aufgefordert werden, im Hinblick auf die vorhandene Verfilmung des Romans eine Inhaltsvorschau zu schreiben. Die Diskussion über das Verhältnis von sachlich richtiger Vorinformation und der mit der Vorschau außerdem verknüpften Motivationsfunktion führt zur Frage nach der Gewichtung der Reflexionselemente und der Spannungsmomente bei der Darstellung und ermöglicht von daher die Rekapitulation zentraler Wirkungsaspekte des Romans. Denkbar ist eine Ausweitung dieser Unterrichtsphase im Hinblick auf die kritische Analyse vorhandener Vorschau-Beispiele aus Fernsehzeitschriften usw.

Das Schreiben einer Erörterung bietet sich vor allem bei der Bezugnahme auf den Erfahrungshorizont der Schüler an. Ausgehend von den im Roman auftauchenden Konflikten und den dafür gegebenen Begründungszusammenhängen und Lösungen können ähnlich gelagerte Probleme der Gegenwart thematisiert und kritisch diskutiert werden (Themenbeispiel: »Ist ›gesellschaftliches Aussteigen‹ eine Lösung? Erläutern Sie die Hintergründe für die gesellschaftliche Perspektive in Horváths Roman *Jugend ohne Gott* und problematisieren Sie diese im Hinblick auf ihre eigenen Erfahrungen«).

Die Erstellung einer Rezension kann in Anknüpfung an die Besprechung der Rezeptionsgeschichte des Romans erfolgen. Auf jeden Fall setzt diese Aufgabe eine gründliche Interpretation voraus. Nach einer Diskussion über die Hintergründe für die positiven und (von seiten der Nazis) negativen Einschätzungen nach Erscheinen des Romans sollten die inhaltlichen und formalen Bedingungsfaktoren von Rezensionen besprochen werden (Abhängigkeit vom Publikationsorgan, in der die Rezension erscheinen soll, Berücksichtigung des Adressatenkreises, Gewichtung von Information und kritischer Stellungnahme usw.). Die kritische Besprechung der angefertigten Rezensionen kann gegebenenfalls dazu motivieren, im Rahmen einer Wandzeitung der Schule oder in der Schülerzeitung einen Rezensionsteil einzurichten.

Bei den im folgenden vorgeschlagenen Erarbeitungsphasen werden einige der genannten Lösungswege kombiniert und dabei mit

Hinweisen auf alternative Möglichkeiten versehen. In diesem Zusammenhang wird davon ausgegangen, daß die Erschließung des Romans zu Beginn einer Kurs- bzw. Unterrichtseinheit geplant ist. Die zu einigen Lernschritten vorgeschlagenen Hausaufgaben dienen durchweg der Straffung der Unterrichtseinheit (Vorbereitung von nachfolgenden Unterrichtsschritten), können aber auch zur Wiederholung und Lernkontrolle eingesetzt werden. Bei der Auswahl aus dem vorgeschlagenen Angebot von Lernschritten ist der Stellenwert des Romans von Horváth innerhalb der didaktischen Einheit zu berücksichtigen. (Die vorgeschlagenen Themen I und II ermöglichen z. B. eine intensivere Behandlung des Romans als die übrigen Themen.)

Mögliche Lernschritte zur Erschließung des Romans »Jugend ohne Gott«

I. *Hausarbeit*: Lesen des Romans. Damit verbundene Aufgabe: Orientierung über die gesellschaftlich-historischen Hintergründe bzw. die Entstehungszeit des Romans (ggf. Zusammenarbeit mit dem Geschichts- und Politikunterricht) sowie Orientierung über die biographischen, entstehungs- und rezeptionsgeschichtlichen Bedingungsfaktoren des Romans (Hinweis auf betreffende Sekundärliteratur). Vorgegebener Zeitraum für die Hausaufgabe: (je nach sonstiger Belastung der Schüler) zwei bis vier Wochen. – Neben der auf den Roman bezogenen Hausarbeit erhalten die Schüler den Auftrag, sich Materialien und sonstige Informationen zu verschaffen über neofaschistische und antifaschistische Aktivitäten der Gegenwart (aus Zeitungen, Zeitschriften, Büchern, über Funk, Fernsehen usw.). Dabei sollten diesbezügliche regionale Erscheinungen im Vordergrund stehen.

Alternative Hausarbeit:
– Erstellung einer Inhaltsangabe zwecks Kontrolle des inhaltlichen Verständnisses;
– Einbringung des gesellschaftlich-historischen Hintergrunds sowie der biographischen und sonstigen Bedingungsfaktoren des Romans durch Schülerreferate.

II. *Anknüpfung an Erfahrungshorizont der Schüler:* Ein bis zwei Unterrichtsstunden vor der geplanten Romanbehandlung werden die gesammelten Materialien und Informationen in den Unterricht eingebracht (teils freies, teils gelenktes Unterrichtsgespräch). Im Zentrum der darüber ausgelösten Diskussion steht die Frage, wie neo- und antifaschistische Aktivitäten in den Publikationen und Medien dargestellt und erklärt werden und welche Interessen mit der Art der Berichterstattung verbunden sind. In diesem Zusammenhang sollten auch individuelle Schülererfahrungen und -meinungen thematisiert und kritisch überprüft werden.

III. *Einstieg in die Romanbehandlung:* Besprechung der Hausaufgabe (s. o.). Zwecks Überprüfung des inhaltlichen Textverständnisses werden die Schüler aufgefordert, ihre Ergebnisse in Bezug zum Romaninhalt zu setzen.

Alternative:
– Besprechung der angefertigten Inhaltsangaben;
– Diskussion der Schülerreferate.

IV. *Bezugnahme auf Unterrichtsschritt II*

Leitfrage mit Übergang zum *freien Besprechen*: Welcher Zusammenhang besteht zwischen dem Romaninhalt und unserer Diskussion über neofaschistische und antifaschistische Aktivitäten in der Gegenwart?

Mögliche Hausaufgabe: Interpretationsaufsatz zum Thema »Die Funktion der Erzählhaltung in Horváths *Jugend ohne Gott*«

V. *Übergang zur Erschließung der Gestaltungsmittel des Romans und deren Funktionen*

Leitaufgaben zur Erschließung der Erzählhaltung: Welche Rolle spielt der Erzähler im Roman? Welche Wirkung hat die subjektive Erzählperspektive (gibt es ›objektive‹ Erzählbeiträge)? Was erfährt man über den Erzähler des Romans? Erläutern Sie die Einstellung des Erzählers gegenüber den übrigen Figuren des Romans. Welche Einstellung hat der Erzähler gegenüber der Kirche und gegenüber den gesellschaftlichen Verhältnissen, in denen er lebt? In welchen Punkten identifiziert man sich als Leser mit dem Erzähler und wie wird das erreicht? – Die genannten Leitaufgaben können gegebenenfalls im Zusammenhang mit der unter IV genannten Hausaufgabe diskutiert werden.

Mögliche Hausaufgabe zum nächsten Unterrichtsschritt: Dramatisierung der Gerichtsszene (arbeitsteilig) oder Vergleich mit dem
szenischen Fragment *Der Lenz ist da!*

VI. *Erspielen der erarbeiteten Szenen im Hinblick auf die Vertiefung der Kenntnisse über die Erzählfigur.*

Alternativen:
1. Diskussion des szenischen Fragments und szenische Darstellung desselben;
2. Anstelle von Unterrichtsschritt VI sofortiger Übergang von V
   zu VII (entsprechende Abänderung der Hausarbeit).

VII. *Leitaufgaben zur Zeitgestaltung:* Wann und wo spielt der
Roman (Feststellung der historischen und geographischen Fixierung)? Welche Folgen hätte es, wenn der gesellschaftlich-histori-
sche Hintergrund der Romanhandlung nicht so eindeutig festleg-
bar wäre? Zeitliche Einzelangaben fehlen. Welche Wirkung ist
damit verbunden? Welche Zeitebenen gibt es im Roman? Welche
Wirkung geht von der Ebene der Erzählergegenwart aus? (Der Ak-
tualitätsgehalt der Gesellschaftskritik wird hervorgehoben).

Mögliche Hausaufgabe: Erläuterung der komischen Textstellen im
Roman (bei entsprechenden Lernvoraussetzungen: Interpretation
der verfremdenden und grotesken Elemente)

VIII. *Leitaufgaben zur Erschließung der verfremdenden und grotesken Elemente:* Dienen die komischen Textstellen im Roman der
Unterhaltung? Wird die komische Wirkung immer auf die gleiche
Weise erzeugt? (Bei Einführung der entsprechenden literaturwis-
senschaftlichen Begriffe gegebenenfalls Erstellung eines Tafel-
bilds.) Hat der Erzähler eine positive Alternative vor Augen, wenn
er Gesellschaft und Kirche kritisiert (Differenzierung zwischen
den verfremdenden und grotesken Elementen)?

Mögliche Hausaufgabe: Anfertigung einer Interpretation zum
Thema »Warum will der Erzähler zum Schluß Deutschland verlassen?«

IX. *Leitaufgaben zur zusammenfassenden Diskussion über den
Ideengehalt des Romans* (evtl. ausgehend von der Hausaufgabe un-

ter VIII): Welche Ursachen werden im Hinblick auf die negativen Tendenzen in der Entwicklung der Jugendlichen erkennbar? Gibt es weitere Erklärungen für diese Erscheinungen? (Rückgriff auf die Eingangsdiskussion unter II). Welche Möglichkeiten des Widerstands gegen die negativen gesellschaftlichen Erscheinungen werden aufgezeigt? Gibt es andere Möglichkeiten? (Rückgriff auf II). Warum hat Horváth keine Möglichkeiten des aktiven Widerstands gesehen? Wie ist die Wirkung des Romans zur Zeit seiner Entstehung und in der Gegenwart einzuschätzen?

Mögliche Hausaufgabe: Erörterung zum Thema »Ist gesellschaftliches ›Aussteigen‹ eine Lösung? – Erläuterung der Hintergründe für die Perspektive in Horváths Roman und Problematisierung derselben im Hinblick auf eigene Erfahrungen –«. (Die Romanbehandlung kann mit diesem Lernschritt gegebenenfalls abgeschlossen werden).

X. *Leitaufgaben zum Vergleich mit der Filmfassung:* Bestehen inhaltliche Unterschiede zwischen Roman und Film? Welche Unterschiede sind hinsichtlich der Gestaltungsmittel festzustellen? Welche unterschiedlichen Wirkungsaspekte sind damit verbunden? Anschlußaufgabe: Erstellung einer Inhaltsvorschau zum Film.

Für die Erarbeitung des Romans sollten, je nach Art und Umfang der ausgewählten methodischen Lösungswege, zwischen sechs und zehn Unterrichtsstunden eingeplant werden.

1983

Anmerkungen

Originalbeitrag.

1 In: Uwe Naumann (Hg.), *Sammlung 1. Zeitschrift für antifaschistische Literatur und Kunst*, Frankfurt/Main 1978, S. 12-36.

2 Vgl. die Hinweise zur Sekundärliteratur, S. 210 und 261 ff. in diesem Band.

3 Vgl. Kultusministerium Baden-Württemberg (Hg.), *Deutsch Klasse 11. Lehrplan für Deutsch, Klasse 11 der Gymnasien der Normalform und der Gymnasien in Aufbauform mit Heim*, Villingen-Schwenningen 1977, S. 22 (Horváth wird hier auch für eine Unterrichtseinheit zum

Thema »Außenseiter der Gesellschaft« vorgeschlagen); Bayerisches Staatsministerium für Unterricht und Kultus (Hg.), *Curricularer Lehrplan für Deutsch in der Jahrgangsstufe 10 des Gymnasiums*, München 1980, S. 470 f. (Horváths Roman wird hier den Themenkreisen »Probleme junger Menschen« und »Minderheiten« zugeordnet.)

4 Da im Rahmen der didaktischen Fragestellung dieses Beitrags aus Platzgründen nur die wichtigsten Gestaltungselemente und deren Funktionen für den Ideengehalt des Romans angesprochen werden können, sei zur Ergänzung auf die übrigen Beiträge des vorliegenden Bandes verwiesen.

5 Im Hinblick auf die Erzählerfigur vgl. vor allem den Beitrag von Holger Rudloff in diesem Band, S. 180-197; darin bes. S. 187 ff.

6 Zu den im Roman auftauchenden historischen Zeitebenen vgl. u. a. den Beitrag von Alexander Fuhrmann in diesem Band, S. 129-146.

7 Vgl. auch die Untersuchung von Angelika Steets zur Funktion des Tempuswechsels im Roman: Dies., *Erzähler und Erzählsituation bei Ödön von Horváth*, in: *stm ÖvH*, S. 87-124.

8 Vgl. dazu den Beitrag von Alexander Fuhrmann in diesem Band, dort vor allem S. 140; zum historischen Hintergrund des Romans vgl. außerdem die im Anhang dieses Bandes befindlichen Dokumente (S. 238-247).

9 Zu den Erscheinungsformen literarischer Verfremdung vgl. Hermann Helmers, *Verfremdung als poetische Kategorie*, in: Ders. (Hg.), *Verfremdung in der Literatur*, Darmstadt 1984, S. 281-301.

10 Weitere Hinweise zur Entwicklung des Gottesbegriffs im Roman finden sich in den Beiträgen von Adolf Holl und Wolfgang Müller-Funk (S. 147-156 und 157-179 in diesem Band).

11 Vgl. ergänzend die Interpretation des »Fisch«-Bildes im Beitrag von Fuhrmann (in diesem Band S. 136 f.).

12 Der Beitrag von Holger Rudloff (S. 180-197) kann als Grundlage für eine zusätzliche Unterrichts- bzw. Kurseinheit zum Thema »Schule und Faschismus als Gegenstand der deutschen Literatur« genutzt werden.

Dokumente

Bücherverbrennung 1933

»Wider den undeutschen Geist«[1]

Die deutsche Studentenschaft (Hauptamt für Presse und Propaganda) veranstaltet vom 12. April bis 10. Mai 1933 einen Aufklärungsfeldzug »Wider den undeutschen Geist«.

Der jüdische Geist, wie er sich in der Welthetze in seiner ganzen Hemmungslosigkeit offenbart und wie er bereits im deutschen Schrifttum seinen Niederschlag gefunden hat, muß ebenso wie der gesamte Liberalismus ausgemerzt werden. Die deutschen Studenten wollen aber nicht allein leeren Protest erheben, sie wollen bewußte Besinnung auf die volkseigenen Werte. Das kommt in den 12 Sätzen der Deutschen Studentenschaft, die ab 13. April zum öffentlichen Anschlag gelangen, klar zum Ausdruck:

1. Sprache und Schrifttum wurzeln im Volke. Das deutsche Volk trägt die Verantwortung dafür, daß seine Sprache und sein Schrifttum reiner und unverfälschter Ausdruck seines Volkstums sind.

2. Es klafft heute ein Widerspruch zwischen Schrifttum und deutschem Volkstum. Dieser Zustand ist eine Schmach.

3. Reinheit von Sprache und Schrifttum liegt an Dir! Dein Volk hat Dir die Sprache zur treuen Bewahrung übergeben.

4. Unser gefährlichster Widersacher ist der Jude und der, der ihm hörig ist.

5. Der Jude kann nur jüdisch denken. Schreibt er deutsch, dann lügt er. Der Deutsche, der deutsch schreibt, aber undeutsch denkt, ist ein Verräter. Der Student, der undeutsch spricht und schreibt, ist außerdem gedankenlos und wird seiner Aufgabe untreu.

6. Wir wollen die Lüge ausmerzen, wir wollen den Verrat brandmarken, wir wollen für den Studenten nicht Stätten der Gedankenlosigkeit, sondern der Zucht und der politischen Erziehung.

7. Wir wollen den Juden als Fremdling achten und wir wollen das Volkstum ernst nehmen. Wir fordern deshalb von der Zensur: Jüdische Werke erscheinen in hebräischer Sprache. Erscheinen sie in deutsch, sind sie als Übersetzung zu kennzeichnen. Schärfstes Ein-

schreiten gegen den Mißbrauch der deutschen Schrift. Deutsche Schrift steht nur Deutschen zur Verfügung. Der undeutsche Geist wird aus öffentlichen Büchereien ausgemerzt.

8. Wir fordern vom deutschen Studenten Wille und Fähigkeit zur selbständigen Erkenntnis und Entscheidung.

9. Wir fordern vom deutschen Studenten den Willen und die Fähigkeit zur Reinerhaltung der deutschen Sprache.

10. Wir fordern vom deutschen Studenten den Willen und die Fähigkeit zur Überwindung des jüdischen Intellektualismus und der damit verbundenen liberalen Verfallserscheinung im deutschen Geistesleben.

11. Wir fordern die Auslese von Studenten und Professoren nach der Sicherheit des Denkens im deutschen Geiste.

12. Wir fordern die deutsche Hochschule als Hort des deutschen Volkstums und als Kampfstätte aus der Kraft des deutschen Geistes. Zu Beginn der dritten Woche der vierwöchigen Gesamtaktion wird eine öffentliche Sammlung zersetzenden Schrifttums, gegen das sich der Kampf der Studentenschaft zunächst richtet, einsetzen. Jeder Student wird seine eigene Bücherei von allem Undeutschen, das durch Gedankenlosigkeit hineingelangt ist, säubern; jeder Student wird die Büchereien seiner Bekannten sichten, die Studentenschaften werden sich für die Reinigung öffentlicher Büchereien, die nicht lediglich der Sammlung jeglichen Schrifttums dienen, einsetzen.

An allen Hochschulen wird am 10. Mai 1933 das zersetzende Schrifttum den Flammen überantwortet. Die öffentliche Bekanntgabe von Sammelstellen, die sich an allen größeren Orten befinden, wird zu Beginn der Sammlung erfolgen.

»Parolen«[2]

Wir schaffen ein Schandmal!

Wir haben unseren Gruß. Wir haben unser Kleid. Wir tragen unser Zeichen.

Weil wir uns bekennen. Weil wir ehrlich sein wollen. Wir wollen in allem ehrlich sein. Wie wir uns zu dem bekennen, der der Revolution teilhaftig ist, wie wir den grüßen, der in unserem Kampf mit uns ist, deshalb werden wir uns mit gleicher Offenheit von dem absetzen, der wider uns ist oder der es nicht begreift.

Weil wir ehrlich sein wollen. Weil wir die deutsche Hochschule wollen.

Wir werden an allen Hochschulen einen Schandpfahl errichten. Einen klobigen Baumstamm, etwas über mannshoch, auf Hochschulgebiet.

An den Schandpfahl werden wir die Erzeugnisse derer nageln, die nicht unseres Geistes sind.

Für die ›Weltbühne‹ dürften zweizöllige Nägel geeignet sein. Für Herrn Stefan Zweig könnten Reißzwecke genügen.

Ebenso für Herrn Ludwig und ähnliche Cohns.

Für Herrn Tucholsky wären Vierzöller zu empfehlen.

Und wir werden diesen Schandpfahl für alle Zeiten stehen lassen. Solange wir ihn brauchen. Heute für die Schriftsteller, morgen für die Professoren. Im Ganzen immer bereit für die, die es nicht begreifen wollen oder nie begreifen können.

Der Schandpfahl soll etwa am 3. Mai in den Hochschulen zur Aufstellung gelangen.

»Feuersprüche«[3]

Während der Verbrennung der Bücher spielten SA- und SS-Kapellen vaterländische Weisen und Marschlieder, bis neun Vertreter der Studentenschaft, denen die Werke nach einzelnen Gebieten zugeteilt waren, mit markanten Worten die Bücher des undeutschen Geistes dem Feuer übergaben.

1. Rufer: Gegen Klassenkampf und Materialismus, für Volksgemeinschaft und idealistische Lebenshaltung! Ich übergebe der Flamme die Schriften von Marx und Kautsky.

2. Rufer: Gegen Dekadenz und moralischen Verfall! Für Zucht und Sitte in Familie und Staat! Ich übergebe der Flamme die Schriften von Heinrich Mann, Ernst Glaeser und Erich Kästner.

3. Rufer: Gegen Gesinnungslumperei und politischen Verrat, für Hingabe an Volk und Staat! Ich übergebe der Flamme die Schriften von Friedrich Wilhelm Förster.

4. Rufer: Gegen seelenzerfasernde Überschätzung des Trieblebens, für den Adel der menschlichen Seele! Ich übergebe der Flamme die Schriften des Sigmund Freud.

5. Rufer: Gegen Verfälschung unserer Geschichte und Herabwürdigung ihrer großen Gestalten, für Ehrfurcht vor unserer

Vergangenheit! Ich übergebe der Flamme die Schriften von Emil Ludwig und Werner Hegemann.

6. Rufer: Gegen volksfremden Journalismus demokratisch-jüdischer Prägung, für verantwortungsbewußte Mitarbeit am Werk des nationalen Aufbaus! Ich übergebe der Flamme die Schriften von Theodor Wolff und Georg Bernhard.

7. Rufer: Gegen literarischen Verrat am Soldaten des Weltkrieges, für Erziehung des Volkes im Geist der Wahrhaftigkeit! Ich übergebe der Flamme die Schriften von Erich Maria Remarque.

8. Rufer: Gegen dünkelhafte Verhunzung der deutschen Sprache, für Pflege des kostbarsten Gutes unseres Volkes! Ich übergebe der Flamme die Schriften von Alfred Kerr.

9. Rufer: Gegen Frechheit und Anmaßung, für Achtung und Ehrfurcht vor dem unsterblichen deutschen Volksgeist! Verschlinge, Flamme, auch die Schriften der Tucholsky und Ossietzky!

Bericht der »Neuen Zürcher Zeitung«[4]

Am Mittwoch gegen Mitternacht bot sich den Berlinern eines der erstaunlichsten Schauspiele, die man im zwanzigsten Jahrhundert noch erleben kann. Mitten in der Stadt loderte ein brennender Scheiterhaufen mit 20000 Büchern zum Himmel empor. Der Erfolg, den die deutsche Studentenschaft mit ihren Requisitionen bei den Leihbibliotheken und Buchhändlern erzielte, entspricht der Länge der schwarzen Liste, die gegen 200 Namen von Dichtern und Schriftstellern aufzählt. Die Verfasser belletristischer Werke allein sind schon mit 125 Namen auf der von Kultusminister Rust genehmigten und für sämtliche Volksbüchereien Preußens verbindlichen Fassung der schwarzen Liste vertreten. Abends 9 Uhr am historischen Tage bildete die Studentenschaft in der Umgebung der Universität einen Fackelzug und holte von dort aus im Studentenhaus die Lastwagen mit den verurteilten Büchern ab, um sie vorerst auf einem 5 km weit ausgedehnten Umzug durch die Stadt und im Triumph durch das Brandenburger Tor zu führen. Unter den Linden rückte der seltsame Umzug bis zu dem als Richtstätte auserwählten Opernplatz gegenüber der Universität vor, wo ungezählte Kinooperateure und Pressephotographen ihres Amtes walteten und die SA-Abteilungen sich in Front stellten. Eine Reihe von Jupiterlampen strahlten ihr grelles Licht aus, und eine Musikkapelle begleitete die ganze Verbrennungszeremonie mit nationalen Märschen.

Die auf der Mitte des großen Platzes aufgefahrenen Lastwagen ließen die Hakenkreuzfahne flattern, während die Bücher stoßweise in die Glut geworfen wurden. Das Feuer loderte bald meterhoch empor und verbreitete einen gelben Schein auf die umliegenden Paläste der Wissenschaft, Kunst und Finanz. Romane und Novellen, Dramen und Geschichtsbücher, die Schriften der großen Theoretiker des Sozialismus, volkswirtschaftliche und zeitgeschichtliche Werke. Völkerbund und Paneuropa flogen auf den Feuerhaufen, wo die Hitze die Seiten umblätterte und glühende Papierfetzen zwischen den Rauchwolken in die Höhe trieb. Das Publikum, das sich im ganzen Umkreis herandrängte, geriet an einigen Stellen, wo es besonders aufgeregt zuging, in Kollision mit der Polizei, die daraufhin handgreifliche Mittel anwendete. Auf der Fahrbahn vor der Universität sorgten berittene Polizeitruppen für die Abwicklung des Verkehrs. In später Stunde ergriffen der Führer der Berliner Studentenschaft und der Propagandaminister Dr. Goebbels das Wort zu Ansprachen, die aber trotz der Anwendung eines Lautsprechers auf einem Teil des Platzes nur stückweise aus dem zerhackten Echo, das die Häuserfronten zurückwarfen, verständlich waren. Aus einem dieser Fragmente konnte man auf jeden Fall vernehmen, daß mit den ›jüdischen Volksverführern‹ abgerechnet werde. Mit erhobenen Armen sang man zum Schluß das Horst-Wessel-Lied: ›Die Straße frei den braunen Bataillonen!‹

Münchner Stadtchronik[5]

19.45 Uhr: Akademische Feier der NS-Revolution in der Universität. Ansprache der Rektoren Geh. Rat Prof. Dr. Leo Ritter von Zumbusch und Prof. Dr. Schachner (TH) zur Übergabe des von der Bayerischen Staatsregierung gegebenen Studentenrechts an die Führer der Studentenschaft. Rede des Leiters des Kreises VII (Bayern) der deutschen Studentenschaft cand.jur. Gegenbach, (Treuegelöbnis). Festrede des Kultusministers Hans Schemm über die Entwicklung und Umwandlung des vergangenen Maschinen- und Verstandeszeitalters in ein »Seelen-, Gemüts- und Rassenzeitalter«. Appell an das Verantwortungsbewußtsein. Gesang der Nationalen Lieder. 22.30 Uhr Fackelzug der gesamten Studentenschaft vorbei an der mit einer roten Flammenkette geschmückten Feldherrnhalle zur öffentlichen Feier auf dem mit Flaggen und girlandenbekränzten Pylonen festlich ausgestatteten Königsplatz. In Anlehnung an das »Wartburgfest« Verbrennung von volkszersetzenden Schriften kommunistischer, marxistischer, pazifistischer Haltung (vielfach aus jüdischer Feder stammend) als Symbol der Abkehr vom undeutschen Geist. Festrede des Ältesten der deutschen Studentenschaft, Kurt Ellersieck (Totengedenken, Kameradschaft, Bekenntnis zur deutschen Kultur).

Ernst Toller

Offener Brief an Herrn Goebbels[6]

Als am zehnten Mai die Werke deutscher Schriftsteller, Philosophen und Forscher auf den Scheiterhaufen geworfen wurden, haben Sie, Herr Goebbels, diesen barbarischen Akt beschützt und gut geheißen und in Ihrer Rede die verbrannten Werke jener Männer, die ein edleres Deutschland repräsentieren als Sie, »geistigen Unflat« genannt.

Sie haben aus den deutschen Verlagen, Theatern, Buchhandlungen, Bibliotheken, Schulen unsre Werke verbrannt, Sie verfolgen die Verfasser, sperren sie ein oder jagen sie aus dem Land.

Sie vertreiben von den deutschen Universitäten die besten Lehrer.

Aus den Konzertsälen die Dirigenten und Komponisten.

Aus den Theatern hervorragende Schauspieler.

Von ihren Arbeitsstätten und aus den Akademien, Maler, Architekten, Bildhauer.

Es genügt Ihnen nicht, die zu quälen, die Sie in Ihre Gefängnisse und Konzentrationslager kerkern. Sie verfolgen selbst die Emigranten durch die mannigfachen Mittel Ihrer Gewalt, Sie wollen sie (um in Ihrer Sprache zu reden:) geistig und physisch »brutal und rücksichtslos vernichten«.

Und was ist der Grund so abgründigen Hasses? Diese Männer glauben an eine Welt der Freiheit, der Menschlichkeit, der sozialen Gerechtigkeit, diese Männer sind wahrhafte Sozialisten, Kommunisten oder gläubige Christen, diese Männer sind nicht gewillt, die Stimme der Wahrheit zu verleugnen und der Macht sich zu beugen. Die Verfolgungen und Ächtungen sind für uns Verfolgte eine große Ehrung, mancher von uns wird jetzt erst beweisen müssen, daß er diese Ehrung verdient.

Sie geben vor, die deutsche Kultur zu retten, und Sie zerstören die edelste Arbeit der deutschen Kultur.

Sie geben vor, die deutsche Jugend zu erwecken, und Sie blenden ihren Geist, ihre Augen, ihre Sinne.

Sie geben vor, die deutschen Kinder zu retten, und Sie vergiften ihre Herzen mit den schändlichen Phrasen eines stupiden Nationalismus und Rassenhasses.

Sie geben vor, das werktätige Volk zu befreien, und Sie schmieden es in die Knechtfesseln sozialer und geistiger Unfreiheit. Sie geben vor, Deutschland von seinen »Schuldigen« zu reinigen, und Sie verfolgen die Schwächsten, die Juden.

Sie geben vor, daß Sie und der deutsche Geist identisch sind, aber Ihre Taten sind die Ächtung der Ideen Goethes und Lessings, Herders und Schillers, Wielands und Rankes und aller jener Männer, die um die reinsten Werte Deutschlands gerungen haben und sie in die Welt trugen.

Ich las in diesen Tagen Ihre künstlerischen Werke und die Ihrer Pgs. Daß Sie ein schlechtes Deutsch schreiben, will ich Ihnen nicht zum Vorwurf machen, Gewalt verleiht noch kein Talent, daß Sie aber die deutschen Theater zwingen, diese armseligen Werke zu spielen, ist kläglich.

Sie sprechen so viel von Heldentum, wo haben Sie es bewiesen? Auch wir kennen ein Heldentum, das Heldentum der Arbeit, des Charakters, des unbedingten Menschen, der zu seiner Idee hält. Sie sprechen so viel von der Feigheit Ihrer Gegner. Wir versprechen Ihnen, daß Ihre Verfolgungen uns härter, Ihr Haß uns reifer, Ihr Kampf uns kämpferischer machen werden.

Wir sind nicht schuldlos an unserem Schicksal, wir haben viele Fehler begangen, der größte war unsere Langmut.

Wir werden, dank der Lehre, die Sie uns gaben, unsere Fehler überwinden. Und das ist Ihr Verdienst.

Oskar Maria Graf

Verbrennt mich![7]

Wie fast alle linksgerichteten, entschieden sozialistischen Geistigen in Deutschland habe auch ich etliche Segnungen des neuen Regimes zu spüren bekommen: Während meiner zufälligen Abwesenheit aus München erschien die Polizei in meiner dortigen Wohnung, um mich zu verhaften. Sie beschlagnahmte einen großen Teil unwiederbringlicher Manuskripte, mühsam zusammengetragenes Quellenstudienmaterial, meine sämtlichen Geschäftspapiere und einen großen Teil meiner Bücher. Das alles harrt nun der wahrscheinlichen Verbrennung. Ich habe also mein Heim, meine Arbeit und – was vielleicht am schlimmsten ist – die heimatliche Erde verlassen müssen, um dem Konzentrationslager zu entgehen. Die schönste Überraschung aber ist mir erst jetzt zuteil geworden: Laut ›Berliner Börsencourier‹ stehe ich auf der »weißen Autorenliste« des neuen Deutschlands, und alle meine Bücher, mit Ausnahme meines Hauptwerkes *Wir sind Gefangene*, werden empfohlen: Ich bin also dazu berufen, einer der Exponenten des »neuen« deutschen Geistes zu sein!

Vergebens frage ich mich: Womit habe ich diese Schmach verdient? Das »Dritte Reich« hat fast das ganze deutsche Schrifttum von Bedeutung ausgestoßen, hat sich losgesagt von der wirklichen deutschen Dichtung, hat die größte Zahl seiner wesentlichsten Schriftsteller ins Exil gejagt und das Erscheinen ihrer Werke in Deutschland unmöglich gemacht. Die Ahnungslosigkeit einiger wichtigtuerischer Konjunkturschreiber und der hemmungslose Vandalismus der augenblicklich herrschenden Gewalthaber versuchen all das, was von unserer Dichtung und Kunst Weltgeltung hat, auszurotten und den Begriff »deutsch« durch engstirnigsten Nationalismus zu ersetzen. Ein Nationalismus, auf dessen Eingebung selbst die geringste freiheitliche Regung unterdrückt wird, ein Nationalismus, auf dessen Befehl alle meine aufrechten sozialistischen Freunde verfolgt, eingekerkert, gefoltert, ermordet oder aus Verzweiflung in den Freitod getrieben werden. Und die Vertreter dieses barbarischen Nationalismus, der mit Deutschsein nichts, aber auch rein gar nichts zu tun hat, unterstehen sich, mich als einen ihrer »Geistigen« zu beanspruchen, mich auf ihre sogenannte »weiße Liste« zu setzen, die vor dem Weltgewissen nur eine schwarze Liste sein kann!

Diese Unehre habe ich nicht verdient!

Nach meinem ganzen Leben und nach meinem ganzen Schreiben habe ich das Recht, zu verlangen, daß meine Bücher der reinen Flamme des Scheiterhaufens überantwortet werden und nicht in die blutigen Hände und die verdorbenen Hirne der braunen Mordbanden gelangen.

Verbrennt die Werke des deutschen Geistes! Er selber wird unauslöschlich sein wie eure Schmach!

Alle anständigen Zeitungen werden um Abdruck dieses Protestes ersucht.

Bilanz[8]

Mit Gesamtverbot wurden belegt:

1. Emigranten, die sich politisch und publizistisch gegen das nationalsozialistische Deutschland betätigten (z.B. Fritz von Unruh, Annette Kolb, Th.Th. Heine, Thomas Mann);

2. Marxisten jeder Nationalität und Fasson (Sozialrevolutionäre, Anarchisten, Kommunisten, Sozialdemokraten, Gewerkschaftsfunktionäre usw.) ohne zeitliche Einschränkung;

3. als Pornographen geltende Autoren (z.B. Schalom Asch, Hugo Bettauer, D.S. Pitigrilli);

4. Autoren, die sich aus verschiedenen Gründen den Unwillen der Machthaber zugezogen hatten; ausländische Schriftsteller und Publizisten, die öffentlich gegen das Regime Stellung genommen hatten (H.G. Wells, Upton Sinclair, Romain Rolland); Gegner des Nationalsozialismus aus dem christlich-konfessionellen (Karl Barth, nicht aber Martin Niemöller!), demokratisch-pazifistischen (F.W. Foerster, Kurt Hiller, Bertha von Suttner) und dem Weimar-republikanischen (Erzberger, Rathenau) Lager; die Vertreter des »dekadenten Zivilisationsliteratentums« (Erich Kästner, Arthur Schnitzler, Gustav Meyrink) und der »jüdischen« Publizistik (Maximilian Harden, Karl Kraus); ferner Sektierer jeglicher Observanz, von den Gralsrittern (O.E. Bernhardt) über die »Ergokraten« (H. Färber) bis zu den Ernsten Bibelforschern der Wachtturm-Gesellschaft (J.F. Rutherford), sowie Abweichler und weltanschauliche Konkurrenten wie der Austrofaschist Dietrich von Hildebrandt, der Nationalbolschewist Ernst Niekisch und der Oberste SA-Führer Ernst Röhm; schließlich die aus der RSK ausgeschlossenen oder nicht in sie aufgenommenen Autoren, bei nachträglicher Kammeraufnahme mit Einschränkungen (z.B. »Adolf Braun: Sämtliche Gewerkschaftsschriften«, »Ernst Glaeser: Sämtliche Schriften vor 1933«).

Mit Einzelverboten wurde(n) belegt:

1. Die gesamte deutschsprachige Literatur des Marxismus in allen Spielarten (einschließlich Übersetzungen fremdsprachlicher Schriften) und die auf ihn bezügliche Literatur (bis zu Reiseführern über Sowjetrußland und russischen Sprachlehrbüchern!);

2. alle gegen den Nationalsozialismus und das Dritte Reich gerichteten ausländischen Schriften;

3. das deutschsprachige Schrifttum fremder Mächte zu Fragen, die sogenannte deutsche Lebensinteressen berührten (z. B. amtliche tschechische Publikationen zu Fragen des Sudetendeutschtums);

4. gegen die NS-Weltanschauung und den nationalsozialistischen Machtanspruch gerichtete Literatur aus dem christlich-konfessionellen und freikirchlichen Lager;

5. das Schrifttum des »Hauses Ludendorff«;

6. alle Schriften mit pazifistisch-»liberalistischer« Tendenz;

7. deutschsprachiges Schrifttum, in dem die »Grundwerte« der NS-Weltanschauung »zersetzt« und »verfälscht« wurden (Ariosophen, Theosophen, Verwässerung der Rassenlehre u. a.);

8. Schriften, in denen eine Kritik an gesetzgeberischen Maßnahmen der NS-Regierung enthalten war;

9. das Schrifttum der »Hochverräter« um Ernst Röhm und Otto Strasser (hauptsächlich lupenreine NS-Schriften, wenn sie Widmungen, Vorworte und Abbildungen von Röhm, Heines usw. enthielten);

10. »nationalreaktionäre« Literatur (Veröffentlichungen ostelbischer Großagrarier, preußischer Traditionalisten, Stahlhelmer, Monarchisten u. a.);

11. Schriften, die aus außenpolitischen Gründen inopportun waren (z. B. Schriften mit kriegsverherrlichender Tendenz);

12. Schriften, die zu einer Beeinträchtigung der militärischen Sicherheit und der Wehrkraft führen könnten (z. B. Bildbände über Fabrikanlagen);

13. Schrifttum, das geeignet war, die völkische Kraft zu schwächen (Geburtenkontrolle und Familienplanung, Psychoanalyse usw.);

14. »Asphalt-« und »Zivilisationsliteratur« (z. B. Werke von A. Bronnen, K. Edschmid, R. Musil, J. Roth);

15. Pornographisches Schrifttum (neben Pornographie im eigentlichen Sinne auch Veröffentlichungen über den § 175 RStGB und das Schrifttum der Nacktkulturbewegung);

16. Schriften kurpfuscherischen und okkultistischen Inhalts (die

Hauptmasse des okkultistischen Schrifttums erst nach 1941, nachdem Rudolf Heß, der diese Literaturspezies protegiert hatte, nach England geflogen war);

17. nationalsozialistische Kitsch- und Konjunkturliteratur (Bücher, mit denen aus dem nationalsozialistischen Gedankengut Kapital geschlagen werden sollte);

18. Judaica aller Art, insbesondere Schriften, die sich in sachlicher oder apologetischer Weise mit dem deutsch-jüdischen oder christlich-jüdischen Verhältnis in Geschichte und Gegenwart beschäftigten, und natürlich auch die gegen den Antisemitismus gerichtete jüdischer Abwehrliteratur.

Gesetze und Verordnungen

Verordnung des Reichspräsidenten zum Schutz von Volk und Staat vom 28. Februar 1933[9]

Auf Grund des Artikels 48, Absatz 2 der Reichsverfassung wird zur Abwehr kommunistischer staatsgefährdender Gewaltakte folgendes verordnet:

§ 1. Die Artikel 114, 115, 117, 118, 123, 124 und 153 der Verfassung des Deutschen Reiches werden bis auf weiteres außer Kraft gesetzt. Es sind daher Beschränkungen der persönlichen Freiheit, des Rechtes der freien Meinungsäußerung, einschließlich der Pressefreiheit, des Vereins- und Versammlungsrechtes, Eingriffe in das Brief-, Post-, Telegraphen- und Fernsprechgeheimnis, Anordnungen von Haussuchungen und von Beschlagnahme sowie Beschränkungen des Eigentums auch außerhalb der sonst hierfür bestimmten gesetzlichen Grenzen zulässig.

§ 2. Werden in einem Lande die zur Wiederherstellung der öffentlichen Sicherheit und Ordnung nötigen Maßnahmen nicht getroffen, so kann die Reichsregierung insoweit die Befugnisse der obersten Landesbehörde vorübergehend wahrnehmen.

§ 3. Die Behörden der Länder und Gemeinden (Gemeindeverbände) haben den auf Grund des § 2 erlassenen Anordnungen der Reichsregierung im Rahmen ihrer Zuständigkeit Folge zu leisten.

§ 4. Wer den von den obersten Landesbehörden oder von den ihnen nachgeordneten Behörden zur Durchführung dieser Verordnung erlassenen Anordnungen oder den von der Reichsregierung gemäß § 2 erlassenen Anordnungen zuwiderhandelt oder wer zu solcher Zuwiderhandlung auffordert oder anreizt, wird, soweit nicht die Tat nach anderen Vorschriften mit einer schwereren Strafe bedroht ist, mit Gefängnis nicht unter 1 Monat oder mit Geldstrafe von 150 bis zu 15000 Reichsmark bestraft.

Wer durch Zuwiderhandlung nach Absatz 1 eine gemeine Gefahr für Menschenleben herbeiführt, wird mit Zuchthaus, bei mildernden Umständen mit Gefängnis nicht unter 6 Monaten und, wenn die Zuwiderhandlung den Tod eines Menschen verursacht, mit dem Tod, bei mildernden Umständen mit Zuchthaus nicht unter 2 Jahren bestraft. Daneben kann auch auf Vermögenseinziehung erkannt werden.

Wer zu einer gemeingefährlichen Zuwiderhandlung (Absatz 2) auffordert oder anreizt, wird mit Zuchthaus, bei mildernden Umständen mit Gefängnis nicht unter 3 Monaten bestraft.

§ 5. Mit dem Tod sind die Verbrechen zu bestrafen, die das Strafgesetzbuch in den Paragraphen 81 (Hochverrat), 229 (Giftbeibringung), 307 (Brandstiftung), 311 (Explosion), 312 (Überschwemmung), 315, Absatz 2 (Beschädigung von Eisenbahnen), 324 (Gemeingefährliche Vergiftung) mit lebenslangem Zuchthaus bedroht. Mit dem Tode oder, soweit nicht bisher eine schwerere Strafe angedroht ist, mit lebenslangem Zuchthaus oder mit Zuchthaus bis zu 15 Jahren wird bestraft:

1. wer es unternimmt, den Reichspräsidenten oder ein Mitglied oder einen Kommissar der Reichsregierung oder einer Landesregierung zu töten, oder wer zu einer solchen Tötung auffordert, sich erbietet, ein solches Erbieten annimmt oder eine solche Tötung mit einem anderen verabredet;

2. wer in den Fällen des § 115, Absatz 2 des Strafgesetzbuches (schwerer Aufruhr) oder des § 125, Absatz 2 des Strafgesetzbuches (schwerer Landfriedensbruch) die Tat mit Waffen oder in bewußtem und gewolltem Zusammenwirken mit einem Bewaffneten begeht;

3. wer eine Freiheitsberaubung (§ 239 des Strafgesetzbuches) in der Absicht begeht, sich des der Freiheit Beraubten als Geisel im politischen Kampfe zu bedienen.

§ 6. Diese Verordnung tritt mit dem Tage der Verkündung in Kraft.

Gesetz zur Behebung
der Not von Volk und Reich
(Ermächtigungsgesetz)
vom 24. März 1933[10]

Artikel 1. Reichsgesetze können außer in dem in der Reichsverfassung vorgesehenen Verfahren auch durch die Reichsregierung beschlossen werden. Dies gilt auch für die in den Artikeln 85, Absatz 2 und 87 der Reichsverfassung bezeichneten Gesetze.
Artikel 2. Die von der Reichsregierung beschlossenen Reichsgesetze können von der Reichsverfassung abweichen, soweit sie nicht die Einrichtung des Reichstags und des Reichsrats als solche zum Gegenstand haben. Die Rechte des Reichspräsidenten bleiben unberührt.
Artikel 3. Die von der Reichsregierung beschlossenen Reichsgesetze werden vom Reichskanzler ausgefertigt und im Reichsgesetzblatt verkündet. Sie treten, soweit sie nichts anderes bestimmen, mit dem auf die Verkündung folgenden Tage in Kraft. Die Artikel 68 bis 77 der Reichsverfassung finden auf die von der Reichsregierung beschlossenen Gesetze keine Anwendung.
Artikel 4. Verträge des Reiches mit fremden Staaten, die sich auf Gegenstände der Reichsgesetzgebung beziehen, bedürfen für die Dauer der Geltung dieser Gesetze nicht der Zustimmung der an der Gesetzgebung beteiligten Körperschaften. Die Reichsregierung erläßt die zur Durchführung dieser Verträge erforderlichen Vorschriften.
Artikel 5. Dieses Gesetz tritt mit dem Tage seiner Verkündung in Kraft. Es tritt mit dem 1. April 1937 außer Kraft, es tritt ferner außer Kraft, wenn die gegenwärtige Reichsregierung durch eine andere abgelöst wird.

Reichskulturkammergesetz
vom 22. September 1933[11]

Die Reichsregierung hat folgendes Gesetz beschlossen, das hiermit verkündet wird:
§ 1. Der Reichsminister für Volksaufklärung und Propaganda wird beauftragt und ermächtigt, die Angehörigen der Tätigkeitszweige, die seinen Aufgabenkreis betreffen, in Körperschaften des öffentli-

chen Rechts zusammenzufassen.

§ 2. Gemäß § 1 werden errichtet:

1. eine Reichsschrifttumskammer,
2. eine Reichspressekammer,
3. eine Reichsrundfunkkammer,
4. eine Reichstheaterkammer,
5. eine Reichsmusikkammer,
6. eine Reichskammer der bildenden Künste.

§ 3. Bei Errichtung der im § 2 bezeichneten Kammern sind die Bestimmungen entsprechend anzuwenden, die für das Filmgewerbe durch das Gesetz über die Errichtung einer vorläufigen Filmkammer vom 14. Juli 1933 (RGBl. I, S. 483) und die dazu ergangenen Durchführungsbestimmungen bereits erlassen sind.

§ 4. Die Errichtung der Kammern hat sich innerhalb der Richtlinien zu halten, die für den berufsständischen Aufbau von der Reichsregierung beschlossen werden.

§ 5. Die im § 2 bezeichneten Körperschaften werden gemeinsam mit der vorläufigen Filmkammer, die den Namen Reichsfilmkammer erhält, zu einer Reichskulturkammer vereinigt. Die Reichskulturkammer steht unter der Aufsicht des Reichsministers für Volksaufklärung und Propaganda. Sie hat ihren Sitz in Berlin.

§ 6. Der Reichsminister für Volksaufklärung und Propaganda und der Reichswirtschaftsminister werden ermächtigt, durch gemeinsame Verordnung die Bestimmung der Gewerbeordnung in Einklang mit den Bestimmungen dieses Gesetzes zu bringen.

§ 7. Der Reichsminister für Volksaufklärung und Propaganda wird ermächtigt, zur Durchführung dieses Gesetzes Rechtsverordnungen und allgemeine Verwaltungsvorschriften, auch ergänzender Art, zu erlassen. Die Rechtsverordnungen und allgemeinen Verwaltungsvorschriften, durch die finanzielle und gewerbliche Belange des Reiches berührt werden, bedürfen der Zustimmung des Reichsministers der Finanzen bzw. des Reichswirtschaftsministers.

Anordnung des Präsidenten der Reichsschrifttumskammer für schädliches und unerwünschtes Schrifttum vom 25. April 1935[12]

Es gehört zu den Obliegenheiten der Reichsschrifttumskammer, das deutsche Kulturleben von allem schädlichen und unerwünschten Schrifttum rein zu halten. Dieses Reinigungswerk, das insbesondere auch die Jugend vor verderblichen Einflüssen schützt, ist, nicht zuletzt dank der Mitarbeit des Buchhandels in allen seinen Verzweigungen, so weit gediehen, daß das Gesetz zur Bewahrung der Jugend vor Schund- und Schmutzschriften vom 18. Dezember 1926 (RGBl. I, S. 505) als überholt angesehen werden konnte. Dieses Gesetz ist daher am 10. April 1935 (RGBl. I, S. 341) aufgehoben worden. Für die künftige Regelung erlasse ich auf Grund des § 25 der Ersten Verordnung zur Durchführung des Reichskulturkammergesetzes vom 1. November 1933 (RGBl. I, S. 797 ff.) folgende Anordnung:

§ 1

Die Reichsschrifttumskammer führt eine Liste solcher Bücher und Schriften, die das nationalsozialistische Kulturwollen gefährden. Die Verbreitung dieser Bücher und Schriften durch öffentlich zugängliche Büchereien und durch den Buchhandel in jeder Form (Verlag, Ladenbuchhandel, Versandbuchhandel, Reisebuchhandel, Leihbüchereien usw.) ist untersagt.

§ 2

Die Reichsschrifttumskammer führt eine weitere Liste solcher Bücher und Schriften, die zwar nicht in die in § 1 erwähnte Liste aufzunehmen, jedoch ungeeignet sind, in die Hände Jugendlicher zu gelangen. Solche Schriften dürfen:
1. nicht in Schaufenstern und allgemein zugänglichen Bücherständen öffentlich ausgelegt werden.
2. nicht durch Reisende, Bücherkarrenhändler, Ausstellungshändler und sonstige Händler ohne festen Verkaufsraum vertrieben werden.
3. nicht an Jugendliche unter 18 Jahren ausgehändigt werden.

§ 3

Wer gegen die Bestimmung der §§ 1 und 2 verstößt, rechtfertigt die Annahme, daß er die erforderliche Zuverlässigkeit und Eignung im Sinne des § 10 der Ersten Verordnung zur Durchführung des Reichskulturkammergesetzes vom 1. November 1933 (RGBl. I,

S. 797) nicht besitzt. Er hat somit den Ausschluß aus der Reichsschrifttumskammer zu gewärtigen. Sofern er nicht Mitglied der
Reichsschrifttumskammer ist, kann ihm die etwa erteilte Erlaubnis
für den Vertrieb von Büchern und Schriften entzogen werden. In
leichteren Fällen können nach § 28 der genannten Durchführungs-
verordnung Ordnungsstrafen verhängt werden.

§ 4

Anträge auf Aufnahme in die Listen der §§ 1 und 2 sind an die
Reichsschrifttumskammer zu richten. Die Entscheidung darüber
fällt der Präsident der Reichsschrifttumskammer im Einvernehmen mit dem Herrn Reichsminister für Volksaufklärung und Propaganda; im Falle des § 2 ist außerdem die Zustimmung des Herrn
Reichsministers für Wissenschaft, Erziehung und Volksbildung
einzuholen.

§ 5

Rein wissenschaftliches Schrifttum ist von dieser Regelung ausge-
nommen; doch können auch rein wissenschaftliche Schriften auf
die in § 1 erwähnte Liste gesetzt werden, wenn der Herr Reichsminister für Wissenschaft, Erziehung und Volksbildung es wünscht
oder damit einverstanden ist.

§ 6

Verbote, die nach den bisherigen Bestimmungen ausgesprochen
sind, werden durch diese Anordnung nicht aufgehoben.

Jugend im »Dritten Reich«

Wilhelm Frick
Kampfziel der deutschen Schule[13]

[. . .] Die individualistische Bildungsvorstellung hat wesentlich zu
der Zerstörung des nationalen Lebens in Volk und Staat beigetragen und vor allem in ihrer hemmungslosen Anwendung in der

Nachkriegszeit ihre völlige Unfähigkeit erwiesen, die Richtschnur der deutschen Bildung zu sein.

Die nationale Revolution gibt der deutschen Schule und ihrer Erziehungsaufgabe ein neues Gesetz: Die deutsche Schule hat den politischen Menschen zu bilden, der in allem Denken und Handeln dienend und opfernd in seinem Volke wurzelt und der Geschichte und dem Schicksal seines Staates ganz und unabtrennbar zu innerst verbunden ist.

[. . .]

Die neue Schule geht grundsätzlich vom Gemeinschaftsgedanken aus, der ein uraltes Erbteil unserer germanischen Vorfahren ist und demgemäß unserer angestammten Wesensart am vollkommensten entspricht. Er fordert freie Bindung des Einzelnen durch das Gemeinwohl. Daher ist die Erziehung des Schülers unter diesen leitenden Gesichtspunkt zu stellen: die Schule hat im Dienste des Volksganzen zu stehen. Zwar bleibt die Entfaltung der Persönlichkeit nach wie vor bedeutsame Aufgabe, aber den selbstverständlichen Rahmen nicht nur, sondern auch den Richtungspunkt ihrer Entwicklung bildet die Volksgemeinschaft, in die wir hineingeboren sind.

[. . .]

Keine noch so große Gelehrsamkeit kann unserem Vaterlande eine Zukunft sichern, wenn ihm nicht immer von neuem gesunde und kräftige Menschen geboren und erzogen werden, die dem Lebenskampfe seelisch und körperlich gewachsen sind. Neben der Ausbildung rein körperlicher Gewandtheit und Leistungsfähigkeit ist besonderer Wert auf die Heranbildung von Willens- und Entschlußkraft zu legen, als unerläßlicher Vorbedingungen für die Erziehung zur Verantwortungsfreudigkeit, in der der Charakter wurzelt. Dieser Seite der Ausbildung unserer Jugend muß jedenfalls ein größerer Raum gewährt werden als bisher, damit das Vertrauen auf das eigene Können sich vom Einzelnen auf die Gesamtheit überträgt und sie dereinst befähigt, sich in der Welt durchzusetzen. [. . .] Die Wehrhaftigkeit des deutschen Volkes setzt eine geistige und körperliche Wehrhaftmachung voraus, wie sie durch die Geländesportlehrgänge des Reichskuratoriums für Jugendertüchtigung erstrebt wird, und bedeutet, daß das deutsche Volk wieder lernt, im Wehrdienst die höchste vaterländische Pflicht und Ehrensache zu sehen.

Mit der Wehrhaftmachung muß, wenn sie das gesamte Wesen, die ganze Persönlichkeit des Menschen erfassen soll, schon in der Schule begonnen werden. Die Schule muß die notwendige Vorarbeit leisten, in die heranwachsende Jugend muß der Keim des Wehrgedankens gelegt werden.

[. . .]

Die früheren Regierungen haben sich mit viel Kraftaufwand um die »Entpolitisierung« der Schule bemüht. Die nationale Regierung will nicht die Politisierung der Schule, so wie man dieses Wort früher verstand im parteipartikularischen Sinn. Sie will aber unbedingt den politischen Charakter der Schule in dem Sinne hergestellt wissen, daß die Schule durch ihre Erziehung die gliedhafte Einordnung der Schüler ins Volksganze herbeiführt, damit der geschlossene politische Wille auch für die Zukunft eine starke und dauernde Grundlage im Volk findet.

[. . .]

Das zur Zeit heranwachsende Geschlecht wird in einem Geiste groß werden, der ein ständiges Weiterbauen am Reformwerke erleichtern und neue Zielsetzungen mit sich bringen wird. Wir dürfen dieser Jugend nicht in allem bereits ihre eigene Entwicklung vorweg nehmen, sondern müssen behutsam und förderlich die Entwicklung anbahnen helfen. Der natürliche Schwung ist bereits vorhanden und wird stets vorhanden sein, wenn wir verständnisvoll und liebevoll das heranwachsende Geschlecht als unser köstlichstes Gut betrachten und behandeln. Er braucht nicht erst von der Schule den Kindern eingeimpft zu werden, aber Verantwortungsbewußtsein gebietet Regelung und Führung. Dies ist die Aufgabe des Erziehers in einem nationalsozialistischen deutschen Vaterland.

Aus dem Konferenzprotokoll der Horst-Wessel-Schule in Kassel 20. November 1934[14]

Konferenz in der Waldschule. Erläuternde Worte des Herrn H. weisen auf Sinn und Zweck der Waldschule hin. Es kommt beim Schulgeländesport nicht so sehr auf die Fertigkeiten, sondern auf Fähigkeiten, nicht auf unsere Disziplin, sondern auf unsere Zucht an. Allgemein vorliegende Grundlagen wie freiwillige Unterordnung, Selbstbeherrschung, Ordnung, Mut und Selbstvertrauen, Opferfreudigkeit, Kameradschaft und Vaterlandsliebe sollen in die

Schüler hineingelegt werden. Gelände- und Orientierungsgefühl, Information, ruhige Nerven, blitzschnelles Erkennen einer Lage, schnelles wortloses Handeln sind wichtiger als Geländebeschreibungen. Ein Rundgang durch das Grundstück und Beobachtung der einzelnen Gruppen schließt sich an. Es folgen Wehrdisziplinübungen, Geländeausnutzung, Hörübungen. Tagesplan in der Waldschule: 6.00 Wecken, Körperschule, Waldlauf, Bettenbauen, Schuhputz, Stubendienst; 8.00 Uhr Frühstück, dann Gartenarbeit; ab 10.45 Geländedienst; 13.00 Mittagessen und Freizeit; 14.30 Uhr Appell, dann Unterricht; 15.30 Uhr Schießen; 16.30 Uhr Kaffee; Freizeit bis 19.00 Uhr, Abendessen, dann Putz- und Flickstunde; 21.30 Uhr Zapfenstreich.

Das Waldschulleben ist Gemeinschaftsarbeit, losgelöst von Schule und Elternhaus. Der Dienstplan ist dem Schüler oberstes Gesetz. Er erfordert den ganzen Menschen. Der noch schlaftrunkene Körper wird in frischer Waldluft gestärkt, die Lungen gereinigt. Frisch und munter genießt er sein erstes Morgenbrot. Mit Hacke und Spaten bearbeitet mancher zum ersten Mal den Heimatboden. Körper- und Geistesschulung wechseln ständig ab. Mit ruhiger Hand und festem Willen erprobt er die Schießkunst; stolz errechnet der Hingegebene seine Leistungen im Handgranaten-Weit- und -Zielwurf. Der Geländedienst stellt an Körper und Geist die höchsten Anforderungen. Mit ganzer Seele ist er dabei. Die Lesestoffe des Großen Krieges werden in die Tat umgesetzt. Auch ein Nachtalarm vermag das Interesse für Geländedienst nicht zu ersticken. Hervorragende Schulungsmöglichkeiten für Mannschaft und Unterführer. Äußere und innere Abhärtung aller Jungen, so wie die Zeit sie erfordert, wird erreicht. Geländesportlich bedeutet es eine Ergänzung und Entfaltung des Stoffes, der in der HJ zur Zeit aus Mangel an erfahrenen Führern noch nicht an die Jungen gebracht werden kann, wie er es sollte.

Ralph Giordano

Militarismus im NS-Schulalltag 1934/35[15]

Eines Tages, in Quinta oder Quarta, also 1934 oder 1935, rückte der Rechenlehrer L., SA-Mann unterer Charge und übrigens der einzige Nichtakademiker des Lehrergremiums, mit folgendem Plan heraus: er wolle etliche Kleinkaliber-Gewehre erstehen, um uns »das Schießen beizubringen«. Was auch geschah. Finanziert wurden die teuren Gewehre und die Munition durch die Schüler selbst: bei jeder Übung hatten sie ein bestimmtes Entgelt zu entrichten, mit dem sowohl die Gewehre abgezahlt als auch die laufenden Kosten an Munition und Schießscheiben beglichen wurden. Da an dieser vormilitärischen Ausbildung viele Klassen, also Hunderte von Schülern, beteiligt waren, handelte es sich für den einzelnen nicht um große Summen. Natürlich war nicht gefragt worden, ob einer mitmachen wolle oder nicht – die Bereitschaft wurde als selbstverständlich vorausgesetzt, und dies entsprach dem herrschenden Zeitgeist. Und darin war Militaristisches enthalten.

Dazu einige Bemerkungen. Es handelte sich um eine Zeit, für die jene kritische Haltung gegenüber Militärischem, wie sie in unserer Gegenwart aus begreiflichen Gründen sehr ausgeprägt ist, nicht kennzeichnend war. Die geschichtlichen Erfahrungen des Ersten Weltkriegs hatten nicht ausgereicht, um den Nimbus von Soldaten, Armee und Waffen zu zerstören, und die Ereignisse, die historisch dokumentieren werden, zu welchen nationalen Katastrophen die unheilige Allianz von Nazismus und Militarismus fähig wäre, lagen noch in der Zukunft. Aufrüstung wurde großgeschrieben, das »Unrecht von Versailles« beschrien – ich erinnere mich an eine eigentlich unkritische, unreflektierte Grundhaltung des größeren Teils der damaligen, von ihrem Lebensalter her für das politische Geschehen mitverantwortlichen Generationen gegenüber dem Militärischen, orte eine weit größere Nähe zum Militärischen als eine allgemeine Empfindung, Teil des Lebensgefühls, als es heute der Fall ist. Und zwar ganz gewiß angefeuert durch die Nazipropaganda, in den Wurzeln aber doch viel weiter zurückreichend in die deutsche Vergangenheit als das Jahr 1933.

Diese Art von Konsensus, ein oft latentes, wohl auch unbewußt militaristisch geprägtes Denken, war es vor allem, das dem Plan des schieß- und ausbildungswütigen Rechenlehrers L. seine reibungslose Verwirklichung bescherte. Und bei dieser Ansicht bleibe ich auch dann, wenn mir entgegnet würde, daß Jungen in diesem Alter ohne allen Hintersinn und zu allen Zeiten gern die Möglichkeit zu Schuß und Knallerei wahrgenommen hätten. Wenn das so ist – in der NS-Ära, und präpariert durch manche voraufgegangene Militärpädagogik, hatte die Bereitschaft dazu ihre spezifischen Merkmale.

Hermann Teske (Hauptmann)

Vormilitärische Schulerziehung 1936[16]

Die ertragreichsten Fächer zur Behandlung der soldatischen Weltanschauung sind Geschichte, Deutsch und Erdkunde. Hier auch
ist dem Lehrer am häufigsten Möglichkeit und Freiheit gegeben,
nach eigenem Gutdünken seinen Schülern die innere Welt des Soldatentums nahezubringen.

Geschichtsunterricht leidet leicht unter Trockenheit der
Darstellung auf der einen und – dementsprechend – Lustlosigkeit
der Aufnahme auf der anderen Seite. Ein alter General hat einst einem Leutnant bei der Besichtigung des Unterrichts über vaterländische Geschichte gesagt, die Rekruten müßten dabei stets den
preußischen Adler durchs Zimmer schwingen hören. Was er sagen
wollte, trifft wohl auch für den Schulgeschichtsunterricht zu: Begeisterung wecken und erhalten – nicht Hurrapatriotismus, sondern Ehrfurcht vor Männern und Taten, Nach-Erleben, Nach-
Fühlen, Nach-Denken, kurz: Geschehenes lebendig machen. Wie
wirklich gute Geschichtsschreibung immer spannend und anre-
gend ist, muß auch guter Geschichtsunterricht mitreißen.

Eine wesentliche Hilfe dabei bedeutet es, wenn das Männliche,
Heroische, – die Tat– im Rahmen des Möglichen hervorgehoben
wird. Und sehr, sehr häufig bietet sich hier die Gelegenheit, soldatische Werte herauszukristallisieren und in Übersetzung in das allgemein Menschliche den werdenden Männern als Vorbild und Beispiel hinzustellen.

Eine zweite Aufgabe des Geschichtsunterrichtes ist es, von Anbeginn der Geschichte der Völker an, insbesondere des preußischen und deutschen, auf die Notwendigkeit einer guten und starken Wehrmacht hinzuweisen. Wichtig, vor allem für Schüler in
ärmeren Gegenden, ist es hierbei, die seit Jahrtausenden erwiese-
nen Wechselwirkungen zwischen Frieden und Wohlstand einerseits und dem Vorhandensein eines Schutzes in Gestalt einer
Wehrmacht andererseits eingehend zu behandeln. [. . .]

Der Weltkrieg, all unseres heutigen Geschehens und Werdens
Wiege, mag vielleicht im bisherigen Lehrplan nicht vorgesehen
gewesen sein. Es ist aber wohl undenkbar, daß heute deutsche Jungen heranwachsen, ohne von diesem nibelungengleichen Helden-
lied des deutschen Soldaten in der Schule zu erfahren. [. . .]

Bei der engen Verbindung deutschen Soldatentums mit deutschem Geistesleben ist es auch im Deutschunterricht nicht schwer, Beispiele und Vorbilder soldatischer Haltung und soldatischen Wesens hervorzuheben. [. . .] Es gibt in der deutschen Literatur so unendlich viel Gutes über die soldatische Gedankenwelt. Angefangen bei den vielen Volkssoldatenliedern, die allein schon eine Geschichte deutschen Kriegergeistes in sich bergen, ist, deutschem Werden und deutschem Sein eng verknüpft, vom Soldaten, seinem Leben und seinen Tugenden so viel gesungen und geschrieben worden, daß die Auswahl schwer fällt.

Rein sprachlich allein müssen den Deutschlehrer die Werke berühmter Soldaten reizen. Denn es ist eine bekannte Tatsache, daß unsere großen Soldaten, wie oft auch unsere Vorschriften, gezwungen, sich stets kurz und klar auszudrücken – eine vorbildliche deutsche Sprache sprechen. [. . .]

Die Wehrnotwendigkeit Deutschlands kann nirgends besser untermauert werden als im Geographieunterricht. Unseres Landes geopolitische und wehrgeographische Lage ergibt als logische Schlußfolgerung nach jeder Deutungsweise das unbedingte Vorhandensein einer starken Wehrmacht. Das Bild der weiten, ungünstigen und zerrissenen Grenzen jedem Jungen bildhaft einzuprägen, ihm auf Grund des Geschehens von 1914 die Lage seiner Heimat im Herzen eines stets neidischen und feindseligen Europas vorzustellen und ihn so von selbst auf den wehrhaften Schutz von Haus und Herd kommen zu lassen, ist Pflicht und Aufgabe des Geographieunterrichts sämtlicher Schularten.

Einen breiten Raum wird hier die Wirtschaftsgeographie einnehmen müssen. Die in Deutschland vorhandenen und fehlenden Kriegsrohstoffe sowie ihre Erwerbsgebiete und deren Gefährdung bei einem Kriege müssen geistiges Eigentum jedes Deutschen sein. [. . .] Nur eines wird verlangt, verlangen wir Soldaten vom deutschen Schulmeister unserer Tage: Initiative! Initiative innerhalb des vorgeschriebenen Lehrplanes und – wo nötig – über ihn hinaus.

Wo das Ziel liegt, wissen wir. Nicht nur im Soldatischen. Dies ist – letzten Endes – auch nur ein Mittel zum Zweck. Der Führer hat das Ziel auf dem Nürnberger Parteitag 1934 gesteckt. Es sei allen Lehrern und Erziehern Richtschnur, was er von Deutschlands Jungen verlangt:

»... in euch wird Deutschland weiterleben, und wenn von uns nichts mehr übrig sein wird, dann werdet ihr die Fahnen, die wir einst aus dem Nichts hochgezogen haben, in euren Fäusten halten müssen.«

Adolf Hitler über Jugenderziehung[17]

Meine Pädagogik ist hart. Das Schwache muß weggehämmert werden. In meinen Ordensburgen wird eine Jugend heranwachsen, vor der sich die Welt erschrecken wird. Eine gewalttätige, herrische, unerschrockene, grausame Jugend will ich. Jugend muß das alles sein. Schmerzen muß sie ertragen. Es darf nichts Schwaches und Zärtliches an ihr sein. Das freie, herrliche Raubtier muß erst wieder aus ihren Augen blitzen. Stark und schön will ich meine Jugend. Ich werde sie in allen Leibesübungen ausbilden lassen. Ich will eine athletische Jugend. Das ist das Erste und Wichtigste. So merze ich die Tausende von Jahren der menschlichen Domestikation aus. So habe ich das reine, edle Material der Natur vor mir. So kann ich das Neue schaffen.

Ich will keine intellektuelle Erziehung. Mit Wissen verderbe ich mir die Jugend. Am liebsten ließe ich sie nur das lernen, was sie ihrem Spieltriebe folgend sich freiwillig aneignen. Aber Beherrschung müssen sie lernen. Sie sollen mit in den schwierigsten Proben die Todesfurcht besiegen lernen. Das ist die Stufe der heroischen Jugend. Aus ihr wächst die Stufe des Freien, des Menschen, das Maß und Mitte der Welt ist, des schaffenden Menschen, des Gottmenschen. In meinen Ordensburgen wird der schöne, sich selbst gebietende Gottmensch als kultisches Bild stehen und die Jugend auf die kommende Stufe der männlichen Reife vorbereiten.

Gesetz über die Hitlerjugend vom 1. Dezember 1936[18]

Von der Jugend hängt die Zukunft des deutschen Volkes ab. Die gesamte deutsche Jugend muß deshalb auf ihre künftigen Pflichten vorbereitet werden. Die Reichsregierung hat daher das folgende Gesetz beschlossen, das hiermit verkündet wird:

§ 1. Die gesamte deutsche Jugend innerhalb des Reichsgebietes ist in der Hitlerjugend zusammengefaßt.

§ 2. Die gesamte deutsche Jugend ist außer in Elternhaus und Schule in der Hitlerjugend körperlich, geistig und sittlich im Geiste des Nationalsozialismus zum Dienst am Volk und zur Volksgemeinschaft zu erziehen.

§ 3. Die Aufgabe der Erziehung der gesamten deutschen Jugend in der Hitlerjugend wird dem Reichsjugendführer der NSDAP übertragen. Er ist damit »Jugendführer des Deutschen Reiches«. Er hat die Stellung einer Obersten Reichsbehörde mit dem Sitz in Berlin und ist dem Führer und Reichskanzler unmittelbar unterstellt.

§ 4. Die zur Durchführung und Ergänzung dieses Gesetzes erforderlichen Rechtsverordnungen und allgemeinen Verwaltungsvorschriften erläßt der Führer und Reichskanzler.

Geheimbefehl an die Hitler-Jugend[19]

Wie ich bereits in der Führertagung vom 4. und 5. Juli ausgeführt habe, soll zukünftig das Bubenrudel weiter ausgebaut werden, um den Abwehrkampf gegen die Zersetzungsarbeit der katholischen Aktion besser führen zu können. Da hierbei äußerst vorsichtig zu Werke gegangen werden muß, darf in der Auswahl der Führer keine Vorsichtsmaßnahme außer acht gelassen werden. Nur solche Führer, die vom SD überprüft wurden und außerdem, soweit es sich um Lehrer handelt, vom NSLB als geeignet beurteilt wurden, können für diese Arbeit verwendet werden.

Die Arbeit, die ihnen zufällt, ergibt sich aus der Aufgabe:

1. Unmerkliches Überwachen des Religionsunterrichtes bzw. der sog. Bibelstunden unter Feststellung der jeweiligen täglichen Tendenz.

2. Gründung sog. Erzählerkreise zur Erfassung derjenigen Altersstufen (7–9jährige), die durch die Gegenarbeit weltanschaulich am meisten gefährdet sind. (Freiwillig – Je besser d. Erzähler, desto größer sein Zuhörerkreis.)

3. Entgegenwirken einer Minderwertigkeitstendenz in der Bibelstunde am Vormittag durch Erzählen von Anekdoten, Sagen, Kurzgeschichten aus der Bewegung und der deutschen Geschichte nachmittags, die in der gleichen Weise heroische Weltanschauung vertreten.

4. Damit verbunden: Spiele, Bastelarbeiten, Singen von Klotzliedern usw.

5. Auftreten als Autoritätspersonen gegenüber den Eltern als Aus-

gleich des Einflusses unseres Gegners. – Deshalb einwandfreie Lebensführung und absolutes Vorbild für die Kleinen im Hinblick auf die schwere Verantwortung. Zwang darf in keiner Weise angewendet werden.

Die Beauftragten sehen sich um geeignete Leute um, holen über dieselben bei obenbezeichneten Stellen vertrauliche Beurteilung ein. Behörden und sonstige Stellen sind unter gar keinen Umständen mit dieser Sache vertraut zu machen.

Bei dieser Gelegenheit möchte ich anführen, daß alle Beobachtungen, auch die kleinsten über die Arbeit der katholischen Aktion an mich persönlich unter Umgehung des Dienstweges von allen Führern zu melden sind. Von mir aus werden sie dann allen in Frage kommenden Stellen zusammengestellt zugeleitet.

Nur belegte Ereignisse sind brauchbar.

I[21]

Geheime Staatspolizei
Geheimes Staatspolizeiamt

Berlin SW 11, den 10. Januar 1938
Prinz-Albrecht-Straße 8
Fernsprecher: 12 0040

B.-Nr. II P 2 4046/E
Bitte in der Antwort vorstehendes Geschäftszeichen
mit Datum anzugeben

An den Herrn Präsidenten der Reichsschrifttumskammer[22]
B e r l i n

Betr.: Buch »Jugend ohne Gott« von Ödön von Horvath.
Anl.: 1 Buch u. R.

In der Anlage übersende ich das vorgenannte Buch mit der Bitte, es wegen seiner pazifistischen Tendenz auf die Liste des schädlichen und unerwünschten Schrifttums zu setzen.

Im Auftrage
Dr. Rang [?]

25. 1. 1938

GF/IIa-02512
An den
Herrn Reichsminister für
Volksaufklärung und Propaganda,
Abteilung VIII²⁴.
<u>Berlin W.8</u>
über den Herrn Präsidenten der Reichskulturkammer.

Betr.: Ödön von Horvath »Jugend ohne Gott«.
_____ Verlag Albert de Lange, Amsterdam. 1938

In der Anlage übersende ich mit der Bitte um Prüfung und <u>Rück-gabe</u> ein Exemplar der obengenannten Druckschrift.
Ich wäre für Ihre Entscheidung dankbar, ob das Buch wegen seiner pazifistischen Tendenz in die Liste des schädlichen und uner-wünschten Schrifttums einzureihen ist.

Im Auftrag:

<u>Anlage</u>

Der Reichsminister
für Volksaufklärung und Propaganda

Berlin W 8, den 7. Februar 1938.
Wilhelmplatz 8-9
Fernsprecher: 11 oo 14

Geschäftszeichen: VIII/8270/25.1.38-1649.5/8.
(In der Antwort anzugeben)

An
den Herrn Präsidenten der Reichsschrifttumskammer
in
Berlin-Charlottenburg.

Betrifft: Ödön von Horvath »Jugend ohne Gott«.
Auf Ihr Schreiben vom 25. Januar 1938 – GF/IIa – 02512 –.

Ich habe eine Prüfung der obengenannten Schrift veranlasst. Meine
Entscheidung werde ich Ihnen mitteilen, sobald mir das Ergebnis
vorliegt.

Im Auftrag
gez.Dr.Hövel²⁶.

Beglaubigt
Hartmann
Kanzleiangestellter.

[Stampiglie:]
Reichsministerium
für Volksaufklärung und Propaganda
Ministerialkanzlei

Der Reichsminister
für Volksaufklärung und Propaganda

Berlin W8, den 7. März 1938
Wilhelmplatz 8-9
Fernsprecher: A 1 Jäger 0014

Geschäftszeichen: VIII 8270/25.1.38-1649.5/8.
(In der Antwort anzugeben)

An
den Herrn Präsidenten der
Reichsschrifttumskammer
in
Berlin-Charlottenburg.

Betrifft: Ödön von Horwarth »Jugend ohne Gott«.
          Verlag Albert de Lange, Amsterdam. 1938.
Auf das Schreiben vom 25. Januar 1938-GF/IIa-025 12.

Mit der Aufnahme der obenbezeichneten Schrift in die Liste des
schädlichen und unerwünschten Schrifttums bin ich einverstanden.
Von dem Veranlassten bitte ich, mir Mitteilung zu machen.
Das übersandte Buch erhalten Sie anliegend zurück.

Im Auftrag
gez.Dr.Greiner²⁸.
Beglaubigt
[Unterschrift]
Kanzleiangestellte

[Stampiglie:]
Reichsministerium
für Volksaufklärung und Propaganda
Ministerialkanzlei

14. März 1938

Gf IIa – 02512

An den
Herrn Reichsminister für
Volksaufklärung und Propaganda,
Berlin W 8
über den Herrn Präsidenten der Reichskulturkammer.

Betr.: Ödön von Horwarth »Jugend ohne Gott«.
Verlag Albert de Lange, Amsterdam. 1938.
Ihr Zeichen: VIII 8270/26. 1. 38-1649.5/8.

Auf Ihr Schreiben vom 7. März teile ich Ihnen mit, dass ich die obengenannte Schrift in die Liste des schädlichen und unerwünschten Schrifttums eingereiht und die Beschlagnahme der etwa auftauchenden Exemplare im Reichsgebiet veranlasst habe.

Im Auftrage:

14. März 1938

Gf IIa – 02512

An das
Geheime Staatspolizeiamt,
<u>Berlin – SW 11</u>
über den Herrn Präsidenten der Reichskulturkammer.

Betr.: Ödön von Horwarth »Jugend ohne Gott«.
      Verlag Albert de Lange, Amsterdam. 1938.
     <u> Ihr Schreiben vom 10. 1. 1938. II P 2 4046/E.</u>

Ich teile Ihnen mit, dass ich im Einvernehmen mit dem Herrn
Reichsminister für Volksaufklärung und Propaganda die obengenannte
Schrift in die Liste des schädlichen und unerwünschten
Schrifttums eingereiht habe. Die etwa im Reichsgebiet auftauchenden
Exemplare bitte ich einziehen und sicherstellen zu wollen.
                        Im Auftrage:
Durchschrift an Rf SS.
Zu den Akten

Liste des schädlichen und unerwünschten Schrifttums
Stand vom 31. Dezember 1938[31]

Zusätzliches Verbot des Reichsführers SS
Auf Grund der »Verordnung des Reichspräsidenten zum Schutze von Volk und Staat vom 28. Februar 1933« hat der Reichsführer SS und Chef der Deutschen Polizei im Reichsministerium des Innern gegen bestimmte Schriften zusätzlich ein allgemeines Verbot ausgesprochen. Die Titel dieser Schriften sind im Reichsanzeiger veröffentlicht worden und in der vorliegenden Liste durch ein + kenntlich gemacht.

Vorbemerkung
Die in der Liste aufgeführten Werke sind, soweit nicht eine besondere Auflage ausdrücklich genannt ist, in sämtlichen Auflagen verboten; angegeben ist bei den Titeln nur das Erscheinungsjahr der letzten Auflage. Das für ein bestimmtes Werk ausgesprochene Verbot gilt auch für sämtliche Übersetzungen, gleichgültig ob diese aufgeführt sind oder nicht. In den Fällen, in denen ein Werk in mehr als zwei Verlagen erschienen ist, ist die Verlagsbezeichnung durch den Vermerk »Sämtliche Ausgaben« ersetzt. Bei den Serien (Gruppe II) wird von einer Aufführung der einzelnen Serienbände abgesehen, so daß das Verbot für sämtliche Bände der Serie gilt.

I. *Einzelschriften (Seite 61)*

Hohlfeld, Johannes: In eigner Sache. Leipzig: Selbstverl. 1935.

Hohoff, Wilhelm: Die wissenschaftliche u. kulturhistorische Bedeutung der Karl Marxschen Lehren. Braunschweig: Rieke 1921.

Holden, Harry: Masaryk, Mussolini, Hitler, Dollfuss. Brünn: Horowitz 1934.

Holek, Heinrich: Der graue Film. Wien: Wiener Volksbuchh. 1925.

Holitscher, Arthur: Sämtliche Schriften.

Hollaender, Michael: Vorbeugung der Empfängnis u. Verhütung der Schwangerschaft. Leipzig: Schneider 1929.

Hollander, Walther von: Frühling in Duderstedt. Berlin: Internat. Bibliothek 1930.

Hollos, Istvan: Hinter der gelben Mauer. Stuttgart: Hippokrates-Verl. 1928.

Holstein, Horst: Zur Neuordnung der evangelischen Kirche. Göttingen: Vandenhoeck & Ruprecht 1937.

+ **Holz,** Detlef: Deutsche Menschen. Luzern: Vita Nova-Verl. 1936.

Holzapfel, Attalus: Verdorbene Jugend. Berlin: Werdekreis-Verl. 1930.

+ **Holzer,** Christian: Gottesreich. Locarno: Verbano-Verl. 1936.

Holzinger, Friedrich Karl s. F e r k e s , Wladimir (Pseud.).

Holzinger, Friedrich Karl s. R o d e n s t e i n , Ferdinand (Pseud.).

+ **Holzmann,** Leiser Izik: Sensationeller Brief eines lettländischen Juden an Hitler. Jelgava: Selbstverl. 1933.

Homann, Walther: Tagebuch einer männlichen Braut. Berlin: Dreyer 1907.

Homo (Pseud.) s. W a g n e r , Richard.

Hompf, A.: Reich und Religion. Stuttgart: Walther 1933.

Homunkulus (Pseud.) s. W e i l , Robert.

Hopffe, Günther: Die Jugend in der russischen Revolution. Berlin: Verl. d. Jugendinternationale 1927.

+ **Horkheimer,** Max von: Studien über Autorität und Familie. Paris: F. Alcan 1936.

Horlacher, Richard: Warum Abwehr? Der Antisemitismus u. die dt. Kultur. Nowawes: Brönner 1929.

Horneffer, August: Die Freimaurerei. Leipzig: Reclam 1922.

+ **Hornung,** Walter: Dachau. Zürich: Europa-Verl. 1936.

+ **Horváth,** Ödön von: Jugend ohne Gott. Amsterdam: A. de Lange 1937.

+ **Horváth,** Ödön von: Ein Kind unserer Zeit. Amsterdam: A. de Lange 1938.

+ **Hossdorf:** Streifzug nach Japan, Java, Bali, USA., Afrika . . . Frick: A. Fricker 1937.

Hotopp, Albert: Sämtliche Schriften.

Houston, John: Frank und ich. Leipzig: Elite-Verl. 1929.

Howard, Walther: Die Schriften der Lehre vom Lernen. Berlin: Verl. f. Kultur u. Kunst 1932.

Anmerkungen

1 Deutsche Kultur-Wacht, 1933, Heft 9, S. 15; zit. nach Joseph Wulf, *Literatur und Dichtung im Dritten Reich. Eine Dokumentation*, Frankfurt/Main, Berlin, Wien 1983, S. 44 f.

2 Parolen zur Aktion »Wider den undeutschen Geist«, 19. 4. 1933; zit.

nach: Hildegard Brenner, *Die Kunstpolitik des Nationalsozialismus*, Reinbek 1963, S. 85 f.

3 Neuköllner Tageblatt, 12. 5. 1933; zit. nach: Wulf, S. 49 f.

4 Neue Zürcher Zeitung, 11. 5. 1933; zit. nach: Hermann Weiss, *Besser als ein Mühlstein am Halse. Reaktionen in der ausländischen Presse*, in: Ulrich Walberer (Hg.), *10. Mai 1933. Bücherverbrennung in Deutschland und die Folgen*, Frankfurt/Main 1983, S. 116-137; hier: S. 121 f.

5 Zit. nach Wulf, S. 59 f.

6 Ernst Toller, *Gesammelte Werke*, hg. J.M. Spalek und W. Frühwald, München 1978.

7 Wiener Arbeiterzeitung, 12. 5. 1933; zit. nach: Ernst Loewy, *Exil. Literarische und politische Texte aus dem deutschen Exil 1933-1945*, Band 1, Frankfurt/Main 1981, S. 196 f.

8 Zit. nach Volker Dahm, *Die nationalsozialistische Schrifttumspolitik nach dem 10. Mai 1933*, in: Walberer, S. 36-83; hier: S. 63-65.

9 Reichsgesetzblatt, Jg. 1933, Teil I, Nr. 17, S. 83; zit. nach: Walther Hofer (Hg.), *Der Nationalsozialismus. Dokumente 1933-1945*, Frankfurt/Main 1957, S. 53 f. Hofer schreibt dazu (S. 44): »Durch diese Notverordnung wurden die Menschen- und Bürgerrechte, auf deren Respektierung die Demokratie beruht, praktisch aufgehoben. Es war die Proklamierung des Ausnahmezustandes, das Ende des verfassungsmäßigen Lebens. Diese Notverordnung wurde zur wichtigsten Grundlage der Herrschaft Hitlers; denn obschon sie den Passus enthielt, daß sie »bis auf weiteres« gelten sollte, ist sie nie mehr außer Kraft gesetzt worden. Mit Recht kann man deshalb sagen, daß die eigentliche Verfassung des Dritten Reiches der Ausnahmezustand gewesen ist. Der Artikel 48 Absatz 2 der Verfassung von Weimar, der sog. Notverordnungsparagraph, war damit ad absurdum geführt, da er jetzt nicht mehr zum Schutz dieser Verfassung, sondern praktisch zu ihrer Beseitigung gehandhabt wurde. Die Verfassung schien also damit sozusagen legal außer Kraft gesetzt – falls man denselben durchlöcherten Begriff der Legalität annahm, den so mancher deutsche Jurist seit jenen Tagen gebraucht hat. Wir stehen hier vor dem Phänomen der Scheinlegalität, mit der Hitler seine verfassungswidrigen Aktionen zu umhüllen verstand. Der schrankenlosen Willkür war jetzt um so mehr Tür und Tor geöffnet, als diesmal kein Schutzhaftgesetz (wie bei analogen Vorgängen während der Weimarer Republik) in die Notverordnung aufgenommen wurde, wonach jedem Verhafteten die Vorführung vor den Richter innerhalb 24 Stunden, das Recht auf einen Verteidiger, auf Einsicht in die Akten, auf Berufung und Entschädigung gewährleistet wurde. Die Polizei konnte jetzt Personen willkürlich verhaften ohne Grundangabe und ohne Verhör, sie auf unbestimmte Zeit ohne Urteil festsetzen, sie konnte Wohnungen durchsuchen, Eigentum beschlagnahmen, alles und jedes bespitzeln, Zeitungen zensieren oder verbieten, Telefonge-

spräche überwachen, Vereine und Parteien auflösen, Versammlungen sprengen usw. Die absolute Rechtlosigkeit des Individuums für die kommenden 12 Jahre der Hitlerdiktatur war damit bereits besiegelt.«

10 Reichsgesetzblatt, Jg. 1933, Teil I, Nr. 25, S. 141; zit. nach Hofer, S. 57. Dazu Hofer in seinem Kommentar (S. 46 f.): »Das Gesetz ermächtigte die Regierung, für vier Jahre ohne die Mitwirkung des Reichstages Gesetze zu erlassen, und zwar ausdrücklich auch solche, die von der Verfassung abwichen. Die legislative Gewalt war damit auf die Exekutive übergegangen und damit ein grundlegendes Prinzip der modernen Demokratie außer Kraft gesetzt. Die einschränkenden Bestimmungen, die das Gesetz enthielt, hat Hitler später samt und sonders nicht berücksichtigt.«

11 Reichsgesetzblatt, Jg. 1933, Teil I, Nr. 105, S. 661 f.; zit. nach Hofer, S. 95 f.

12 Zit. nach Brenner, S. 194 f.; Hildegard Brenner merkt dazu an (S. 52): »Damit war nunmehr die Rechtsgrundlage geschaffen, die die Auslegung des ›nationalsozialistischen Kulturwillens‹ in den Dienst politischer Zweckmäßigkeit zu stellen erlaubte, über die in letzter Instanz Goebbels als Präsident der Reichsschrifttumskammer, dem nationalsozialistischen Führungsprinzip gemäß, allein entschied. Ein Buchhändler, eine Leihbücherei setzten nunmehr ihre wirtschaftliche Existenz aufs Spiel, wenn sie etwa Werke von Jakob Wassermann, Stefan Zweig, Romain Rolland oder Hemingways *In einem anderen Land* anboten.«

13 Dr. [Wilhelm] Frick, *Kampfziel der deutschen Schule*, Langensalza 1933. (Ansprache des Reichsministers des Innern Dr. Frick auf der Ministerkonferenz am 9. Mai 1933.)

14 Zit. nach: *Schule im Dritten Reich – Erziehung zum Tod? Eine Dokumentation*, hg. Geert Platner und Schülern der Gerhart-Hauptmann-Schule in Kassel, München 1983, S. 198 f.

15 Ralph Giordano, [*Militarismus im NS-Schulalltag 1934/35*], zit. nach: Ders., *Rassismus und Militarismus im Schulalltag*, in: *Schule im Dritten Reich – Erziehung zum Tod?*, S. 72-80; hier: S. 76 f.

16 Hermann Teska, *Vormilitärische Schulerziehung*, Langensalza, Berlin, Leipzig 1936, S. 18-21 u. 30 (auszugsweise).

17 Hermann Rauschning, *Gespräche mit Hitler*, Zürich/New York 1940, S. 237; zit. nach: Hofer, S. 88. Hermann Rauschning (geb. 1887) war von 1933-1934 Senatspräsident von Danzig und floh dann in die Schweiz; seit 1948 in den USA.

18 Reichsgesetzblatt, Jg. 1936, Teil I, Nr. 111, S. 713 ff.; zit. nach: Hofer, S. 87 f.

19 Johann Neuhäusler, *Kreuz und Hakenkreuz. Der Kampf des Nationalsozialismus gegen die katholische Kirche und der kirchliche Widerstand*, München ²1946, 1. Teil, S. 107 f.; zit. nach: Hofer, S. 134 f. Das Rundschreiben, das als »absolut vertraulich zu behandeln« war, ist unter-

zeichnet von dem bayerischen »Führer d. Jungbannes 306« Otto Würschinger.

20 Die im Berlin Document Center (BDC) aufbewahrten Originale des Briefwechsels werden hier erstmals vollständig veröffentlicht, um den Indizierungsvorgang am Beispiel Horváths aufzuzeigen.

21 Originalbogen DIN A 5. Das Schreiben ging am 15. 1. 1938 bei der Reichskulturkammer ein, wurde dort unter dem Aktenzeichen 524/358 registriert und am 18. 1. 1938 zuständigkeitshalber an die Reichsschrifttumskammer weitergeleitet, bei der es am 20. 1. 1938 einging und unter »Gf IIa-02512« registriert wurde.

22 Seit der Anordnung vom 25. 4. 1935 (siehe S. 236 ff. dieses Bandes) mußte die Geheime Staatspolizei zur Indizierung die Genehmigung der Reichsschrifttumskammer einholen. Die Reichsschrifttumskammer war Bestandteil der Reichskulturkammer (Präsident: Dr. Joseph Goebbels) im Reichsministerium für Volksaufklärung und Propaganda des Dr. Goebbels. Präsident der Reichsschrifttumskammer war Hanns Johst (1890-1978).

23 Durchschrift DIN A 5. Das Original der Durchschrift wurde von mehreren Personen handschriftlich abgezeichnet und schließlich mit dem Vermerk »ZdA« (=zu den Akten) versehen.

24 Die Abteilung VIII des Reichsministeriums für Volksaufklärung und Propaganda, an die das Schreiben gerichtet ist, war für das »Schrifttum« zuständig und wurde seit 1937 von Karl-Heinz Hederich (geb. 1902) geleitet.

25 Originalbogen DIN A 5. Das Schreiben ging am 9. 2. 1938 in der Reichsschrifttumskammer ein und wurde unter dem selben Datum mit dem Vermerk »ZdA« versehen.

26 Dr. Paul Hövel war Sachbearbeiter im Reichsministerium für Volksaufklärung und Propaganda.

27 Originalbogen DIN A 4. Das Schreiben ging am 9. 3. 1938 bei der Reichsschrifttumskammer ein.

28 Dr. jur. Erich Greiner (geb. 1877) war Ministerialdirektor im Reichsministerium für Volksaufklärung und Propaganda.

29 Durchschrift DIN A 5. Das Blatt ist handschriftlich abgezeichnet und trägt den Vermerk »ZdA«.

30 Durchschrift DIN A 5. Das Blatt ist handschriftlich abgezeichnet und trägt unter dem Datum den handschriftlichen Hinweis »Emigrant«. Der Vermerk »Durchschrift an Rf SS.« ist gleichzeitig mit der Notiz »Zu den Akten« maschinenschriftlich erfolgt, mit dem Datum vom 14. 3. und »Ha« handschriftlich abgezeichnet.

31 [Auszug aus der] *Liste des schädlichen und unerwünschten Schrifttums. Stand vom 31. Dezember 1938*, Leipzig o. J.

Anhang

Auswahlbibliographie zu »Jugend ohne Gott«

Schwerpunkt dieser Auswahl sind Arbeiten der Sekundärliteratur, die in mittelbarem oder unmittelbarem Bezug zu *Jugend ohne Gott* stehen. Rezensionen bleiben unberücksichtigt.

Zur Ergänzung kann die Auswahlbibliographie (Stand: August 1981) in: *Ödön von Horváth*, hg. Traugott Krischke, Frankfurt/Main (Suhrkamp) 1981 (suhrkamp taschenbuch materialien 2005), S. 237-249, herangezogen werden.

1. Primärliteratur

1. Gesamtausgaben

1970 *Gesammelte Werke* [in vier Bänden]. Hg. Traugott Krischke und Dieter Hildebrandt. Frankfurt/Main (Suhrkamp) 1970/71. Band I: 3. Aufl. 1974. Band II bis IV: 3. verb. Aufl. 1978 [mit Daten, Bibliographie und Register].

1972 *Gesammelte Werke* [in acht Bänden]. Hg. Traugott Krischke und Dieter Hildebrandt. Frankfurt/Main (Suhrkamp) 1972 (werkausgabe edition suhrkamp). 2. verb. Aufl. 1978 [mit Daten, Bibliographie und Register].

1983 *Gesammelte Werke. Kommentierte Werkausgabe in Einzelbänden*. Hg. Traugott Krischke unter Mitarbeit von Susanna Foral-Krischke. Frankfurt/Main (Suhrkamp) 1983 ff. Mit Anhang: Entstehung, Überlieferung, Textgestaltung und Erläuterungen.

2. Buchausgaben von »Jugend ohne Gott«

2a. Einzelausgaben

1938 *Jugend ohne Gott. Roman.* Amsterdam (Allert de Lange) 1938.

1948 *Jugend ohne Gott. Roman.* Wien (Bergland) o. J. [1948].

1971 *Jugend ohne Gott. Roman.* Frankfurt/Main (Suhrkamp) 1971 (suhrkamp taschenbuch 17).

1974 *Jugend ohne Gott. Roman.* Hg. Ian Huish. London (Harrap & Co Ltd) 1974 (Modern Literature Series).

1976 *Jugend ohne Gott. Roman.* Frankfurt/Main (Suhrkamp) 1976 (Suhr-kamp Literatur Zeitung Nr. 7/2. Programm. Mit Materialien und einer Einführung von Traugott Krischke).

1983 *Jugend ohne Gott. Roman.* Hg. Traugott Krischke unter Mitarbeit von Susanna Foral-Krischke. Frankfurt/Main (Suhrkamp) 1983 (Band 13 der *Kommentierten Werkausgabe in Einzelbänden;* suhr-kamp taschenbuch 1063).

2b. Abdrucke in Sammelbänden und Anthologien

1953 *Zeitalter der Fische. Zwei Romane in einem Band.* Wien (Bergland) 1953. [Mit einem Vorwort von Franz Werfel und der Grabrede Carl Zuckmayers.]

1965 *Zeitalter der Fische. Zwei Romane in einem Band.* München (Kind-ler) 1965 (Kindler Taschenbuch 62). [Mit einem Vorwort von Franz Werfel und der Grabrede Carl Zuckmayers.]

1968 *Zeitalter der Fische. Drei Romane und eine Erzählung.* Wien (Berg-land) o. J. [1968]. [*Der ewige Spießer. Jugend ohne Gott. Ein Kind unserer Zeit.* Mit einer Gedächtnisrede Carl Zuckmayers statt eines Nachworts.]

1969 *Zeitalter der Fische. Drei Romane und eine Erzählung.* Wien-Frankfurt/Main-Zürich (Büchergilde Gutenberg) 1969.

1981 *Jugend ohne Gott. Roman.* In: *Ödön von Horváth, Ausgewählte Werke.* Band 2: *Prosa.* Hg. Hansjörg Schneider. Berlin (Volk und Welt) 1981.

1983 *Die Romane. Der ewige Spießer. Jugend ohne Gott. Ein Kind unse-rer Zeit.* Frankfurt/Main (Suhrkamp) 1983 (Weißes Programm im 33. Jahr Suhrkamp).

2c. Übersetzungen

1938 *A Child of our Time and Being Youth without God.* (Ü: R. Wills Thomas.) London (Methuen & Co Ltd) 1938.
      Er is een Moord begann. (Ü: J. Winkler.) Amsterdam (Arbeider-speers) 1938.
      Młodzież bez Boga. (Ü: I. Berman.) Lwow (Wydawnictwo »Wierch«) 1938.
      Mládi bez Boha. (Ü: V. Schwarz.) Praha 1938.
      [*Argentinische Ausgabe:* nähere Angaben fehlen.]

1939 *The Age of the Fish.* (Ü: R. Wills Thomas.) London (William Hei-nemann Ltd) 1939.
      Jeunesse sans Dieu. (Ü: Armand Pierhal.) Paris (Plon) 1939.
      Mladež bez Boga. (Ü: M. Leskovac, H. Petris.) Zagreb (Izdanje »Savremente Biblioteke«) 1939.

Gudlos Ungdom. (Ü: Mogens Klitgaard.) København (Povl Branner) 1939.
[*Schwedische Ausgabe:* nähere Angaben fehlen.]
1948 *Gioventù senza Dio.* (Ü: Bruno Maffi.) Milano (Bompiani) 1948.
1973 *Allahsiz gençlik.* (Ü: Burhan Arpad.) Istanbul (May Yayinlari) 1973.
Jumalata noorus. (Ü: Ain Kaalep.) Tallinn [d. i. Reval] 1973.
1974 *Gioventù senza Dio.* (Ü: Bruno Maffi.) Milano (Bompiani) 1974 (i piccoli delfini 19).
1978 *The Age of the Fish.* (Ü: R. Wills Thomas.) New York (Pomerica Press Ltd) 1978.
The Age of the Fish. (Ü: R. Wills Thomas.) New York (Popular Library) 1978.
1979 *La era del pez.* (Ü: Eduardo Goligorsky.) Barcelona (Editorial Pomaire) 1979.
1982 *Jeunesse sans Dieu.* (Ü: Armand Pierhal.) Grenoble (Presse universitaires) 1982.

2d. Verfilmungen

1969 *Wie ich ein Neger wurde.* Produktion: Roland Gall. Verleih: Atlas, Filmverlag der Autoren, München.
Drehbuch: Roland Gall. Regie: Roland Gall.
Festival des Jungen Films, Pesaro 1970. Deutsche Erstaufführung am 2. 3. 1971 in der ARD.
Nur der Freiheit gehört unser Leben. Zweites Deutsches Fernsehen. Drehbuch: Herbert Knopp. Regie: Eberhard Itzenplitz. Erstausstrahlung am 5. 11. 1969 im ZDF.

2e. Dramatisierung

o. J. *Jugend ohne Gott. Ein Spiel in 5 Bildern.* [Vermutlich von Alfred Ibach. Unveröffentlichtes Typoskript in der Forschungsstelle Ödön von Horváth, Wien.]

2. Sekundärliteratur

1 Einführungen, Monographien und Biographien

Hildebrandt, Dieter: *Ödön von Horváth in Selbstzeugnissen und Bilddokumenten.* Reinbek (Rowohlt) 1975 (rororo bildmonographien 231).

Hildebrandt, Dieter und Traugott Krischke (Hg.): *Über Ödön von Horváth*. Frankfurt/Main (Suhrkamp) 1972 (edition suhrkamp 584).

Huder, Walther: *Inflation als Lebensform. Ödön von Horváths Kritik am Spießertum. Ein Querschnitt durch das Gesamtwerk*. Gütersloh (Sonderdruck) 1972 (Aus Anlaß der Eröffnung der Ödön von Horváth-Ausstellung in Gütersloh.)

Huish, Ian: *A Student's Guide to Horváth*. London (Heinemann Educational Books Ltd.) 1980. Auch: *Horváth: a study*. London (Heinemann Ltd.) 1981.

Kienzle, Siegfried: *Ödön von Horváth*. Berlin (Colloquium Verlag) 1977 (Köpfe des XX. Jahrhunderts, Bd. 87).

Krammer, Jenö: *Ödön von Horváth. Leben und Werk aus ungarischer Sicht*. Wien (Internationale Lenau-Gesellschaft) 1969 (Wissenschaftliche Reihe I).

Krammer Jenö: *Ödön von Horváth. Monographie*. Budapest (Akadémiai Kiadó) 1971 (Modern filológiai Füzetek 13).

Krischke, Traugott (Hg.): *Materialien zu Ödön von Horváth*. Frankfurt/Main (Suhrkamp) 1970 (edition suhrkamp 436).

Krischke, Traugott und Hans F. Prokop (Hg.): *Ödön von Horváth. Leben und Werk in Dokumenten und Bildern*. Frankfurt/Main (Suhrkamp) 1972 (suhrkamp taschenbuch 67).

Krischke, Traugott und Hans F. Prokop (Hg.): *Ödön von Horváth. Leben und Werk in Daten und Bildern*. Frankfurt/Main (Insel) 1977 (insel taschenbuch 237).

Krischke, Traugott: *Ödön von Horváth. Kind seiner Zeit. Biographie*. München (Heyne) 1980 (Heyne Biographien 71).

Krischke, Traugott (Hg.): *Ödön von Horváth*. Frankfurt/Main (Suhrkamp) 1981 (suhrkamp taschenbuch materialien 2005).

Poppe, Andries: *Ödön von Horváth. Monographie*. Brugge (Ontmoetingen) 1965 (Literaire monografieen).

Scamardi, Teodoro: *Ödön von Horváth. Teatro popolare nella Repubblica di Weimar*. Bari (Adriatica Editrice) 1980.

Symposion on Ödön von Horváth (1901-1938). London (The Department of German, University College London and Austrian Institute) 1976.

2. Darstellungen und Einzeluntersuchungen zum Werk

Bartsch, Kurt, Uwe Baur und Dietmar Goltschnigg (Hg.): *Horváth-Diskussion*. Kronberg/Ts. (Scriptor) 1976 (Monographien Literaturwissenschaft 28).

Bohse, Birgit: *»Jugend ohne Gott« und »Ein Kind unserer Zeit«. Untersuchungen zu Ödön von Horváths Romanen*. Hausarbeit Frankfurt/Main 1980.

Cermak, Wolfgang: *Politische Positionen bei Ödön von Horváth (1927-1930)*. Hausarbeit Salzburg 1977.

Christensen, Bjarne: *En psykologisk tolkning samt en afdaekning af de mellemmenneskelige relationer i Ödön von Horváths episke forfatterskab* (dt.: *Eine psychologische Interpretation und eine Bloßlegung der zwischenmenschlichen Beziehungen im epischen Werk Ödön von Horváths*). Diplomarbeite Åhrhus 1983.

Czerny, Karin Hauss: *Ödön von Horváth: Themen und Technik*. Diss. New York 1976.

Feigl, Susanne: *Das Thema der menschlichen Wandlung in den Romanen Ödön von Horváths*. Diss. Wien 1970.

Fritz, Axel: *Ödön von Horváth als Kritiker seiner Zeit. Studien zum Werk und seinem Verhalten zum politischen, sozialen und kulturellen Zeitgeschehen*. München (List) 1973 (List Taschenbuch der Wissenschaft. Literaturwissenschaft, Bd. 1446). Auch Diss. Stockholm 1971.

Fritz, Axel: *Zeitthematik und Stilisierung in der erzählenden Prosa Ödön von Horváths (1901-1938)*. Aalborg 1981.

Hackl, Erich: *Kleinbürgertum und Faschismus in den Werken Ödön von Horváths*. Hausarbeit Salzburg 1976.

Hell, Martin: *Kitsch als Element der Dramaturgie Ödön von Horváths*. Bern (Peter Lang) 1983 (Europäische Hochschulschriften: Reihe 1, Deutsche Sprache und Literatur; Band 617). Diss. Saarbrücken 1982.

Hellmig, Helmut: *Ödön von Horváths Roman »Jugend ohne Gott«*. Hausarbeit Bielefeld 1977.

Kofler, Maria: *Sprachform und Erzählerstruktur in Ödön von Horváths Roman »Jugend ohne Gott«*. Hausarbeit Innsbruck 1975.

Kranzbühler, Bettina: *Zitat-Technik und Leitwortstil in der Prosa Ödön von Horváths. (Unter besonderer Berücksichtigung des Romans »Jugend ohne Gott«.)* Hausarbeit München 1982.

Lechner, Wolfgang: *Mechanismen der Literaturrezeption in Österreich am Beispiel Ödön von Horváths*. Stuttgart (Akademischer Verlag Hans-Dieter Heinz) 1978 (Stuttgarter Arbeiten zur Germanistik Nr. 46). Auch Diss. Innsbruck 1977.

Leoni, Maria Eugenia: *Ödön von Horváth – »Spießertum« e »Demaskierung des Bewußtseins«*. Diss. Bologna 1966.

Matuszczak, Joanna Barbara: *Asoziale Figuren im Werk von Ödön von Horváth*. New York (Stony Brook) 1977. Auch Diss. New York 1977.

Reeners, Ute: *Linguistische Analyse der Romane Horváths unter besonderer Berücksichtigung der Sprachverwendung der Personen*. Hausarbeit Göttingen 1983.

Schünemann, Eckhard: *Kritik des Faschismus im Werk Ödön von Horváths. Untersuchungen zur Literatur der Weimarer Republik*. Magisterarbeit München 1984.

Schwarz, Dietmar: *Die Rezeption Ödön von Horváths in Frankreich*

263

(1938-1982), Magisterarbeit München 1984.

Steets, Angelika: *Die Prosawerke Ödön von Horváths. Versuch einer Be-deutungsanalyse.* Stuttgart (Akademischer Verlag Hans-Dieter Heinz) 1975. Auch Diss. München 1974.

Terrahe, Sybille: *Untersuchungen zum Spätwerk Ödön von Horváths.* Magisterarbeit München 1983.

3. Sekundärtexte in Zeitschriften und Sammelwerken

Federmann, Reinhard: *Das Zeitalter der Fische. Ein Versuch über Ödön von Horváth.* In: Wort in der Zeit 8 (1962), 6, S. 6-14.

François, Jean-Claude: *»Jeunesse sans Dieu« et le devenir de l'Allemagne.* In: *Jeunesse sans Dieu*, Grenoble 1982, S. 231-236.

Hiush, Ian: *Horváth as a Novelist.* In: *Symposium on Ödön von Horváth*, S. 16-19.

Kadrnoska, Franz: *Die späten Romane Ödön von Horváths. Exilliteratur und Vergangenheitsbewältigung.* In: Österreich in Geschichte und Literatur 28 (1982), 2, S. 81-109.

Karasek, Hellmuth: *Das Prosawerk Ödön von Horváths.* In: *Über ÖvH*, S. 79-82.

Krammer, Jenö: *Ödön v. Horváths Romane.* In: Acta Litteraria Acade-miae Scientiarium Hungaricae 10 (1968), S. 95-109; auch in: Österreich in Geschichte und Literatur 13 (1969), 5, S. 240-251.

Palmier, Jean-Michel: *Ödön von Horváth et le national-socialisme.* In: *Jeunesse sans Dieu*, Grenoble 1982, S. 7-43.

Parkes, KS: *The novels of Ödön von Horváth.* In: New German Studies 3 (1975), S. 81-97.

Schober, Wolfgang Heinz: *Die Jugendproblematik in Horváths Romanen.* In: *Horváth-Diskussion*, S. 124-137.

Schröder, Jürgen: *Das Spätwerk Ödön von Horváths.* In: Sprachkunst 7 (1976), S. 49-71; auch in: *stm ÖvH*, S. 125-155.

Weisstein, Ulrich: *Ödön von Horváth: A Child of our Time.* In: Monats-hefte für deutschen Unterricht, deutsche Sprache und Literatur 52 (1960), S. 343-352.

(Stand: Mai 1984)

Copyright-Vermerke

st 2024 Brasilianische Literatur
Herausgegeben von Mechtild Strausfeld

»Erst in der zweiten Hälfte des neunzehnten Jahrhunderts tritt mit zwei wahrhaft repräsentativen Gestalten, mit Machado de Assis und Euclides da Cunha, Brasilien in die Aula der Weltliteratur ein.«
Das schrieb Stefan Zweig 1941. Seitdem sind vierzig Jahre vergangen, und die moderne brasilianische Literatur zählt wie die hispanoamerikanische zu den interessantesten und vielseitigsten der zeitgenössischen Literaturen der Welt. Ziel des vorliegenden Bandes ist es, grundlegende Informationen über Autoren und Werke zu vermitteln, um einem größeren Leserkreis den Zugang zu dieser Literatur zu erleichtern.
Chronologisch werden die wichtigsten Namen dieses Jahrhunderts vorgestellt: Machado de Assis, Euclides da Cunha, Lima Barreto, Mario de Andrade, Carlos Drummond de Andrade, Graciliano Ramos, Jorge Amado, Gilberto Freyre, Guimarães Rosa, Clarice Lispector, Joao Cabral de Melo Neto; dazu noch ein kurzer Abriß der Entwicklung von Kurzgeschichte und Roman von 1964 bis 1980. Biobibliographische Angaben komplettieren den Band.

st 2025 Karl May
Herausgegeben von Helmut Schmiedt

Der Name Karl May stand jahrzehntelang für eine als kindlich bis kindisch geltende Unterhaltungsliteratur, die Interesse allenfalls unter pädagogischen und kommerziellen Aspekten zu verdienen schien. Andersartige Kommentare, für die vor allem Literaten wie Ernst Bloch und Arno Schmidt verantwortlich waren, blieben weitgehend wirkungslos, und erst neuerdings entwickelt sich in größerem Umfang eine engagierte, ernst zu nehmende Forschung, die in perspektivenreicher Annäherung an das Werk des vermeintlichen Trivialschriftstellers erstaunliche Dimensionen erschließt: Psychologische und ideologiekritische Interessen kommen dabei ebenso zu ihrem Recht wie formal-ästhetisch und literaturgeschichtlich orientierte Ansätze. Der Materialienband unternimmt es erstmals, die Geschichte und den aktuellen Stand der May-Forschung anhand repräsentativer Beispiele nachzuzeichnen, er führt sie mit einigen neuen Beiträgen weiter. Das bisher umfangreichste Verzeichnis der Werke Mays und eine ausführliche Bibliographie der Sekundärliteratur beschließen das Buch.

st 2026 Kafka. Der Schaffensprozeß
Von Hartmut Binder

Der Band dokumentiert erstmals umfassend die verschiedenen Aspekte, die für die Entstehung der Erzählungen und Romane Kafkas wichtig sind: die lebensgeschichtlichen Konfliktlagen, die spontan als Anlässe des Schreibens in Erscheinung treten und mit seismographischer Genauigkeit seinen Fortgang bestimmen; die damit konkurrierende Eigengesetzlichkeit des Ästhetischen; die Bedeutung literarischer Vorbilder; das Problem des Fragmentarischen und schließlich die Gesetzmäßigkeiten, nach denen das Entstandene stilistisch für den Druck überarbeitet wird. Eine günstige Quellenlage erlaubt ungewöhnlich detaillierte Einblicke in die Werkstatt eines großen Sprachkünstlers, besonders in die psychischen Gegebenheiten, die den eigentlichen kreativen Prozeß bewirken und begleiten.
Entgegen weitverbreiteter Ansicht erweist sich Kafkas Œuvre weder als literarisch voraussetzungslos noch von hermetischer Abgeschlossenheit. Es ist vielmehr Glied einer Traditionskette und mit seinem geistigen Umfeld Prag auf überraschend vielfältige Weise verknüpft. Rahmenbedingungen sinnvoller Deutung sind damit vorgegeben.

st 2027 Horváths »Jugend ohne Gott«
Herausgegeben von Traugott Krischke

Dem verstärkten Interesse am Prosa-Werk Horváths, vor allem im schulischen Bereich, ist mit einer Zusammenstellung

Rechnung getragen, die neben dem umfassenden Angebot werkbezogener Analysen einen Schwerpunkt in der Aufhellung des historischen Umfeldes setzt. Der Bedeutung des Werkes als ein Zeugnis deutscher Exilliteratur und dem speziellen Motivhintergrund ›Jugend im Faschismus‹ gelten daher die einführenden Beiträge. Die Untersuchung der Strukturen und Motivparallelen des Romans im Kontext von Horváths Gesamt-Werk, der Sozialkritik und Darstellung faschistischer Ideologeme sowie des vielschichtigen Horváthschen Gottesbegriffs steht anschließend gemeinsam mit einem für den Gebrauch des Buches im Unterricht konzipierten Kursmodell im Zentrum des Bandes.

Wie in den anderen Titeln der Horváth-Materialien gilt auch in diesem Band ein besonderes Interesse der Rezeption des Werkes.

Eine Auswahlbibliographie zu Horváth unter besonderer Berücksichtigung des Themas »Jugend ohne Gott« beschließt den Band.

st 2028 Frischs »Homo faber«
Herausgegeben von Walter Schmitz

Nach dem Künstlerroman *Stiller* hat Max Frischs *Homo faber* – so behauptete man – die Krisensymptome des technischen Zeitalters illustriert. Inzwischen ist es möglich, die Genese des Bildes von Max Frisch und seinem zweiten Romanerfolg *Homo faber* zu überprüfen und dieses Bild dort zu korrigieren, wo es nötig ist. Dazu hat die neuere Frisch-Forschung, deren ganze Spannweite in den Beiträgen zu diesem Materialienband dokumentiert wird, bereits wichtige Vorarbeiten geleistet; sie reichen von erzähltechnischen Analysen, die zeigen, wie der Roman jene platte Antithetik von »Technik« und »Natur« befragt und auflöst, bis hin zu kritischen Fragen an den Roman selbst, der die Wirklichkeit nur im Reflex des Bewußtseins gelten läßt. Das Spektrum der Beiträge reicht von engagierter ›feministischer‹ Polemik bis zur handwerklich gediegenen Einführung in die Bauformen des Erzählens. Überdies soll der vorliegende Materialienband die in Frischs Werk einmal fixierte historische Bewegung mit Analysen und Dokumenten bewußt machen und zeigen, wie dieser Roman selbst bereits ein Teil jener Tradition geworden ist, welche die jüngeren zeitgenössischen Autoren wie ihre Leser noch unmittelbar betrifft;

der Wirkungsgeschichte des Werkes von Max Frisch sind zwei weitere Originalbeiträge gewidmet.

st 2029 Brechts ›Aufhaltsamer Aufstieg des Arturo Ui«
Herausgegeben von Raimund Gerz

Brechts *Aufhaltsamer Aufstieg des Arturo Ui,* diese Verhüllung als Enthüllung, hat mit ihrer zupackenden Verbindung von Gangster-Story und hohem Stil der Tragödie theatralische Wirksamkeit unter Beweis gestellt. Der Materialienband geht hinter die unleugbaren Oberflächeneffekte des Stücks zurück; er konfrontiert die letzte Textfassung mit den von Brecht gesammelten und der ersten (im Nachlaß überlieferten) Fassung eingeklebten dokumentarischen Fotos; er bietet unter den Materialien zum Stück neben Brechts ›Anmerkungen‹ und Eintragungen ins Arbeitsjournal verstreute Texte aus dem Nachlaß und die *Geschichte des Giacomo Ui,* umfaßt in einem Kapitel zur Rezeption Kritiken der Aufführungen in Stuttgart und Berlin. Ausgewählte ›Texte zur Erläuterung des historischen Hintergrunds‹, darunter Auszüge aus den Braunbüchern und aus Hitlers Reden, erfassen den historischen Kontext und belegen dessen Bezugspunkte für Brechts dramatische Arbeit.

st 2030 Die deutsche Kalendergeschichte
Ein Arbeitsbuch von Jan Knopf

Die kurze überschaubare Prosaerzählung, deren Gegenstand eine dem Leben des Volkes entnommene unterhaltende oder nachdenkliche Begebenheit ist, und zwar mit lehrhafter und moralischer Tendenz, erweist sich offenbar als unverwüstlich. Im Schulunterricht hat die »Kalendergeschichte« schon traditionell einen festen Platz, und es scheint, daß sie einem Leserbedürfnis entgegenkommt, das sich immer weniger auf ausgiebige und umfangreiche Lektüre einzulassen bereit ist. Das vorliegende Arbeitsbuch bietet repräsentative Texte von Grimmelshausen bis hin zu Oskar Maria Graf und Bert Brecht, die Darstellung ihres historischen und medialen Kontexts, Erläuterungen zum Autor, soweit sie für das Verständnis der Geschichten wichtig sind, ausführliche Kommentare zu den Geschichten selbst, die auch für die Analyse anderer Geschichten des Autors oder für die anderer Autoren heranziehbar sind. Es enthält zu jedem Abschnitt Arbeitsvorschläge und Literaturhinweise. Eingeleitet wird der Band durch Erläuterungen zur Gattungsfrage und zu den historischen Grundlagen.

st 2031 Brechts ›Tage der Commune‹
Herausgegeben von Wolf Siegert

Als Brecht 1949 in der Schweiz den Entwurf seines Stückes *Die Tage der Commune* mit der Absicht fertiggestellt hatte, ihn baldmöglichst in Berlin auf die Bühne zu bringen, während alle Kräfte für den Wiederaufbau mobilisiert wurden, ging es zugleich um die Frage, ob eine wirkliche Revolutionierung der Verhältnisse ohne einen Volksaufstand möglich sei. Daß in der damaligen Zeitlage eine Aufführung des Stücks, dieser »kämpferischen Morgengabe für das Selbstverständnis des neuen [Berliner] Ensembles wie seines Publikums« (Ernst Schumacher), nicht möglich war, mag im Rückblick wie ein Omen künftiger Theaterpraxis erscheinen. Ihre verschüttete Aktualität beweisen die *Tage der Commune* gleichwohl immer wieder dort, wo sie als engagierte Literatur auf die Zeitläufte bezogen werden: aus Anlaß ihrer Frankfurter Inszenierung 1977 ebenso wie vor dem Hintergrund der Ereignisse im Chile des Septembers 1973. Der Materialienband von Wolf Siegert stellt dementsprechend die Dokumentation der Theaterarbeit in den Mittelpunkt seines Interesses. Wie die anderen Materialienbücher zu Brecht bietet er darüber hinaus Zusammenstellungen der Selbstäußerungen Brechts, der Aussagen seiner Freunde und Mitarbeiter, der wichtigsten Analysen sowie eine exemplarische synoptische Konfrontation des Stückes und seiner Genese mit den ihnen zugrundeliegenden Quellen.